# 성장심리학

## 건강한 성격의 모형

CENGAGE Learning

**Growth Psychology: Models of the Healthy Personality**

1st Edition

Duane P. Schultz



Original edition © 1977 Wadsworth, a part of Cengage Learning.
*Growth Psych ology: Models of the Healthy Personality, 1st Edition*
by Duane P. Schultz.
ISBN: 9780534274344.



ISBN-13: 978-89-7300-716-5

**Cengage Learning Korea Ltd.**
14F, YTN Newsquare, 76 Sangamsan-ro,
Mapo-gu, Seoul, 121-904, Korea
Tel: (82) 2 330 7000
Fax: (82) 2 330 7001

Cengage Learning is a leading provider of customized learning solutions with office locations around the globe, including Singapore, the United Kingdom, Australia, Mexico, Brazil, and Japan. Locate your local office at:
**www.cengage.com/global**

Cengage Learning products are represented in Canada by Nelson Education, Ltd.

For product information, visit **www.cengageasia.com**

Printed in Korea
4 5 6 7 20 19 18 17

# 성장심리학 : 건강한 성격의 모형

## Growth Psychology : Models of the Healthy Personality

1st Edition

Duane Schultz 지음
이혜성 옮김

CENGAGE Learning®
이화여자대학교출판문화원

Australia · Brazil · Japan · Korea · Mexico · Singapore · Spain · United Kingdom · United States

'이화문고' 는 이화여자대학교출판부 창설 30주년을 기념하면서 간행하는 책들이다. 이화는 한국 사회의 전쟁 혼란을 겪으면서도 대학의 중심에 출판부를 두어 대학인의 학문적 대화를 시작하였고, 이제 정치의 위기 속에서도 그 전통을 한 수준 높은 차원에서 지속하고자 하는 것이다.

세계는 핵 에너지, 인구의 증가와 빈곤, 자원 고갈, 생태계의 보존, 여가 등의 문제에 당면해 있다. '이화문고'는 세계의 새로운 질서를 생각하게 되고 내일의 역사를 책임질 수 있는 지성 공동체에 기여할 수 있기를 소망한다.

* '이화문고'는 1979년 이화여자대학교출판부 창설 30주년을 기념하여 기획 · 간행된 책들이다.

# 옮긴이의 말

이 책은 슐츠(Duane Schultz)의 『성장심리학: 건강한 성격의 모형 *Growth Psychology: Models of the Healthy Personality*』(New York: D. Van Nostrand Company, 1977)을 완역한 것이다.

저자는 이 책에서 올포트(Gordon Allport) · 로저스(Carl Rogers), 프롬(Erich Fromm) · 머슬로(Abraham Maslow) · 융(Carl Jung) · 프랑클(Vitor Frankl) 그리고 펄스(Fritz Perls) 등의 심리학자들이 제안한 건강한 성격의 모형에 대해서 설명하고 토론하면서 저자 자신의 개인적인 논평을 덧붙였다. 이들 일곱 명의 심리학자들을 선택한 이유는 이들의 이론이 상당히 조직적으로 전개되었기 때문에 현대 심리학 분야에서 많은 관심을 끌고 있고, 또 많은 영향을 끼치고 있는 까닭이라고 저자는 밝혔다.

건강한 성격의 개념은 절대로 중요한 것이다. 그러면서도 그 내용은 어렵고 도전적이며 복합적이어서 쉽게 이해되지도 않고 널리 알려져 있지도 않으며 누구에게나 완전히 긍정될 수 있는 절대적인 이론이 존재하는 것도 아니다. 그러나 우리들은 심리학에 대한 깊은 지식이 있거나 없거나 간에 심리적인 건강을 추구하고자 부단한 노력을 계속하고 있다. 심리적인 건강, 즉 건강한 성격만큼 우리 삶의 본질에 지대한 영향을 끼칠 수 있는 요인은 많지 않으리라는 것은 현대를 사는 우리들이 대체로 동의하는 견해일 것이다. 그래서 나는 이 책을 상당히 흥미있게 읽었다. 학문적인 깊이나 현학적인 분위기 대신에 이 책에는 격의 없는 소탈함이 넘쳐흐르기 때문에 마치 자유스러운 분위기에서 매우 인간적인 교수의 강의를 듣는 듯한 기분을 만끽할 수 있었다. 미래에 대한 희망을 가지고 현재의 우리보다 좀더 나아지고자 끊임없이 노력하는 인간의 선천적인 성향—그것은 곧 성장을 향한 인간의 잠재 능력이 개발될 수 있는 가능성의 시발점인 것이다. 이 세상에는 완전한 인간이 따로 존재할 수 없으며, 누구나 노력만 하면 건강하고 창의적이며 자유로운 인간으로 성장할 수 있다는 신념을 이 책은 우리에게 부드럽게 역설하고 있다. 그러므로 이 책은 성격심리와 상담심리를 공부하는 학부 학생들과 대학원 학생들의 교재로서 좋으리라고 믿는다.

번역 작업이 지니는 여러 가지 약점 때문에 원저자의 뜻이 충분히 전달되지 못하는 아쉬움은 영원히 우리들을 괴롭힐 것이다. 이러한 안타까움을 함께 나누어 준 여러 사람들의 숨은 노력이 이 책을 탄생하게 해주었음을 진심으로 감사드린다.

그리고 이 책의 내용을 다시 한번 다듬을 수 있도록 기회를 준 이화여자대학교출판부에 감사한다.

2006년 7월

옮긴이

# 머리말

몇몇 심리학자들에 의해 인간의 성격을 연구하는 방법은 급진적인 변화를 일으키고 있다. 이 새로운 초점과 방향은 '성장심리학(growth psychology)' 또는 '건강심리학(health psychology)'이라고 일컬어진다. 이 심리학은 인간 성격의 병든 면(심리적인 '병' ) 대신에 건강한 면(심리적인 '건강' )에 관심을 쏟는다. 성장심리학의 목표는 신경증이나 정신병 환자를 치료하는 데 있지 않고, 인간의 능력을 충족시키고 실현시킬 수 있는 무궁한 잠재 능력을 키우고 발휘하도록 하는 데 있으며, 인생의 심오한 의미를 탐색하는 데 있다. 간단히 말해서, 성장심리학은 인간의 성격을 확장시키고 확대시키며 풍부하게 하려는 시도이다. 그러므로 지금까지 심리학이 강조해 오던 것에 비한다면 이것은 대단한 변화라고 할 수 있겠다.

어떤 연령층에 있거나, 어떤 직업에 종사하거나 간에 모든 사람은 지금 인간의 잠재 능력을 개발시키는 움직임을 대단히 환영하고 있다. 감수성 훈련, T그룹, 또는 다른 형태의 만남의 치료가 무한한 인기를 모으고 있다. 미국인들이 높은 경지의 인식에 도달하기 위해서 자신의 자아 실현과 자아 충족 그리고 자아 확장에 관심을 갖게 되면서 점점 더 인기가 높아지고 있는 것이다. 자아 실현에 도달하기 위한 다양한 설계와 처방이 반전문지(半專門誌), 인기 있는 책이나 잡지의 기사로 많이 소개되고 있다. 인간의 잠재 능력을 개발시키는 일에 종사하는 사람들이나 그 추종자들은 거의 구세주와 같은 열정을 가지고 인간 본성을 탐색하고 있으며, 겉으로 보기에는(아직 완벽한 확증은 아니지만), 심리학의 전통적이고 구태의연한 접근 방법으로는 도저히 도달할 수 없었던 인간의 자아 정체감이나 자율성 등을 이룩하고 있는 듯이 여겨진다(또는 적어도 그것을 인식하고는 있다).

성장심리학은 대학 강의실에서 상당한 관심을 끌고 있다. 즉 많은 수의 학생들이 이러한 새로운 분야가 개인 또는 사회적인 구원을 가져올 수도 있는 기구라고 생각하기까지 한다. 건강한 성격이 대학의 교과목으로도 개설되었고, 성격이나 적응에 관한 전통적인 교과목에서는 병적인 성격으로부터 건강한 성격으로 그 강조점이 변화되기에 이르렀다.

이 책은 건강한 성격의 이론가들에 대한 연구를 중심 초점으로 삼고 있다. 즉 인간 생활을 풍요롭게 해주는 건강한 성격에 대한 이론적인 정당성이나 모형을 제시해 보고자 하는 시도가 그 중심이 되고 있다. 심리학에 대한 훈련이 그리 많지 않은 사람들을 기준으로 씌어졌기 때문에 이 책은 인간의 적응을 다루는 과목의 보충 교재로도 쓰일 수 있을 것이며, 건강한 성격에 대해서 특별히 관심이 있는 학생들에게 도움이 될 수 있으리라고 믿는다. 건강한 성격에 대한 일곱 가지 모형—고든 올포트 · 칼 로저스 · 에리히 프롬 · 에이브러햄 머슬로 · 카를 융 · 빅터 프랑클, 그리고 프리츠 펄스 등 일곱 학자의 건강한 성격의 모형들을 다루었다.

이들 이론가들이 명백하게 모두 인간의 잠재력 개발 운동에 동의하는 것은 아니다. 그러나 그들은 한결같이 다음과 같은 문제를 제시하고 있다. 즉 무엇이 건강한 성격의 본질인가 하는 문제이다. 각 이론가들이 저마다 독특한 관점에 기초를 두고 심리적인 성장과 그 충족에 대해 규명하고 있다. 그들은 각자가 각기 다른 전망을 가지고 우리 인간들이 가지고 있는 잠재 능력은 겉으로 나타나는 것보다는 훨씬 훌륭하고 훨씬 다양한 것이라고 인식하고 있다. 그리고 그들 각자는 인간이 마땅히 목표로 삼아야 할, 인간적인 모습의 최고 절정에 대한 정의를 우리에게 시사하고 있다. 그들 각자는 심리적인 건강이 단지 신경증이나 정신병적인 증세의 제거에 그치지 않고 그 이상의 무엇이어야 한다고 믿고 있다.

나는 각 이론가들의 특별한 개인적인 경험을 쓰려고 노력했다. 그들의 인간적인 생활에서 얻어진 독특한 경험이 그들의 연구나 인간관에 끼친 영향이 크리라고 믿기 때문이다. 어떤 이론가의 경우에는 이 관계가 더욱 직접적이고 분명하게 나타나고 또 다른 이론가에게는 그렇지 않기도 하다. 이 책을 읽는 동안 어떤 성격의 이론은 그 이론을 전개시킨 이론가의 개인적인 반영임을 알게 된다. 어떤 경우에든 성격의 이론은 그 이론가의 인간에 대한 역동적인 통찰의 표현이고 동시에 인간이라는 것이 무엇을 의미하는가를 어떻게 해설하고 어떤 깊이로 관찰하느냐의 결과인 것이다. 그들은 제각기 매우 독특하고 중요한 무엇인가를 우리에게 열심히 제공하고 있다.

이 이론들은 어떤 특정한 중요성의 순서로 씌어진 것은 아니다. 책의 앞부분에서 논의된 이론이나 책의 말미에서 논의된 이론이나 귀중하고 중요하기는 마찬가지이다. 나는 가능한 대로 객관적인 입장에서 각 이론들을 기술했다. 나 자신의 개인적이고 전문적인 편견을 가능한 한 배제하기 위해 노력했다. 각 장(章)의 끝부분에 '개인적 논평'이라는 제목으로 나 자신의 관점을 밝혔다. 이것은 어디까지나 각 이론에 대한 나 자신의 반응에 불과하다. 여러분들이 이 책을 읽을 때 이 부분은 나의 개인적인 논평임을 기억해 주길 진심으로 바란다. 나는 심리학을 두둔하거나 또는 나 자신의 것이 아닌 의견은 쓰려고 하지 않았다. 나는 이러한 논평들이 여러 독자들로 하여금 비판적인 심사숙고와 의문을 제기할 수 있게 되길 바란다. 이 논평들은 의문을 제기하기 위한 것이지 이론을 주입시키기 위한 것은 아니기 때문이다. 어떤 의미로는 이 논평들은 내가 이 책을 쓰는 보상도 되고 응석도 되는 것이다.

이 책을 쓰는 동안 아내 시드니 엘렌(Sydney Ellen)이 베풀어 준 전문적이면서도 인간적인 지원에 대해 깊이 감사한다. 대학원과정을 공부하고 있으면서도 아내는 시간을 할애하여 문헌을 찾아 주었고 원고를 정리해 주기도 했으며, 이 책의 내용과 형식에 대해 가치 있는 제언을 해주었다.

듀에인 슐츠

# 차례

# 1 건강한 성격

건강한 성격이란 무엇인가? 건강한 성격을 가진 사람들의 특징은 어떤 것인가? 건강한 성격의 사람들은 어떻게 행동하고 어떻게 생각하며 어떻게 느끼는가? 건강한 성격은 누구나 소유할 수 있는 성질의 것인가?

이러한 의문들은 심리학자들에게서뿐만 아니라 수많은 일반인들로부터 끊임없이 제기되고 있다. 우리가 짐작하는 대로, 이들 질문에 관련이 있는 해답들—스스로 해결해야 한다고 가르치는 저서들의 범람, 지침서, 새로운 생활 양식의 소개 등—이 다양하게 우리 앞에 전개되었다. 이들 가운데는 지나치게 간단히 처리된 것도 있고, 전혀 재고의 여지가 없는 것도 있으나 우리들이 스스로를 좀더 잘 이해할 수 있도록 도움을 주는 가치를 지닌 것도 있다.

대다수의 미국인들은 집단으로 모여서 내적 자아(內的自我)와 신체를 탐색하고 노출하는 시간을 가지려고 노력한다. 이것은 감수성 훈련을 통해서, T그룹을 통해서, 그리고 참만남을 통한 치료(encounter therapy)를 통해서 이루어진다. 범죄자들과 약물 중독자, 학생과 교사, 노동자와 행정가, 젊은이와 늙은이, 뚱뚱한 사람과 깡마른 사람들이 이러한 경험을 통해서 미처 깨닫지 못하고 있었던 그들 자신의 성격과 잠재 능력을 재발견하고 있다.

이렇게 상당한 인기를 모으고 있는 움직임의 근본 주제는 더욱 건강한 성격의 재발견과 그 정의(定義)에 있다고 하겠다. 이 움직임에서 강조하고 있는 것은 미래에 대한 희망이다. 어린 시절에 뿌리를 내린 갈등의 치유나 또는 잠재된 재능 · 창의성 · 원동력 · 동기 등을 되살리기 위해서 과거의 정서적인 상처를 치유하는 데 중점을 두지는 않는다. 오히려 한 개인이 지금까지 어떻게 지내 왔고, 현재 어떻게 하고 있는가와 상관 없이 한 개인이 앞으로 성숙할 수 있는 방향에 초점을 두고 있다고 하겠다.

성장을 향한 인간의 잠재 능력에 대한 연구는 심리학에서 오랫동안 무시되어 왔다. 심리학에서는 정신 건강보다는 정신질환을 더 중점적으로 연구해 왔던 것이다. 그러나, 최근에 와서는 대다수의 심리학자들이 성장의 가능성과 인간의 성격은 변화될 수 있다는 사실을 인식하기 시작했다.

'성장심리학자들' (이들은 대부분 스스로를 인본주의 심리학자로 간주하고 있다)은 인간 본성에 대해서 새로운 관점을 가지기 시작했다. 그들이 보는 인간은 심리학의 전통적인 유형으로 인식되어 온 행동주의나 정신분석학에서 묘사하는 사람과는 다르다.

인본주의 심리학자들은 이러한 전통적인 인간관에 대해 상당히 비판적이었다. 왜냐 하면 행동주의나 정신분석학에서는 인간 본성에 대해 부정적이었고, 인간이 최대로 성장할 수 있는 잠재 능력을 무시해 왔기 때문이다. 이들의 주장은 행동주의가 인간을 기계로 간주한다는 것이다. 즉 "규칙적인 방식으로 행동하는 복합적인 조직"[1]을 인간으로

---

1 B. F. Skinner, *Beyond Freedom and Dignity* (New York: Knopf, 1971), p. 202.

보는 것이다. 개인은 질서정연하며 규칙적이고, 이미 결정된 유기체라고 묘사된다. 이 유기체는 자발성과 명랑성 그리고 창의성을 마치 온도 조절기처럼 간직하고 있다는 것이다. 정신분석학은 우리에게 인간 본성의 병들고 불구인 면만을 보여주었다. 왜냐 하면, 정신분석학에서는 신경증적이고 정신병적인 행동에만 초점을 맞추기 때문이다. 프로이트(Sigmund Freud)와 그의 가르침을 따르는 사람들은 정서적으로 불안정하고 건강하지 못하며 인간 본성이 지니고 있는 최선의 것이 아니라 최악의 성격만을 연구해 왔다.

행동주의나 정신분석학 그 어느 것도 인간의 성장을 향한 잠재 능력이나 현재의 우리보다 좀더 나아지고자 하는 욕망을 연구하지 않았다. 진실로 이러한 관점은 인간 본성에 대한 비관적인 면모만을 우리에게 제시해 주었던 것이다. 행동주의자들은 인간을 외부의 자극에 대해 소극적으로 반응하는 존재로만 인식했고, 정신분석학자들은 인간을 생물적인 충동과 어린 시절의 갈등의 희생물로서 인식했다.

성장심리학자들은, 인간을 이것보다는 훨씬 나은 존재로 인식한다. 대부분의 성장심리학자들은 외부의 자극과 본능과 어린 시절의 갈등이 성격에 큰 영향을 미친다는 사실을 부정하지 않는다. 그러나 인간이 이런 요소들의 어쩔 수 없는 희생물로서 그 성격을 변화시킬 수 없다는 사실은 인정하지 않는다. 인간은 과거와 생물학적인 본성이나 환경적인 여건을 훨씬 뛰어넘어 성장할 수 있으며 또 성장해야만 하는 것이다. 우리는 이러한 잠재해 있는 어려움을 극복하고 우리들 자신을 성장시키고 개발시키지 않으면 안 된다. 성장심리학자들의 인간관은 낙관적이고 희망적이다. 그들은 인간이 끊임없이 성장하고 풍요롭게 발전하면서 인간이 원하는 대로 충족될 수 있다는 가능성을 믿고 있다.

인간의 잠재 능력을 개발하는 움직임에 동조하는 많은 지지자들은 인간이 '정상성(normality)'을 초월해서 성장하고 개발할 수 있는 바람직한 기준이 있음을 시사했다. 따라서 인간은 스스로를 인식하고 실현하기 위해 그가 부여받은 잠재 능력을 최대한으로 발휘하도록 노력하지 않으면 안 된다고 주장한다. 다른 말로 바꾸면, 정서적인 질환으로부터의 해방만으로 충분한 것이 아니라는 것이다. 신경증이나 정신병적인 행동이 없다는 것만으로는 건강한 성격의 내용을 충분히 갖추었다고 할 수 없다. 정서적인 질환이 없다는 사실은 다만 성장과 충족을 향한 첫걸음이 된다는 것 이외에는 아무것도 아니다. 인간은 그보다 더욱 발전해야만 한다.

이러한 주장은 정서적인 질환을 갖지 않으려고 노력하는 일만도 상당히 어려운 것이라고 생각하는 사람들에게는 퍽 실망이 되는 사실일 것이다. 요즈음에는, 인간이 그저 정상에 머물러 있는 것은 충분한 것이 아닐 뿐만 아니라, 오히려 인간이 성장할 수 있는 더 높은 경지, 즉 '초월성(supernormality)'을 상실하고 있는 것이라고 생각하는 것이다. 그렇지만, 단순히 정상성에 머물고 있다는 것이 어째서 나쁘다는 것인가? 더 높은 성장의 경지에는 도달하지 못했지만, 풍요롭고 의미 있는 생활(신경증이나 정신병으로 고통받지 않는 한에서)을 영위한다는 것은 불가능한 일인가? 이에 대한 해답은 우리들 스스로의 생의 경험을 통해서 우리들이 이미 알고 있는 것이다. 완벽하게 정상이면서도(정서적인 질환이 없으며, 욕구나 희망이 대체로 충족된다는 의미에서), 동시에 비참하게 느끼는 것은 사실이다.

만약 우리가 성장심리학자들(그리고 우리 자신의 경험)을 신뢰한다면, 우리는 우리 인생의 여러 측면이 만족스럽게 충족이 되면서도, 괴로운 지루함이나 역겨움 · 절망 · 반감, 그리고 생의 무의미함 등 때문에 고통을 받을 수도 있다는 사실에 동의하게 된다. 겉으로 보기에 모든 조건이 이상적으로 만족스럽다 하더라도, 우리는 때로 마치 생에서 가장 중요한 것을 상실한 듯이 인생을 포기해 버리고 싶은 충동에 사로잡히기도 하며 그러면서도 무엇이 진정으로 문제가 되는지 알지 못하는 때가 있다. 안락한 생활을 하며, 확실한 직업이 있고, 화목하고 사랑하는 가족이 있고, 근심과 걱정이 없으면서도, 참기쁨을 모르고 활기 넘치는 정열을 느끼지 못하며, 사회에 공헌할 필요나 사명감을 심각하게 의식하지 못하는 경우가 많이 있다. 분명히, 모든 것이 흡족할 수는 없다—우리의 생은 생각하는 것처럼, 또는 겉으로 보이는 것처럼 완전할 수는 없는 것이다.

러시아의 소설가 톨스토이(Leo Tolstoy)는 한 젊은이에 대해서 인상적인 묘사를 했다. 이 젊은이는 겉으로 보기에 모든 것이 이상적이었으나 생의 무의미함을 강하게 느끼면서 자살을 시도하였다. "무엇 때문에 나는 살아야 하는가?" 하고 그 젊은이는 묻곤 했다. 톨스토이는 그가 묘사하고 있는 젊은이의 고뇌를 너무나 잘 알고 있었다. 왜냐 하면 그 젊은이는 바로 자기 자신이었기 때문이다.

> 나는 내 안에서 늘 익숙하게 알아오던 중요한 무엇인가가 파괴되고 있다고 느꼈다. 그래서 나는 이런 식으로 나의 생명을 지탱해 나갈 수는 없다는 것을 알았고, 도덕적으로 나의 생명은 멈추었다고 생각했다. ……
>
> 그러면서도, 나는 나 자신을 행복하고 건강한 젊은이로 생각하려고 노력했다. 그래서 나 자신이 목매 자살하게 될지도 모른다는 불안 때문에 매일밤 외로이 잠자는 나의 침실에서 밧줄을 없애 버리게 되었고, 나 자신의 생명을 총으로 끝맺고 싶은 유혹에서 벗어나기 위해 더 이상 사냥도 다니지 않게 되었다.
>
> 나는 내가 무엇을 원하는지 알지 못했다. 나는 인생에 대해서 두려워

하고 있었다. 나는 내 생을 끝맺고 싶다는 충동에 몰리고 있었다. 그러면서도 한편으로는 끝없이 생으로부터 무엇인가를 발견하려고 노력했다.

이러한 모든 생각들은 나의 외적 환경이 순조로워서 완벽한 행복을 느낄 수 있었을 때에 생겨난 것이다. 나에게는 내가 사랑하고 또 나를 사랑해 주는 좋은 아내가 있었고, 자랑스러운 자녀들과 전혀 노력을 하지 않아도 충분한 이득이 생기는 많은 재산이 있었다. 나는 전에 내가 누려 오던 것보다 훨씬 월등히 친척들과 친구들로부터 존경을 받고 있었다. 나는 심지어 내가 알지도 못하는 사람들에게서까지 상당한 찬사를 듣고 있었다. 그리고 털끝만큼의 과장도 없이, 나의 이름이 이미 유명해져 있다는 사실을 알고 있었다. 더구나 나는 정신이 이상하지도 않았고 병을 앓고 있지도 않았다. 오히려 내 나이 또래의 사람들에게서는 좀처럼 발견할 수 없을 정도의 놀라운 정신적, 육체적 힘을 가지고 있었던 것이다. 나는 농부들과 마찬가지로 밭을 갈 수도 있었으며, 조금도 쉬지 않고 여덟 시간이나 정신 노동을 하고서도 피로를 느끼지 않았다. …… 오늘 내가 하고 있는 일의 결과는 무엇일까? 내일은 무엇을 향해 일을 할 것인가? 내 생애의 총결산은 무엇인가? 왜 살아야만 하는가? 왜 일을 해야만 하는가? 필연적으로 닥쳐오는 죽음을 기다리면서 생명을 파괴하지 않아야 할 만큼 인생에는 의미가 있는 것일까?

이러한 질문은 이 세상에서 가장 유치하고 단순한 것들이다. 어떠한 영혼이든지 거기에는 어리석은 어린아이와 같은 속성으로부터 현명한 늙은이와 같은 속성까지 존재하기 마련이다. 이러한 것에 대한 알맞은 해답은 있지도 않으며, 불가능한 것이다. 왜냐 하면 인생이란 끝없이 이어지고 있기 때문이다. [2]

---

2 L. Tolstoy, *My Confession* (1882), W. James, *The Varieties of Religious Experience* (New York: Longmans, Green, 1920), pp. 153–55에서 인용.

톨스토이는 50세 때에 그 자신의 내적 갈등에 대해 이렇게 감동적인 묘사를 했다. 이런 상태의 톨스토이를 건강한 성격이었다고 말하기는 어려울 것이다. 그래서 우리는 또다시 원래의 질문으로 되돌아올 수밖에 없다. 건강한 성격이란 무엇인가? 지금까지 우리는 건강하지 못한 성격에 대해서만 묘사해 왔다. 여기에는 충분한 이유가 있다. 우리는 무엇이 건강한 성격의 요소인지를 확실히 알지 못하고 있는 까닭이다. 이 분야의 연구에 종사하는 심리학자들 사이에서도 건강한 성격의 요소에 대해서는 의견이 일치하지 않기 때문이다. 물론 건강한 성격에 대한 정의는 한 권의 책이 될 만큼 많다. 지금 이 단계에서 우리가 알고 있는 지식을 기초로 해서 할 수 있는 최선의 일이란 심리학자들이 가장 완전하다고 주장하는 긍정적인 심리적 건강에 대한 개념들을 조사해 보는 일과, 그들이 우리들 자신에 대해 어떻게 말하는가를 보는 일밖에는 없다.

나는 올포트 · 로저스 · 프롬 · 머슬로 · 융 · 프랑클 그리고 펄스가 제안한 건강한 성격의 모형에 대해서 토론을 하고자 한다. 이들의 이론을 내가 선택한 이유는 이들의 이론이 상당히 조직적으로 전개되었을 뿐만 아니라 현대 심리학 분야에서 많은 관심을 받고 있으며 또 많은 영향을 끼치고 있기 때문이다. 이들 이론가들이 모두 성장심리학자들은 아니라 하더라도 이들은 인간에게 정상을 초월할 수 있는 가능성이 있다고 제안하기 때문에 성장심리학의 본궤도에 있다고 하겠다.

건강한 성격의 개념은 절대로 중요하다. 그 내용은 어렵고 도전적이며 복합적이어서 잘 알려져 있지도, 완전히 믿어지지도 않는다. 그 중에 어떤 것은 상당히 공상적인 것도 있고 유행을 따르는 것도 있다. 이러한 점들이 인간의 성격을 완전히 규명하는 데 필요한 논점들을 반영하는 것이다.

많은 심리학자들은 건강한 성격의 연구가 심리학 분야의 기본적인 초점이 되어야 한다고 믿는다. 심리학 이외의 어떤 학문이 과연 인간의 조건을 탐색할 수 있을 것인가? 인간 성격 이외에 과연 어떤 힘이 좋은 방향으로든 나쁜 방향으로든 세계를 변화시킬 수 있겠는가? 우리 삶의 본질에 영향을 끼칠 수 있는 것은 우리가 지금 토의하고자 하는 심리적인 건강 외에 무엇이 또 있겠는가?

머슬로는 이 문제에 대해서 명확히 언급했다. "만약 여러분이 의식적으로 여러분 자신이 이룩할 수 있는 가능성보다도 적게 노력한다면, 여러분은 남은 여생을 불행하게 보낼 수박에 없을 것이라고 경고합니다."[3]

이 책의 목적은 우리가 이룩할 수 있는 가능성을 여러 각도로 검토해 보는 데 있다.

3 A. H. Maslow, "Neurosis as a Failure of Personal Growth," *Humanitas*, 1976, 3, pp. 153–69.

# 2 성숙한 사람

## 올포트의 모형

1920년 여름에 고든 올포트(Gordon Allport, 1897-1967)는 프로이트(Sigmund Freud)를 만났다. 이것은 23세의 젊은 올포트에게는 무척 당혹스러우면서도 중요한 사건이 되었다. 이 일을 계기로 올포트는 프로이트의 정신분석학적인 이론에 반대하면서 인간의 성격을 연구하는 데 아주 새로운 접근 방법을 시도하게 되었다.

올포트는 터키의 이스탄불에 있는 로버트 칼리지(Robert College)에서 1년 동안 가르치고 미국에서 돌아오는 길이었다. 그는 하버드에서 학사학위(B.A.)를 받고 로버트 칼리지에서 가르칠 기회를 가졌었다. 귀국하는 길에 올포트는 형을 만나기 위해 비엔나에 머물렀고, 그 기간 동안에 프로이트에게 편지를 썼던 것이다. "초년병의 만용으로 …… 내가 비엔나에 있음을 알렸다."[1]

프로이트가 물론 기쁘게 그를 만나 줄 것이라는 점에는 조금도 의심하지 않았다.

프로이트는 올포트를 초대한다는 답장을 보내왔고, 올포트는 감격해서 그 초대를 받아들였다. 그들이 만나는 날, 프로이트는 올포트를

---

1 G. Allport, *The Person in Psychology* (Boston: Beacon Press, 1968), p. 383.

자기 사무실로 안내해서 자리에 앉게 하고는 아무런 말도 하지 않은 채 올포트가 입을 열기만을 기다렸다. 그 침묵은 점점 길어졌다. 올포트는 세계적으로 유명한 정신분석학자가 계속해서 자기를 응시하고 있다는 긴장감에 짓눌려 너무나 불안해졌다.

마침내, 당황해진 올포트는 대화의 실마리를 찾기 위해서 프로이트를 만나러 오는 길에 전차 안에서 본 어떤 소년의 이야기를 불쑥 꺼냈다. 그 소년은 네 살 정도로 보였는데 더러운 것에 대해 분명한 두려움을 가지고 있는 듯했고 자기 주위에 있는 것은 다 더럽다고 생각하고 있었다. 전차를 타고 오는 동안에 그는 계속해서 어머니에게 "나는 거기 앉기 싫어" "저 더러운 사람이 내 옆에 앉지 못하게 해줘"라면서 불평하고 있었다. 소년의 어머니는 지배적이었고, 극단적으로 청결했으며 "상당히 권위적인" 사람으로 올포트에게 생각되었다. 그래서 올포트는 이 소년이 가지고 있는 불결에 대한 공포증은 당연한 것이라고 생각했다고 이야기했다.

올포트가 이야기를 끝내자 또 다른 침묵이 흘렀다. 프로이트는 이렇게 단정하고 틀림이 없는 젊은 미국 청년을 계속해서 응시하고 있을 뿐이었다. 그러다가 프로이트는 "그 소년이 바로 당신 아니오?"라고 질문했다. 이것은 프로이트가 사람들이 말하고 행동하는 것은 그 자신의 내적인 갈등과 두려움을 무의식적으로 드러낸다고 하는 그의 신념의 표현이었던 것이다.[2]

올포트는 충격을 받았으나 이야기의 주제를 용케 바꿀 수는 있었다. 그러나 이 일은 올포트에게 깊은 인상을 남겼다. 이 사건으로 인해 올포트는 정신분석학의 근본인 무의식에 대한 면밀한 연구에 깊은 회

---

2 Ibid, pp. 383-84.

의를 품기 시작했다. 그는 심리학자들이 인간의 무의식 속에 자리잡고 있을 그 어떤 알지도 못하는 암담한 일들을 캐내기보다는 차라리 인간의 바깥 모양 또는 의식 · 동기 등에 대해 연구하는 것이 더욱 의미 있고 당연하다는 생각을 하게 되었다.[3] 이것이 올포트 자신이 후에 그의 성격 연구를 하는 데 인용했던 바로 그 행로였던 것이다.

올포트는 1922년에 하버드에서 박사학위를 받고 계속해서 미국 성격심리 연구의 '종주(宗主)' 로서의 역할을 훌륭히 감당했다. 그의 공로로 성격심리 연구는 미국에서 존경을 받는 학문으로 성장하게 되었다. 그에게는 수많은 헌신적인 추종자들이 있었고, 심리학계에서 많은 명예와 포상을 받기도 했다. 그는 또한 미국에서 신경증적인 성격을 연구하는 대신에 건강한 성격을 연구하는 데에 심혈을 기울인 최초의 심리학자이기도 했다.

## 올포트의 성격 연구 방법

올포트는 인간의 본성에 대해 프로이트보다는 상당히 낙관적이었으며, 인간에 대해 지대한 정열과 사랑을 지니고 있었다. 이것은 어린 시절부터 싹튼 것이라고 할 수 있겠다. 그의 부모는 성실한 노력과 경건함의 중요성을 어린 올포트에게 심어 주었으며 사랑과 보호로 자녀들을 키웠다. 그의 가정은 인본주의 정신으로 가득차 있었고, 청년 올포트는 인생의 문제나 의혹에 대해서 종교적인 해답을 찾도록 교육을

---

3 어떤 이들은 올포트에 대한 프로이트의 질문이 충분히 통찰력이 있고, 핵심에 도달하고 있다고 믿기도 한다. R. Hogan, *Personality Theory: The Personological Tradition* (Englewood Cliffs, N.J.: Prentice-Hall, 1976), p. 107 참조.

받았다. 이러한 개인적인 경험이 훗날 올포트가 인간의 본성에 대한 이론적인 관점을 이룩하는 데 많이 반영되기도 했다.

앞에서 언급한 대로 올포트의 개인적이고 전문적인 관점은 프로이트의 그것과는 상이했다. 올포트가 제시한 인간상은 긍정적이고 희망에 차 있으며 의기양양한 것이다. 그러므로 올포트의 심리학적인 관점을 이해하는 효과적인 방법은 그의 성격의 이론에 대한 주요 개념들을 나열해 놓고 그 개념들이 프로이트의 개념과 어떻게 다른가를 비교해 보는 일이라고 할 수 있겠다.

올포트는 성숙하고 건강한 성격의 사람들은 무의식적인 힘에 의해 지배되고 조절되지 않는다고 믿었다. 무의식적인 힘이란 볼 수도 없을 뿐더러 영향을 받을 수도 없는 것이다. 건강한 성격의 사람들은 무의식적인 갈등에 의해 움직여지는 것이 아니며, 그들의 행동이 무의식 속에 깊이 감추어진 악마에 의해 결정되는 것도 아니다. 올포트는 이러한 무의식적인 힘이 신경증적인 성인들의 행동에는 중요한 영향을 끼친다는 사실을 믿었다. 그러나 건강한 사람들은 이성적이고 의식적인 차원에서 행동하고, 그들을 인도하는 힘을 충분히 인식할 뿐만 아니라 이러한 힘을 조절할 수도 있다고 확신했다.

성숙한 성격은 어린 시절의 악몽이나 갈등으로 지배당하지 않는다. 신경증적인 성격은 어린 시절의 경험에 얽매어 있거나 깊이 연관되어 있지만 건강한 성격은 지난날의 기억에 얽매어 있지 않으며 그로부터 완전히 해방되어 있다. 성숙한 사람은 현재와 미래에 대한 기대와 미래에 대한 의욕으로 그들의 행동을 결정한다. 건강한 사람의 전망은 미래지향적이며 현재와 미래에 있을 일(사건)들로 이루어져 있는 것이지 어린 시절의 사건으로 되돌아가는 것이 아니다. 이러한 건강한 전망이 행동과 선택에 있어서 더 많은 자유를 제공하게 된다.

프로이트는 신경증적인 사람과 건강한 사람의 차이는 정도에 있는 것이지 종류에 있는 것은 아니라고 믿었다. 올포트는 신경증적인 사람과 건강한 사람 사이에는 기능적인 유사점이 전혀 없다고 믿었다. 그러므로 올포트는 신경증과 정서적인 건강 사이를 연속선으로 표시하는 대신에 이들 둘 사이를 어떤 간격 또는 전혀 다른 두 부분으로 제시했다. 이들 둘 사이에는 서로 같은 점이 전혀 나타나지 않는 것이다. 올포트의 관점으로는 신경증적인 사람은 어린 시절의 갈등과 경험에 의해 지배되는 반면 건강한 사람은 좀더 다르고  높은 수준에 의해 움직인다는 것이다.

올포트는 신경증적인 사람과 건강한 사람의 차이를 이렇게 인식하고 있었기 때문에 오로지 성숙한 사람만을 연구했다. 프로이트나 다른 심리학자들이 신경증적인 사람들만을 대상으로 연구했던 것과는 대조적이다. 따라서 그는 신경증적인 사람에 대해서는 거의 언급하지 않았다. 그러므로 우리는 올포트의 연구 체계가 결정적으로 건강한 면으로 접근되었다고 확실히 말할 수 있다.

## 건강한 성격의 동기

올포트는 성격심리를 연구하는 심리학자들에게 가장 중요한 문제는 동기에 대해서 설명하려고 시도하는 데 있다고 믿었다. 인간의 행동을 끌고 당기고 때로는 방향을 정하기도 하는, 이러한 힘은 도대체 무엇인가? 올포트는 건강한 성격이 무의식적인 힘이나 어렸을 적의 경험에 지배되는 것은 아니라고 생각했다. 그에 의하면, 성인의 동기는 어린 시절의 동기가 연장되었거나 더 잘 다듬어진 것은 아니라는 것이다.

성인의 동기는 어린 시절 동기의 **기능적 자율화**(functionally autonomous)인 것이다. 즉, 성인의 동기는 어린 시절의 근원적인 것으로부터는 완전히 독립된 것이다. 마치 다 자란 도토리나무가 애초에 그 근원이며 영양이었던 도토리 열매 그 자체로부터는 완전히 독립된 것과 같다. 우리는 과거에 뿌리박힌 동기의 힘에 의해서 움직여지는 것이 아니다. 대신에 우리 앞에 놓여진 미래에 대한 기대와 계획에 의해 움직이는 것이다.

성격의 핵심이 되는 요소는 우리들의 신중하고 의식적인 기대, 즉 희망 · 열망 · 꿈 등이다. 이러한 목표들은 성숙한 성격을 유도하고 현재 행동을 이해하는 최선의 실마리를 제공해 준다. 올포트는 인간이 개인적 존재의 핵심이 되는 긴 안목의 목표를 가진다는 것은 "인간을 동물과, 어른을 아이와, 건강한 성격을 병적인 성격과 구분하"는 것과 같다고 기술했다.[4]

건강한 성격의 **의도적 본성**(intentional nature)—미래를 향해 노력하는—은 전체 성격을 하나로 통합한다. 문제와 갈등으로 복잡한 사람이라 할지라도(건강한 성격의 사람에게도 문제는 있게 마련이지만), 그에게 미래에 대한 목표와 계획이 있다면, 어떤 면에서는, 그의 성격은 하나로 통합되어 있다. 미래에 대한 목표와 계획이 없는 신경증적인 사람들은 하나로 통합되는 중심점이 없기 때문에 분열된 성격을 가지게 되는 것이다.

성격의 의도적 본성은 또 다른 목표를 제공한다. 그것은 개인의 긴장 수준을 증가시킨다. 어떤 동기 이론은(프로이트의 이론을 포함한)

---

4 G. Allport, *Becoming: Basic Considerations for a Psychology of Personality* (New Haven: Yale University Press, 1955), p. 51.

인간이란 주로 긴장을 감소시키고, 긴장을 최저 수준으로 유지해서 내적 평형 상태를 유지하기 위해 동기가 유발된다고 주장하고 있다. 이런 관점에서 보면 개인은 긴장을 감소시키려고 끊임없이 노력하는 긴장의 과잉으로 동기가 유발된다고 하겠다.

인간 성격의 이러한 긴장 감소 형태는 대부분의 건강한 사람의 동기로 설명되지는 않기 때문에 올포트는 이 이론이 부분적으로만 옳다고 믿었다. 인간의 신체 기관은 음식 · 물 · 성(性)과 수면 등의 생물학적 욕구에 대해 일정한 수준으로 만족 상태를 유지해야 한다(우리가 음식에 대한 필요성을 느낄 때 신체 내부에서 유발된 긴장은 감소되어야만 한다). 그러나 올포트는 건강한 사람은 일상 생활에서 긴장 감소보다는 오히려 더 많은 긴장을 원한다고 지적하고 있다. 올포트의 이야기를 부연 설명하자면 일을 마치고 집으로 돌아오는 사람은 배가 고프고 피곤하여 음식과 휴식을 원한다. 그러나 배가 부르고 피로가 회복되면 무엇을 하겠는가? 건강한 사람일 경우 그 남자 혹은 그 여자는 새로운 활동을 원하므로 취미 생활을 할 것이고 자극을 주는 책을 읽을 것이며 그렇지 않으면 저녁에 외출할 것이다.[5]

건강한 사람은 새로운 감동과 도전으로 끊임없이 여러 가지 다양한 욕구를 가진다. 그들은 판에 박힌 것들을 버리고 새로운 경험을 찾는다. 그들은 위험과 모험에 처해 보기도 하고 새로운 것들을 탐색하기도 한다. 이 모든 활동은 긴장을 자아낸다. 그러나 올포트는 이러한 새로운 긴장 산출 경험과 모험을 통해서만 인간이 성장할 수 있다고 믿었다.

역사에는 아무런 다양성도 없이 단지 최소한의 긴장을 가져다주

---

**5** G. Allport, *Pattern and Growth in Personality* (New York: Holt, Rinehart & Winson, 1961), p. 250.

는 판에 박힌 경험에 만족하지 않았던 수많은 개인들의 기록이 있다. 우리는 새로운 생활을 위해 안전한 직업을 그만둔 사람들, 미개척지를 탐험하고자 집을 떠난 사람들, 스카이다이빙이나 자동차 경주와 같은 위험을 택하는 사람들을 잘 알고 있다. 왜 그들은 그렇게 하는가? 그것은 긴장을 감소하는 것이 아니라 오히려 긴장을 증가시키는 것이 아닌가! 올포트는 15세부터 탐험의 목표로 충동받았던 남북극 탐험가 로알 아문센(Roald Amundsen, 1872-1928)에 대해 이야기하고 있다. 아문센은 극심한 장애에도 불구하고 탐험을 계속했으며 성공적인 탐험을 통해서 목표의 수준을 높여갔다. 그는 남극을 발견한 뒤 곧 다시 북극으로 날아가기를 동경했다. 아문센의 비전은 항상 미래를 향하고 있었다. 기대와 꿈으로 그의 동기는 유발되었다. 긴장 감소는 분명히 그의 목표가 아니었다.

올포트는 모든 건강한 사람들의 동기는 동일한 것이라고 믿었다(비록 우리 대부분의 기대와 동경은 아문센의 그것보다는 훨씬 평범한 것이지만). 건강한 사람은 미래에 대한 비전으로 앞으로 나아가고 특별한 목표를 가진 그 비전은 성격을 통합하고 그 사람을 높은 긴장 수준에 이르게 한다. 건강한 성격의 동기에 대한 이 토론에서는 행복 그 자체가 동기의 목표가 되지 않았음을 발견할 수 있다. 올포트의 관점에서 행복은 그 자체가 목표는 아니었던 것이다. 오히려 행복은 동경과 목표를 추구하는 성격의 성공적인 통합으로 이루어진 부산물일 뿐이다. 행복은 건강한 사람에게는 중대한 것이 아니다. 그러나 동경을 능동적으로 구하는 사람에게 행복은 따라오게 마련이다.

그러므로 성숙하고 건강한 사람이 되기 위해 행복해야 한다는 것이 필수불가결한 것은 아니라는 사실을 알게 되면 우리는 행복할 것이다. 건강한 성격은 필연적으로 낙천적 · 도취적 성격은 아니다. 사실상 올포트는 건강한 사람의 생활은 어둡거나 고통과 슬픔으로 가득 차 있을 수도 있다고 생각했다.

건강한 성격에 대한 올포트의 개념에는 이율배반적인 면이 있다. 즉 올포트는 건강한 사람이 동경하는 목표는 달성될 수가 없으며, 부수 목표는 달성된다 하더라도 궁극적 목표는 달성되지 않는다고 보고 있다. 예를 들면 탐험가 아문센이 여러 탐험 여행에서 성공했다 하더라도 그의 탐험 목표는 결코 완벽하게 만족될 수는 없었다. 한 번의 새로운 발견 후에 (부수 목표에 대한 만족) 그는 즉시 다음 것을 계획했다. 계속적인 탐험을 생의 목표로 삼고 있었던 아문센에게는, 탐험되지 않은 땅이 있는 한 만족이란 있을 수 없었던 것이다.

"많이 얻으면 얻을수록 더 많이 원한다"라는 말이 생각난다. 궁극적인 목표는 그 사람을 하나의 부수 목표에서 또 다른 목표로 끌어당기지만 그 목표는 죽음과 같은 어떤 극복할 수 없는 장애물이 방해할 때까지 도달할 수 없는 미래에 항상 놓여 있다.[6]

어떤 사람이 "만일 1년에 15,000달러를 벌 수 있다면 만족할 것이다. 그 이상은 필요 없다"라고 말하는 것을 들어본 적이 있을 것이다. 그러나 그가 그 목표에 도달할 때 만족할 수가 없으리라는 것을 우리는 안다. 그 때 더 높은 수입 수준이 새로운 목표가 되는 것이다. 충분한 수입에 대한 궁극적 목표는 결코 달성될 수 없으며 그 사람은 더 높은 목표 달성 수준에 끌리게 된다. 올포트는 "구원(救援)이란 결국은 완전히 달성되지 않은 대상을 추구하여 끊임없이 노력하는 사람에게 다가온다"고 기술했다.[7]

---

6 아문센은 다른 탐험가를 구하려고 애쓰다가 죽었다.
7 G. Allport, *Becoming* (New Haven: Yale University Press, 1955).

우리가 궁극적인 목표에 결코 완전히 이를 수 없다는 것은 어쩌면 다행한 일인지도 모른다. 만일 궁극적인 목표가 달성된다면 어떻게 될 것인가? 우리는 더 이상 삶에 방향을 제시하고 성격의 여러 양상들을 통합하고 단일화시키는 동기를 유발하는 힘을 가지지 못할 것이다. 우리는 성격을 건강한 상태로 유지하기 위해 지나간 동기를 대신하는 새로운 동기를 발달시켜야만 할 것이다.

올포트는 현존하는 것이 불충분하게 바뀌거나 더 이상 적당하지 않게 되면 새로운 동기를 발견하는 이 욕구를 **에너지 수준을 조절하는 원칙**(principle of organizing the energy level)이라고 불렀다. 성숙하고 건강한 사람은 끊임없이 동기와 에너지를 소비하기 위한 충분한 활력소를 필요로 하고 있다. 예를 들면, 어떤 여자가 자신이 할 수 있는 적당한 일이 무엇일까에 대한 자신의 평가 기준에 따라 어린이들을 양육하는 것을 우선의 목표로 세웠다고 가정하자. 어린이들이 어리고 성숙하는 동안에는 이 목표로 그 여자의 에너지를 소비하기에 충분하다. 어린이가 성공적으로 여러 가지 발달 단계에 도달하게 되면 그 여자는 여러 가지 부수 목표—어린이의 용변 훈련(toilet training)이나 학교 생활에 대한 적응을 쉽게 하는 등—를 성취하게 될 것이다. 그러나 어린이가 어른이 되었을 때 어떻게 될 것인가? 그 여자가 할 수 있는 일은 더 이상 아무것도 없다. 이 경우에 목표는 성장되어야 한다. 그 여자는 새로운 관심과 꿈을 찾아야만 한다. 그 여자의 에너지는 새롭게 방향을 모색해야 한다.

올포트는 십대의 만행 · 범죄 · 반란에 대한 문제에도 같은 논법(論法)을 적용시켰다. 그는 어떤 젊은 사람에게는 그들의 에너지를 소모하기 위한 의미 있고 건설적인 목표가 부족하다고 믿고 있다. 그 에너지는 배출구를 발견해야만 하고, 만일 그것이 건설적인 방법으로 나타나지 않게 되면 파괴적인 방법으로 해소되기도 한다.

건강한 성격에 대한 올포트의 동기 이론은 성숙하고 건강한 사람이 평범하거나 단지 적당한 수준을 달성하거나 실행하는 데에는 충분히 만족하지 않는다는 사실을 주장하는 **지배와 능력의 원리**(principle of mastery and competence)를 포함하고 있다. 오히려 그들은 가능한 한 훌륭하게 실행해서 그들의 동기에 만족하려고 노력하는 지배 능력의 높은 수준을 달성하기 위해 최선을 다한다.

우리가 알 수 있듯이 동기(건설적인 의미의)는 심리적으로 건강한 사람에게 필요하다. 그러한 사람들은 활발하게 목적과 희망과 꿈을 추구하고, 그들의 삶은 그 목적 의식과 헌신적인 수행에 의해 지배된다. 목표에 대한 추구는 결코 끝이 없다. 만일 목표를 버려야 한다면 새로운 동기가 재빨리 형성되어야 한다. 건강한 사람은 미래를 바라보고 생활해야 한다.

## 건강한 사람의 자아

자아(自我, self)에 대한 개념은 건강한 성격에 대한 모든 토론에서 매우 중요한 부분이 된다. 성격 이론가들이 자아의 본질과 기능을 설명하는 많은 방법들은 첫 부분에서는 그 단어와 개념이 단순한 것같이 보인다. 그러나 이에 대한 설명이 다양해지면 우리는 이 단순한 용어가 무엇을 의미하는가에 대한 당혹감을 느끼게 되는 것이다.

## 프로프리움

올포트는 그의 자아 개념을 다른 사람들의 개념과 구별하는 단어로 대치함으로써 자아에 대한 토론에서 고질화된 반박과 애매성을 제거하려 했다. 그가 선택한 용어는 **프로프리움**(proprium)인데, 'appropriate(적합한)'와 같은 단어의 형용사형 'propriate' 를 생각해 보면 될 것이다. 프로프리움이란 한 사람에게 속해 있는 어떤 독특한 것을 의미한다. 프로프리움(proprium 혹은 self)은 개인에게 중요한 문제나 과정 또는 독특성으로 이루어진다. 올포트는 이것을 "느끼고 인지된 나"라고 불렀다.[8]

## 프로프리움의 발달

프로프리움은 자아(selfhood)의 일곱 단계를 통해 유아 시절부터 사춘기까지 발달한다. 일곱 단계의 발달 양상이 완전히 나타날 때 프로프리움이라는 하나의 개념으로 단일화된다. 그러므로 프로프리움은 이러한 자아의 일곱 양상들의 복합체이다. 이 프로프리움의 출현은 건강한 성격의 필요 조건이다.

### 신체적 자아

우리는 자아 의식을 가지고 태어난다. 이것은 유전적으로 부여받은 부분은 아니다. 유아는 자아(self, 'me' )와 그 주위를 둘러싸고 있는

---

8 G. Allport, *Pattern and Growth in Personality* (New York: Holt, Rinehart & Winston, 1961), p. 127.

세계를 구별할 수가 없다. 점차로 증가하는 복합적인 학습과 지각 경험을 통해 '나 속'의 무엇과 '바깥 세계'의 다른 것들에 대한 분별력이 발달한다. 유아가 그 자신과 다른 사람, 대상을 만지고 보고 들음으로써 분별력은 더욱더 명료하게 된다. 15개월경이 되면 프로프리움 발달의 첫 단계 양상인 **신체적 자아**(bodily self)가 나타난다.

'신체적 나'에 대한 확신은—예를 들면 유아가 자기 손가락과 손가락 안에 쥐어진 대상물을 구별하는 것—전체적 자아를 달성하기 위한 첫 번째 단계이다. 올포트는 비록 그것이 한 사람의 전체적 자아와는 거리가 멀다 할지라도 그것을 우리의 "자아 확신에 대한 일생의 닻"[9]이라고 부르고 있다.

## 자아 정체감

두 번째 발달 단계에서는 **자아 정체감**(self-identity)이 나타난다. 어린이는 독립된 인간으로서 끊임없는 정체감을 인식하게 된다. 어린이는 이름을 배우고 오늘 거울을 통한 반사체는 어제 거울을 통해 보여진 그 사람과 동일인(同一人)이라는 지각이 생기고 '나(me)', '자아(self)'에 대한 인식을 믿고 변화하는 경험의 양상 안에서 자기의 주장을 하게 된다.

올포트는 자아 정체감의 가장 중요한 양상은 그 사람의 이름이라고 생각하고 있다. 이름은 한 사람이 자기를 동일시하고 세상의 다른 사람들과 자신을 구별하는 그 사람의 존재에 대한 상징이 된다.

---

9 Ibid., p. 114.

## 자존감

프로프리움 발달의 세 번째 단계는 **자존감**(self-esteem)의 출현이다. 이것은 어린이가 그 자신의 일들을 하면서 나타나는 자만심과 관련이 있다. 이 단계에서 어린이는 사물을 만들고 탐구하며 환경에 대한 호기심을 만족시키고 그 환경을 처리하고 변화시키려 한다. 호기심이 많고 공격적인 두 살짜리 어린이는 조절과 탐색이 이루어지는 이 단계에서 매우 파괴적이 될 수도 있다. 올포트는 이것을 발달의 결정적인 단계로 보고 있다. 만일 부모가 탐구하고자 하는 어린이의 욕구를 좌절시키면 자존감의 출현은 방해를 받게 된다. 적대감과 분노가 결과로서 일어날 수 있다.

자존감이 나타나게 되는 핵심은 자율성에 대한 어린이의 욕구이다. 이것은 부모가 시키는 모든 일들을 사실상 반대하는 것처럼 보이는 두 살가량의 어린이에게서는 부정적인 행동으로 나타난다. 그 후 여섯 · 일곱 살까지는 또래들과의 자유 경쟁이란 용어로 자존감이 정의된다.

## 자아 확장

**자아 확장**(self-extension)으로 불리는 발달의 이 단계는 네 살쯤에 나타나기 시작한다. 어린이는 주위의 다른 사람과 사물을 인식하게 되고 그들의 일부분이 자기에게 속해 있다는 것을 알게 된다. 어린이는 '나의 집' '내 학교'라고 이야기한다. 어린이는 '나의 것'이라는 멋진 단어로 구체화되는 소유의 가치와 의미를 학습하게 된다. 이 나이에 '나의 것(mine)'으로 동일시된 대상과 사람은 제한되어 있는 반면, 나라 · 학력 · 종교와 같은 더 큰 실존들이 '나의 것'으로 되는 과정이 새로이 정립된다. 이것은 사물뿐만 아니라 추상 개념 · 가치 · 신념까지도 포함하는 정도로 광범위하며 그 자신을 확장시켜 가는 인간 능력의 시초가 된다.

### 자아상

**자아상**(self-image)이 그 다음으로 발달한다. 이것은 어린이가 자기 자신을 어떻게 보고 있으며 그것에 대한 의견이 어떻게 형성되는가를 의미한다. 이 이미지(또는 이미지의 연속)는 부모와 어린이 간의 상호작용을 통해서 발달한다. 칭찬과 체벌을 통해 어린이는 부모가 자기에게 어떤 행동은 나타내고 또 어떤 행동은 피해 주기를 원한다는 것을 배우게 된다. 부모들은 어떤 행동에 대한 반응에 '좋아(good)'라고 하고 또 다른 행동에는 '나빠(bad)'라고 어린이에게 이야기하게 된다. 이러한 부모의 기대감을 배워가면서 어린이는 도덕적 책임감과 목표나 의도 형성의 기초를 발달시켜 나간다.

### 이성적 대항자로서의 자아

어린이가 학교 생활을 시작한 후에 **이성적 대항자로서의 자아**(self as a rational coper)가 나타난다. 선생님이나 학교 친구들로부터 새로운 규칙과 기대감을 학습하게 되며 더욱 중요한 것은 지적 활동이나 도전이 나타나게 된다. 어린이는 논리적 · 이성적 과정들을 통해서 문제를 해결할 수 있는 능력을 키운다.

### 자아 추구

사춘기에 자아 발달의 마지막 단계인 **자아 추구**(propriate striving)가 나타난다. 사춘기는 특별히 결정적인 시기라고 올포트는 믿었다. 사춘기에는 두 살 때와는 상당히 다른 새로운 자아 정체감을 요구받게 된다. "나는 누구인가?"라는 질문은 이 시기에는 매우 강렬한 것이다. 사춘기에 겪게 되는 경험은 부모와 친구들에 의해 여러 방향으로 밀리고 당겨지면서 자아상(自我像)을 시험한다. 가면과 역할을 통해 성인의 성격을 발견하려고 노력한다. 이러한 자아 추구 과정에서 가장 중요한 국면은 생의 목표에 대해서 정의를 내리는 일이다. 이 과정의 중요성은 이 때에 처음으로 인생의 장기 목표와 꿈에 대해서 생각하게 된다는 데에 있다.

앞으로 나아가는 동기의 발달이 이와 동시에 일어난다. 인간의 의도·동경·희망들은 성숙한 성격을 가져다준다. 올포트의 용어를 빌리자면 이러한 '분명히 규정된 목표들'은 건강한 성격의 활력소가 된다. 이러한 '자아' 또는 프로프리움의 7단계는 유아기에서 사춘기까지에 펼쳐진다. 어떤 단계에서의 압도적인 실패나 좌절은 다음 단계의 출현을 방해하고 프로프리움 안에서의 조화 있는 통합을 방해한다. 어린 시절의 경험은 건강한 성격 발달에 아주 중요하다.

## 건강한 성격의 발달

올포트는 자아의 발달과는 달리 성격의 발달에는 명백한 단계를 정해 놓지 않고 있다. 올포트는 성인의 성격이 그의 과거보다 현재나 미래에 대해 더 기능을 발휘한다고 믿었고, 단지 신경증에서만 어린이와 성인 사이의 관계가 계속적인 기능을 발휘한다고 주장했다. 올포트는 신경증적 성격과 건강한 성격의 차이를 나타내는 유아 시절의 특정한 경험에 대해 묘사하고 있는데 그것을 간단하게 알아보기로 하자.

올포트는 유아와 그의 어머니, 특히 아이에게 많은 보호와 애정을 베푸는 어머니와의 관계에 관심을 가지고 있다. 만일 유아가 충분한 보호와 애정을 받는다면 긍정적인 심리적 성장이 자아 발달의 일곱 단계를 통해 계속 일어난다. 어린이는 정체감과 자아상을 형성할 것이고 자아는 다른 사람들에게로 확장되기 시작한다. 사춘기 동안의 자아 추구는 참조 체제(frame of reference)와 미래 성장의 동기를 제공하게 된다. 이러한 자아 발달을 통해 건강하고 성숙한 성인은 필연적으로 나타나게 된다.

어머니의 역할은 확실히 매우 중요하다. 어머니가 유아에게 충분한 보호와 애정을 주지 못할 경우 어떻게 되는가? 이러한 조건에서 자라난 어린이는 불안정하고 공격적이며 요구와 질투가 강하고 자기 중심적이며 심리적인 성장은 극소화된다. 성인으로 자라서도 어린 시절의 동기와 유아기적 갈등에 의해 조절받게 되며 정신적 질병의 여러 형태로 발달하기 쉽다.

올포트는 인간이 어떠한 환경 아래서 불행했던 어린 시절의 경험을 중화할 수 있는가 하는 결정적인 질문에는 분명한 대답을 하지 않았다. 거부하는 어머니 때문에 생겨난 불행이 동정심 많은 선생님에 의해서나 친절한 친척 또는 후에 배우자의 사랑으로 극복되는가? 혹은 이러한 사람은 신경증 환자로 운명지어져 있는가? 어린 시절에 보호와 애정을 받지 못했던 사람이 나중에 얻은 만족으로 초기 장애를 보상할 수 있다고 믿는 것은 위로가 된다. 그러나 올포트에 의해서는 이 가능성이 명백해지지 않았다. 그는 건강한 성격에 더 많은 관심을 가졌기 때문에 신경증적 성격에 대해서는 별로 언급하지 않았다.

## 성숙한 성격의 기준

올포트는 건강한 성격의 특별한 특징을 일곱 가지로 정리하고 이것을 가지고 있는 사람을 '성숙한 사람'이라고 했다.

## 자아감의 확장

자아의 발달에 따라 사람과 사물의 범주도 넓어져 간다. 처음 자아는 오로지 개인에게 초점이 맞추어진다. 그러나 경험의 범주가 넓어짐에 따라 자아도 추상적 가치와 개념을 포함하는 정도로 넓혀진다. 다시 말하면 사람이 성숙함에 따라 자기 이외의 것에 관심을 가지게 된다. 그러나 자기 이외의 어떤 것(직업)이나 어떤 사람과 단지 관계를 형성하는 것만으로는 충분하지 않다. 사람은 직접적이고 완전한 참여자가 되어야만 한다. 올포트는 이것을 "인간 능력의 중요한 국면에서의 자신의 진정한 참여"[10]라고 명명했다. 인간은 자기를 활동의 중심이 되는 차원으로 확장시켜야 한다는 의미이다.

우리는 순수한 개인적 참여 의식이나 연관성 없이도 어떤 일(대학 공부나 직업과 같은)을 활동적으로 해 나가는 것이 가능하다는 사실을 알고 있다. 올포트에 의하면, 활동은 자기에게 중요하고 적절해야만 하며, 그 사람에게 어떤 의미가 있어야 한다. 만일 자신이 중요하다고 믿기 때문에, 혹은 자신의 능력에 대한 도전으로 볼 수 있기 때문에, 혹은 최선을 다해 그 일을 해서 기분이 좋기 때문에 어떠한 직업에 종사한다면 그는 그 직업에서는 진정한 참여자가 된다. 그 활동은 그에게 수입의 근원보다 더 많은 의미가 있다. 그것은 다른 욕구들도 충족시키게 된다.

어떤 사람이 여러 활동이나 어떤 이념에 완전하게 관련되어 있으면 있을수록 그 사람은 더욱 더 심리적으로 건강해질 것이다. 이러한 진정한 참여 의식은 우리의 일, 가족이나 친구 관계, 취미 생활, 정치적

---

10 Ibid., pp. 283–84..

· 종교적 참여에도 적용된다. 자아는 이러한 의미 있는 활동에 투자되고 그것들은 바로 자아감(自我感)의 확장이 될 것이다.

## 다른 사람과 따뜻한 관계를 가진 자아

올포트는 다른 사람과의 따뜻한 관계를 친밀력(capacity for intimacy)과 연민력(capacity for compassion)의 두 가지 종류로 구분했다.

심리적으로 건강한 사람은 부모 · 자식 · 배우자 혹은 친한 친구에게 친밀감(사랑)을 표현할 수 있다. 이 친밀감의 능력을 만드는 것은 잘 발달된 자아감의 확장이다. 어떤 사람이 사랑하는 사람과 그의 복지에 대한 관심으로 진정한 참여를 나타낸다면 이것은 개개인의 복지만큼이나 중요하다. 친밀감은 잘 발달된 자아 정체감의 표현이다.

신경증적 환자와 건강한 사람과의 사랑의 형성 관계에는 차이점이 있다. 신경증적 환자는 줄 수 있는 것보다 훨씬 많은 사랑을 받기를 요구하며, 그들이 사랑을 줄 때는 상호관계적이 아니라 조건과 책임 때문에 주는 것이다. 건강한 사람의 사랑은 무조건적이지 비정상적이거나 의무적인 것은 아니다.

두 번째 연민력은 기본적인 인간 조건에 대한 이해와 모든 사람과의 동족감(同族感, sense of kinship)을 포함하고 있다. 건강한 사람은 인간 존재의 특징인 고통 · 흥분 · 공포 · 실패를 이해하는 능력을 가지고 있다. 이 연민력은 개인의 인류에 대한 '사상적 확장'을 통해 전반적으로 일어난다.

연민력의 결과로 성숙한 성격은 다른 사람의 행동을 판단하거나 비방하지 않고 관용을 베푼다. 건강한 사람은 남자나 여자나 모두 약점을 가지고 있다는 것을 알고 인간의 나약성을 받아들인다. 그러나 신경증적 환자는 참지 못하고 기본적 인간 경험의 일반성을 이해하지 못한다.

## 정서적 안정감

건강한 성격에서 발견되는 정서적 안정감의 특징은 여러 가지 속성을 포함하고 있다. 가장 중요한 것은 자아 수용(self-acceptance)이다. 건강한 성격은 수동적으로 포기하지 않고 약점과 실패를 포함한 존재의 모든 양상들을 받아들일 수가 있다. 예를 들면, 성숙한 사람은 신경증적 환자들처럼 지나치게 수줍어하거나 억압하지 않으면서도 그들의 성적 충동을 받아들일 수가 있다. 성숙한 사람은 이런 양상이나 자신의 내부와 사회에서 생기는 갈등과 인간 본성의 다른 양상들을 수용하며 살아갈 수 있다. 그들은 자신이 할 수 있는 최선을 다하기 위해 노력하는 동시에 자신을 개선하려고 노력한다.

성숙한 성격은 또한 인간의 정서들을 받아들일 수 있다. 그들은 감정의 포로가 아니며 그것으로부터 피하려 하지도 않는다. 건강한 성격은 자신의 정서를 조절하며 대인 관계의 활동을 제지하지 않는다. 오히려 정서를 더욱 건설적인 방면으로 이끌어 주는 것이다. 그러나 신경증 환자는 이러한 감정들이 적당하든 부적당하든 간에 분노와 증오를 자주 표현하면서 그 순간 지배적인 감정에 치우치게 된다.

정서적 안정의 또 다른 속성을 올포트는 "좌절에 대한 관용(frustration tolerance)"이라고 불렀다. 이것은 사람이 스트레스나 희망이나 욕구의 실패에 어떻게 반응하는가를 나타낸다. 건강한 사람은 이러한 실패를 참아낸다. 그들은 좌절에 대해 자신을 포기하지 않고 오히려 똑같은 목표나 대치 목표에 도달하는 데 좌절을 감소시키는 다른 방법을 발견할 수 있다. 좌절은 신경증 환자에게 때때로 해로운 것이지만 건강한 사람에게는 나쁜 것이 아니다.

성숙한 사람이라도 기본적인 안정감을 느끼지 못할 때는 좌절을 참아내거나 자기를 수용하거나 자신의 정서를 잘 조정할 수 없다. 그들은 효능감(sense of proportion)으로 생의 목표와 자아 위협에 대처하는 것을 배우고 이런 스트레스가 항상 불행으로 연결되지 않는다는 것을 발견한다. 건강한 사람도 불안정감이나 공포로부터 완전히 자유롭지는 못하지만 신경증 환자보다는 위협을 덜 받고 더 잘 대처해 나갈 수 있다.

## 현실적 지각

건강한 사람은 그들의 세계를 객관적으로 본다. 반대로 신경증적인 사람은 때때로 그들 자신의 희망과 욕구와 두려움을 양립시키기 위해 현실을 왜곡해야 한다. 성숙한 사람은 다른 사람이나 상황을 개인의 현실 지각에 따라 모두가 다 악하거나 선하다고 믿을 필요가 없다. 그들은 현실을 그대로 받아들인다.

## 기술과 과제

올포트는 일의 중요성과 그 일에 몰두하는 필요성에 대해 깊이 절감했다. 일의 성공은 어떤 기술과 능력의 발달—유능함의 수준을 의미한다. 그러나 이것은 적합한 기술을 소유하는 데는 충분하지 않다. 우리는 진심으로 열광적이고 적절한 방법으로 그 기술을 사용해야 하고 우리 일에 자기 자신을 충분히 투자해야 한다.

올포트는 기술을 가지고 있는 사람이 신경증이 되기 쉽다고 했다. 그러나 자신의 기술을 자신의 일에 몰입시키지 않는 건강하고 성숙한 사람을 발견하는 것은 불가능하다. 자신이 일에 열중하고 있는 동안 쉽게 자아와 관련된 모든 방어와 충동(자만심과 같은)을 가라앉히는 건강한 사람에게서 이 연관성은 특히 강하게 나타난다. 일에 대한 이러한 헌신은 책임 개념과 긍정적인 생활과 관련이 있다. 올포트는 이 점을 유명한 뇌전문 외과의사 하베이 쿠싱(Harvey Cushing)의 말을 인용해 설명하고 있다. "삶을 지속하는 유일한 방법은 완수할 과업을 가지는 것이다."[11]

일과 책임감은 삶에 의미와 계속성을 제공한다. 해야 할 중요한 일과 그것을 하는 데 필요한 기술과 헌신과 수행 없이 성숙되고 긍정적인 심리적 건강 상태를 달성한다는 것은 불가능하다.

## 자아 객관화

이 기준은 "너 자신을 알라"는 고전적인 교훈으로 구체화된다—분명히 어려운 일이다. 객관적인 자각에 대한 탐구는 아주 어릴 때부터 시작하여 결코 끝나지 않는다. 그러나 어느 수준의 유용한 자아 객관화(self-objectification)에 도달하는 것은 어느 나이에서나 가능하다. 건강한 성격은 신경증 환자보다 높은 수준의 자기 이해를 성취한다.

자기 자신에 대한 올바른 자각에는 그 사람이 자기를 어떻게 생각하고 있으며 실제의 자기는 어떤 사람인가의 관계에 대한 통찰력이 필요하다. 이 두 개념간의 연관성이 가까울수록 개인의 성숙도는 커지게 된다. 또 다른 중요한 관계는 그 사람이 자신을 어떻게 생각하는가와 다른 사람은 그를 어떻게 생각하는가의 차이이다. 건강한 사람은 자기

11 Ibid., p. 290.

자신의 객관적인 영상을 형성하는 데 다른 사람의 의견에 대해 개방적이다.

자아 객관화나 자기 통찰에 높은 수준을 가지고 있는 사람은 쉽게 다른 사람에게 개인의 부정적 속성을 투사시키지 않는다. 이들에게는 다른 사람을 정확하게 판단하려는 경향이 있고 일반적으로 다른 사람에게 더 잘 받아들여진다. 올포트는 확실한 자기 통찰을 가진 사람은 자기 통찰을 덜 가진 사람보다 훨씬 더 지적이라고 주장했다.

더욱이, 우스운 이야기가 될지는 모르지만, 자기 통찰과 유머 감각과는 높은 상관이 있다고 본다. 이 유머 감각은 부조화 · 어리석음에 대한 지각이나 자기 자신을 비웃을 수 있는 능력을 의미한다(올포트는 이것을 성이나 공격성과 관련된 저질의 희극적 유머와는 구분했다).

## 일관성 있는 생의 철학

건강한 성격은 미래 지향적이고 긴 안목의 목표와 계획에 의해 형성된다. 이러한 사람은 목적 의식과 삶의 초석이 되는 완성해야 할 일에 대한 의무감을 가지고 있으며, 이것으로 그들의 성격은 일관성을 나타내게 된다.

올포트는 이 일관성 있는 동기를 **직선적으로 올바르게 나아가는 것**(directedness)이라고 불렀다. 이것은 신경증 환자에게보다 건강한 성격에서 더욱 명백하다. 직선적으로 올바르게 나아가는 것은 인생의 모든 양상을 목표(혹은 목표의 연속, 일련의 목표들) 지향적으로 인도하고 삶의 이유를 제공한다. 우리에게는 의미 있는 목표에 대한 끊임없는 추구가 필요하다. 그것이 없으면 우리는 성격상의 문제를 쉽게 경험하게 된다. 그러므로 올포트에게는 동경과 미래를 향한 방향 없이는 건강한 성격을 가진다는 것이 불가능하게 여겨진다.

아마 특별한 목표에 대한 틀은 **가치**(values) 개념일 것이다. 올포트는 가치란 (목표에 따른) 일관성 있는 사회철학 발달의 활력소라고 강조했다. 개개인은 여러 가지 가치 가운데서 선택하고 그 가치들은 자기 자신(개인적인 재주에 대한 자만심과 같은)과 연관되어 있거나 많은 다른 것들(애국심 같은)에 의해 넓혀지고 나누어지기도 한다.

강한 가치의 소유는 건강한 사람을 신경증 환자와 명백히 구별해 낸다. 신경증 환자는 가치를 가지고 있지 않거나 단지 단편적이고 순간적인 가치만을 가지고 있다. 신경증 환자의 가치는 생의 모든 국면을 정리하거나 통합할 만큼 충분히 지속되거나 강하지 않다.

**양심**(conscience)은 생의 철학을 단일화하는 데 기여한다. 올포트는 성숙한 양심과 미성숙하거나 신경증적인 양심의 차이점을 명기하였다. 미성숙한 양심은 어린아이의 것과 같이 복종적이고 비열하고 어린 시절부터 성인기에까지 이어지는 구속과 긍지에 가득차 있다. 이것은 '의무감(ought)'보다 오히려 '필연성(must)'으로 특징지어진다. 달리 말하자면 미성숙한 사람은 "나는 반드시 이렇게 행동하지 않으면 안 된다(I must behave this way)"고 말하지만 성숙한 사람은 "나는 이렇게 행동해야 한다(I ought to behave this way)"라고 말한다. 성숙한 양심은 자기 자신이나 다른 사람에 대한 책임감이나 의무감으로 구성되어 있으며 종교적이거나 윤리적인 가치에 바탕을 두고 있기도 하다.

## 개인적 논평

올포트가 인간 성격에 대해 연구했던 몇 가지 방법은 독창적인 것이었다. 그는 신경증 환자 대신에 정상적으로 성숙된 사람을 연구한 최초의 성격이론가였다. 프로이트를 비롯한 초기의 이론가들은 비정상적인 사람들을 관찰한 것을 바탕으로 성격이론을 발전시켰다. 그 결과, 그들의 이론은 다분히 신경증 환자에게로 초점이 맞춰졌다. 올포트는 정상적인 사람을 연구했고, 전적으로 건강한 성격에 관한 이론을 발전시켰다.

올포트는 신경증적인 성격과 건강한 성격의 차이, 어른과 아이의 차이에 대한 이론을 정립시켰다. 올포트는 비정상적인 성격과 건강한 성격 사이에는 기능적으로 비슷한 점이 전혀 없기 때문에, 그들 둘은 완전히 별개의 실재임을 주장한 단 한 사람의 성격이론가이다.

어른과 아이 사이에는 기능적으로 유사한 분리점이 있다. 프로이트를 비롯한 다른 이론가들은 인간이 어릴 때의 경험의 산물(또는 그 포로)이라고 간주했지만, 올포트는 단지 신경증 환자들에게만 이 사실이 적용된다고 믿었다. 그는 어린 시절에 받은 영향의 중요성을 부인하지는 않았다. 어린 시절에 받은 영향은 신경증 환자와 심리적으로 건강한 사람의 차이를 설명해 줄 수 있는 진정한 관건이기도 하다. 그러나 건강한 성격으로 일단 형성되면, 그 성격은 과거에 받았던 영향으로부터 자유로워진다.

그러므로, 심리적인 건강은 과거 지향적이 아니라 미래 지향적이다. 성숙한 사람은 장차 그가 되고자 희망하는 모형을 향해 노력하는 것이지, 일단 이루어져서 다시는 변화되기 어려운 모형을 지향하는 것은 아니다. 이 점이 인간 성격에 대한 올포트의 생각이 대단히 희망적이고 낙관적이라고 여기게 만든다. 미래는 의식적으로 의욕적으로 계획될 수 있으며, 각 개인은 좀더 나은 미래를 향해서 노력하게 되는 것이다. 그러나 과거에 집착하는 생활은 변화되기가 어렵다.

미래의 계획에 대한 생각—장기 목표, 목적 그리고 이상—은 훌륭한 것이다. 분명히, 미래에 대해 기대하고, 계획하고, 노력하는 것이 과거에 매달려 사는 것보다는 훨씬 건강하다. 올포트가 긴장 감소보다는 긴장 증진의 필요에 더 초점을 맞춘 것 또한 나 자신의 경험과 역사적인 인물의 생애에 대해서 가지고 있는 나의 지식과 일치한다. 열정적이고 적극적인 사람들은 다양한 삶을 살았다; 그들은 평범한 삶에 만족하지 않았다. 우리는 도박을 하거나 일확천금을 노리는 사람들이 적극적으로 도전과 자극을 탐색한다는 것을 알고 있다.

우리가 계획했던 꿈이 마침내 이루어졌을 때, 우리는(성숙하고, 건강한 성격의 소유자라고 믿는) 적극적으로 새로운 목표와 목적을 찾게 된다. 일상의 생활에 활기와 열정을 불어넣는 것은 목표를 추적하는 것이지 목표에 잡혀 있는 것이 아니며, 목표를 달성해 가는 과정이지 목표의 달성에 있는 것은 아니며, 성공을 향해 노력하는 것이지 성공 그 자체는 아니다.

올포트의 이론에서는, 자아정체감을 형성하는 과정에서 우리가 누구이며 무엇인가를 정의할 때, 우리가 자신에게 거는 기대감(期待感)이 매우 중요한 역할을 한다고 주장한다. 이것은 마치, "현재의 나는 내가 기대했던 대로 노력한 결과이다"라고 말하는 것과 같다. 우리는 우리가 기대한 대로 된다는 점을 강조하는 올포트의 주장은 이 책에 소개된 다른 이론가들의 생각과 같은 것이며 나 자신도 전적으로 이 관점에 동의한다.

심리적인 건강에 대한 올포트의 다른 관점은, 다른 이론가들의 주장과 마찬가지로, 건강한 성격의 소유자들은 다른 사람을 배려한다는 것이다. 완전히 자기중심적인 사람과는 정반대로, 성숙한 사람은 자기가 관계하는 일에 적극적으로 관여하고, 자기 자신 이외의 어떤 일이나 사람에게 집중한다. 그런 사람은 인생의 방관자가 아니다. 고립되지도 않으며 위축되지도 않는다. 대신 그는 열정적으로 삶에 몰입한다. 의미 있는 일을 하는 것과 다른 사람, 즉, 사랑하는 사람이나 광범위한 인류 자체의 안녕이 필수적이다. 건강한 사람은 사람을 사랑하고 다른 사람과의 관계 속에 자신을 깊이 침투시키면서 배려할 수 있는 사람이다; 다른 사람의 성장과 성취를 마치 자기 자신이 성장과 성취를 이룩한 것처럼 중요하게 생각하는 사람이다.

이들은 굉장히 현실적인 사람들이어서 자신을 알고 자신의 한계를 알며 자신을 비하하지 않는다. 간단히 말하면, 성숙한 사람은 자신이 누구인지를 알기 때문에 자신에 대해서, 또 다른 사람과 그들을 둘러싸고 있는 세계에 대해서 안정감을 가지고 있다.

이런 특징들은 상식적인 것이라고 나는 생각한다. 올포트가 진단하는 성숙하고 건강한 성격은 철학자들과 신학자들이 수세기에 걸쳐 가르쳐 온 진리의 진수를 축출해서 표현한 것이라고 생각된다. 견고한 자아상과 자아정체감을 가지고, 자기존중의 느낌 속에서 거리낌없이 무조건적으로 사랑을 할 수 있으며, 정서적으로 안정감을 가지며, 생의 의미와 방향을 설정해 주는 목표와 목적을 갖는 것은 분명히 건강한 것이다.

어떤 면에서, 올포트는 우리가 이미 알고 있는 것을 말했을 뿐이다. 그는 틀에 박힌 평범한 사실을 다시 말했을 뿐일 수도 있다. 그러나 평범한 사실을 다시 생각하게 하는 것이 나쁠 리는 없다. 만약 그 평범한 사실에 진리의 진수가 있다면 말이다. (진리의 진수가 없는 평범한 사실은 오래 지속될 수가 없을 뿐만 아니라 후세대에 전승되지도 않는다. 올포트의 많은 진단들이 이에 속한다.) 그리고 우리가 이제 보게 되겠지만, 이러한 기본적인 진리는 다른 이론가들에게서도 나타난다.

올포트의 강점은 심리적으로 건강한 사람들의 삶에서 공통적인 주제를 찾아내고 그 주제를 분명하게 기술하는 능력에 있다. 이것은 심리학자들에게서는 잘 발견되지 않는 능력이다. 그가 강력하게 묘사한 건강한 성격의 특징들이 과거의 역사적 인물들과 현대의 인물들의 삶에서 보여진다는 사실은 그가 제공한 성숙한 사람에 대한 진단이 시공을 초월하는 진리임을 뒷받침해 주고 있다. 올포트가 건강한 성격에 대해서 완벽하게 설명해 주었는지 아닌지는 올포트의 성숙된 건강한 사람의 초상을 보완해 줄 심리적 건강에 대한 다른 모델을 검증할 때까지는 유보되어야 할 것이다.

## 참고 문헌


Allport, G. *Becoming: Basic Considerations for a Psychology of Personality.* New Haven: Yale University Press, 1995.

______. *Personality and Social Encounter.* Boston: Beacon Press, 1960.

______. *Pattern and Growth in Personality.* New York: Holt, Rinehart & Winston, 1961.

______. Autobiography. In E. G. Boring & G. Lindzey(eds.), *History of Psychology in Autobiography.* Vol. 5. New York: Appleton-Century-Crofts, 1967.

______. *The Person in Psychology.* Boston: Beacon Press, 1968.

Maddi, S. R., and Costa, P. T. *Humanism in Personology: Allport, Maslow, and Murray.* Chicago: Aldine-Atherton, 1972.

# 3 충분히 기능을 발휘하는 사람

## 로저스의 모형

1922년 중국 베이징에서 스무 살의 칼 로저스(Carl Rogers, 1908-1987)는 훗날 그의 성격심리 연구의 본질이 되고 골격이 되는 중요한 경험을 했다. 국제기독학생연합회 회의에 미국 대표로 참가했던 6개월간의 여행이 로저스에게 중대한 변화를 일으킨 것이다. 로저스가 위스콘신대학교 대학과정을 마치려고 중국에서 돌아왔을 때 그는 개인적인 생활과 전문적인 생활을 변혁시킬 만한 새로운 생의 과제를 지닌 전혀 다른 사람이 되어 있었다.

로저스의 성장 과정은 엄격하고, 타협할 줄 모르는 정통파 기독교 정신으로 특징지어질 수 있다. 거기서는 온당한 윤리적 행동과 성실하게 일하는 것만이 강조되었다. 그의 부모의 종교적인 가르침은 로저스의 소년 시절부터 청년 시절을 통해 행동의 지침이 되어 왔고, 대학생이 되어서도 그 지침은 조금도 해이해지지 않았다. 대학 2학년 때, 로저스는 목사가 되어서 '크리스천 사업'을 하는 데 일생을 바치겠다고 진지하게 결심했다.

그 이듬해에 로저스는 중국에서 거행된 국제기독학생연합회 회의에 참가하게 되었다. 이 사건이 그의 세계를 여러 가지 면에서 넓혀 주었다. 그는 다른 세계를 볼 수 있었던 이 여행을 통해서 자신의 새롭고 중요한 부분을 발견하게 되었다. 처음으로 그는 문화적인 배경이 다르고 지적인 양상이 다른 사람들과 만나게 되었던 것이다. 그들의 사상은 모습과 언어가 다른 만큼 그에게는 생소했다. 다른 나라의 학생 대표들과 이야기하는 동안에 로저스는 그들의 생각에 매혹되기 시작했다. 그의 마음 깊이 뿌리박고 있었던 정통파(fundamentalist) 신념은 흔들리고 약해지고 마침내는 아무것도 아닌 것처럼 되고 말았다.

로저스는 이때의 생각과 느낌을 기록해서 학술지에 발표했다. 그는 이 기사를 복사해서 하나는 장차 아내가 될 여자 친구에게 보내고 또 하나는 부모님에게 보냈다. 그는 계속해서 그의 생각들을 기사로 써서 보냈다. 그것이 여러 주일이 되었고 또 몇 달이 되었다. 집에서는 부모가 매번 배달되는 아들의 긴 편지에 점차로 놀라기 시작했다. 그러나 미국에서 보내는 편지가 중국에 배달되는 데에는 시간이 오래 걸렸기 때문에 로저스는 부모님이 걱정하고 있다는 사실을 전혀 모르고 있었다. 로저스가 보낸 첫 번째 편지에 대한 부모님의 답신을 받은 것은 두 달이 지난 뒤였던 것이다.

중국에서의 경험은 로저스와 부모 사이의 종교적 · 지성적 연결의 결별로 나타났다. 그리고 "나는 나 자신의 사고 방식대로 생각할 수 있고, 나 자신의 결론에 도달할 수 있으며, 나 자신이 믿는 바에 따라 행동할 수 있다"[1]는 인식을 심어 주었다. 이 새로이 얻은 자유와 자신감, 그리고 거기서 비롯되는 변화는 로저스에게 결국 인간이 궁극적으로 의지할 수 있는 것은 자신의 경험밖에 없다는 사실을 인식시켜 주었다. 개인의 실제 경험이 가장 중요하다는 이 신념과 확신이 로저스의 성격

1 C. R. Rogers, "Autobiography," in E. G. Boring and G. Lindzey, eds., *History of Psychology in Autobiography*, vol. 5 (New York: Appleton-Century-Crofts, 1967), p. 351.

심리 연구 방법의 주춧돌이 되었다.

로저스는 1931년에 컬럼비아대학교에서 박사학위를 받고, 비지시적 또는 내담자 중심 치료의 거장이 되기까지 계속해서 학문을 닦았다. 이 형태의 치료는 미국에서 아주 인기가 있었고, 여러 가지 상황에서 인간의 성격을 변화시키는 데 사용되었다.

로저스의 치료 방법, 거기서부터 유추되는 건강한 성격의 모형은 인간 본성의 의기양양하고 낙관적인 모습을 보여주고 있다. 그의 주된 사상은 스무 살 때 경험의 반영이라고 할 수 있다. 즉 사람은 그 자신이 경험한 세계에 의지해야 하며 그것만이 인간이 알 수 있는 현실이라는 것이 그 때의 경험에서 얻은 사실이었다.

## 로저스의 성격 연구 방법

오로지 성숙되고 건강한 성인만을 대상으로 연구했던 올포트와는 달리, 로저스는 성격을 변화시키기 위해 도움이 필요한, 정서적으로 방해받은 개인들을 상대로 연구를 했다. 이러한 환자들을 (그는 '내담자'라고 부르기를 더 좋아했다) 치료하기 위해서 로저스는 새로운 치료법을 개발했다. 그것은 성격 변화의 주된 책임을 내담자에게 두는 것이었다. 프로이트의 방법에서처럼 치료자의 책임은 아닌 것이다. 그리하여 **내담자 중심의 치료**(client-centered therapy)라는 명칭이 생기게 되었다. 이 치료에서는 상처받은 개인이라고 할지라도 어느 정도의 능력과 인식이 있다는 것을 인정한다. 바로 이 점에서 우리는 로저스의 인간 본성에 대한 관점을 이해할 수가 있는 것이다.

만약 인간이 자신의 성숙을 촉진하는 데 책임이 있고 또 그럴 수 있는 능력이 있다면, 그는 마땅히 의식적이고 이상적인 존재라고 할 수 있다. 로저스는 인간은 자신과 자신을 둘러싸고 있는 세계에 대한 의식적인 인지로 움직인다고 믿었다. 그는 인간이 조절할 수 없는 무의식적인 어떤 힘에 의해서 움직여지는 것은 아니라고 믿었다. 인간의 궁극적인 판단의 표준은 자신의 의식적인 경험에 달려 있는 것이며, 그 경험은 인간성이 계속적으로 성장할 수 있는 인지적이고 감성적인 틀을 제공하는 것이다.

로저스에 의하면, 우리들, 이성적이고 의식적인 인간은 어린 시절의 대소변 훈련이나 빠른 이유(離乳), 또는 미성숙한 성(性)의 경험 따위로 조절되는 존재가 아니라는 것이다. 이러한 것들이 우리의 삶을 조절할 수 없는 갈등과 불안의 덩어리로 끌고 가지는 못한다. 현재의 우리가 그 현재를 어떻게 인지하고 있는가가, 다시 말해서 과거보다는 현재에 더 큰 비중을 두는 것이 건강한 성격의 핵심이다. 그러나 로저스는 과거의 경험이 어떻게 현재를 인식하는가에 영향을 줄 뿐만 아니라 심리적 건강의 수준에도 영향을 끼친다는 점을 강조하고 있다. 그러므로 어린 시절의 경험이 중요하기는 하다. 그러나 로저스의 초점은 현재 무엇이 일어나고 있는가의 중요성에 맞추어지는 것이지 어린 시절에 무엇이 일어났는가에 있는 것은 아니다.

내담자를 치료하는 과정에서 로저스는 내담자의 개인적인 관점에서, 즉 내담자의 주관적인 경험을 토대로 하여 내담자의 성격이 검토되고 이해되지 않으면 안 된다는 점을 주장했다. 로저스는 자신의 개인적인 생활에서 자신의 경험을 깊이 믿게 되었던 것과 마찬가지로 전문가로서의 생활에서는 내담자 자신의 경험을 신뢰했다. 각 내담자에게 진실된 것은 내담자 자신의 독특한 현실에 대한 인지이다.

로저스는 현실이 각 개인의 주관적인 인지 경험에 의한 것이기 때문에 각 개인에 따라 그 경험도 독특한 것이라고 믿었다. 그럼에도 불구하고 그는 공통적이고 근본적인 동기, 즉 실현하고자 하는 경향과 노력에 대해서 토의했다.

## 건강한 사람의 동기: 자아 실현

로저스는 성격 구조에서 유일한 동기— '기초적인 유일한 욕구' —를 가정했다. 그것은 각 개인이 가지고 있는 모든 능력을 유지하고 실현하고자 하는 어떤 힘이다. 이 경향은 선천적이며 신체적이고 심리적인 성장의 요소를 총망라하는 것이다. 그러면서도 이 힘은 어렸을 적에는 좀더 신체적인 면으로 치우치는 경향이 있다.

이 자아 실현(self-actualization)의 경향은 인간의 성장과 발달의 모든 면에 복합적으로 영향을 끼친다. 좀 낮은 수준에서의 자아 실현의 경향은 기본적인 육체적인 욕구, 즉 음식 · 물 · 공기 같은 것을 만족시키는 데에만 책임이 있다. 그러므로 근본적인 신체의 욕구를 유지하고 지속하는 것으로 우리의 유기체는 살아남을 수 있다.

그러나 자아 실현은 유기체의 유지 그 이상의 것이다. 자아 실현은 유기체의 성숙과 성장을 촉진시키고 앙양시킨다. 어린아이가 성장함에 따라 신체의 기관과 신체적인 발달 과정은 점차적으로 복잡해지고 예정된 기능을 발휘하면서 진행된다. 이러한 성숙의 과정은 아기의 모양과 크기의 변화에서부터 사춘기 때의 이차적 성징(性徵)의 발달에 이르기까지 다양하다.

완전한 성숙은 자동적으로 이루어지지는 않는다. 성숙 과정의 '청사진' 이 있기는 하지만 그것은 각 개인이 타고난 유전적인 기질에 따른다. 그 과정은 많은 노력을 필요로 한다. 로저스는 이것을 어린 아기가 걸음마를 배울 때 경험하는 노력과 고통에 비유한다. 어린 아기는 걸음마를 배우면서 넘어지기도 하고 비틀거리기도 하며 다치기도 한다. 어린 아기에게는 애쓰면서 일어서 걷느니 차라리 모든 것을 포기하는 것이 훨씬 쉽고 또 고통도 없을 것이다. 그러나 아기는 열심히 노력하고 마침내는 그 과업을 성취한다. 왜 어린 아기는 그렇게 집요하게 노력하는가? 로저스는 자아 실현을 하고자 하는 동기를 유발시키는 힘이 고통이나 노력보다 또는 발달을 저해시키는 어떠한 본능보다 더욱 강력하기 때문이라고 믿는다.

신체적인 수준에서의 자아 실현의 경향은 문자 그대로 불가항력적이다. 그것은 개인의 성숙 과정에서 한 계단 한 계단 전진하는 힘이 되고 새로운 환경에 적응하고 성장하도록 각 개인을 독려하는 것이다.[2]

우리가 알 수 있는 대로, 신체적인 면에서의 자아 실현의 경향은 긴장을 감소시키는 것은 아니다. 자아 실현을 이룩하려는 노력과 집요한 고통은 오히려 좀더 많은 긴장을 불러일으킨다. 그렇다면, 인생의 목표는 균형 있는 항상성(homeostatic balance)의 유지라든가, 상당히 높은 수준의 편안함이나 안락함에 있는 것이 아니라 성장과 증진에 있는 것이라고 하겠다. 우리의 방향은 앞으로 전진하는 것이며, 증가된 복합성의 기능을 향하고 있으므로 우리들 모두는 성숙할 수 있는 가능

2 로저스는 이 실현 성향의 관점은 모든 살아 있는 사물 속에서 발견된다고 믿는다. 동물, 나무, 그리고 해초(海草)조차도 로저스가 묘사했듯이 시적(詩的) 경향 속에 실현 성향을 보유한다. "이 손바닥 같은 해초 속에서도 성격에 맞지 않는 환경을 극복하려는 놀라운 능력과 그의 것을 포착하고 적응하고 발전시켜 그 자체가 되려는 삶의 도전에 대한 끈기가 있음을 볼 수 있다." C. R. Rogers, "Actualizing tendency in relation to motives and to consciousness," in M. R. Jones, ed., *Nebraska Symposium on Motivation*, 1963 (Lincoln: University of Nebraska Press, 1963), p. 2.

성이 있는 것이다.

로저스는 생물학적인 수준에서는 건강한 인간과 건강하지 못한 인간 사이의 차이점을 언급하지 않았다. 겉으로 보기에 로저스는 생물학적인 수준에서의 자아 실현이라는 견지에서는 정서적으로 건강하거나 건강하지 못하거나의 차이점을 발견하지 못한 것 같기도 하다. 그러나 자아 실현의 심리학적인 측면을 생각하면 건강하고 건강치 못한 인간의 차이점이 드러나게 된다.

인간이 성장함에 따라 자아가 발달하기 시작한다. 동시에 실현을 강조하는 면도 신체적인 것에서 심리적인 것으로 바뀌게 된다. 육체의 특유한 형태와 기능이 성인의 발달 수준에 이미 도달했을 때 성장은 성격으로 집중되게 된다. 로저스는 이런 변화가 언제 일어나는지를 분명히 밝히지는 않았지만 그의 글에서 추리해 보면 아동기에 시작되어 청년 후기에 완성된다는 것을 알 수 있다.

일단 자아가 드러나기 시작하면 **자아 실현** 경향이 나타난다. 일생을 통해 계속되는 이 과정은 인생의 가장 중요한 목표이다. 자아 실현이란 자기의 독특한 심리적 특성과 잠재력을 개발하여 자기 자신이 되는 과정이다. 로저스는 인간은 타고난 창조에의 충동(urge)을 갖고 있으며 그 가장 중요한 창조품은 자아로서, 건강한 사람이 심리적으로 건강하지 못한 사람보다는 훨씬 성취의 정도가 높다고 믿는다.

실현으로 향하는 일반적인 경향성과 자아 실현으로 향하는 특정한 경향성 사이에는 한 가지 중요한 차이점이 있다. 유기체 전체의 성숙과 발달은 학습이나 경험의 영향을 크게 받지 않는다. 예를 들어 호르몬이나 화학적 기능이 적당하면 제2차 성징(性徵)이 발달할 것인데 이러한 발달에서 경험이란 것은 별 관련이 없다. 그러나 자아 실현은 생리적 영향보다는 사회적 영향으로 결정된다. 그리하여 특히 어린 시절의 경험이나 학습은 자아 실현에 도움이 될 수도 있고 방해가 될 수도 있다.

## 자아의 발달

유년 시절에 아동은 자기 경험의 한 부분을 다른 것으로부터 구분하거나 분리시키기 시작한다. 이 부분이 자아(自我, self)이며, 그 예로 '나에게(me)'와 '내 것(mine)'이라는 말의 사용이 늘어난다. 자기는 누구인가 하는 하나의 영상(影像, picture)과 심상(心像, image)을 형성하기 시작할 무렵에 아동은 자기에게 속한 것 혹은 자기의 일부, 보고, 듣고, 만지고, 냄새맡는 다른 모든 객체 사이를 구별할 수 있는 능력이 발달한다. 다시 말해 자아 개념(self-concept)이 발달한다.

아동은 자기가 어때야 하는가 혹은 어떻게 하고 싶은가 하는 영상들을 그리게 되는데 이것이 자아 개념의 일부가 된다. 이러한 영상들은 다른 사람들과 복합적인 상호 관계가 늘어나면서 형성된다. 자기 행동에 대해 다른 사람들이 어떻게 반응하는가를 알아차리면서 아동들은 자신의 모습을 한결같은 것으로 굳혀가게 된다. 이 과정을 통해 아동들은 이상적인 자기 모습과 실제적인 자기 모습의 차이를 줄여가는 것이다. 이렇게 해서 건강하고 자아 실현을 하는 사람은 일관된 성격의 형태가 이루어지는데 정서적으로 불안한 사람에게서는 이런 현상이 다른 형태로 나타난다.

자아가 발달하는 특유한 방법과 건강한 성격으로, 또는 건강하지 못한 성격으로 자라게 되는 것은 유년기에 아동이 받는 사랑에 달려 있다. 자아가 발달하기 시작하는 바로 그 때 아동은 사랑이 필요하다는 것을 배우게 되는데, 로저스는 이 욕구를 **긍정적 관심**(positive regard)

이라고 했다.

긍정적 관심은 모든 인간에게 강력하게 널리 퍼져 있는 욕구이며 아동들은 누구나 이 긍정적 관심을 얻으려고 한다. 그러나 모든 아동에게 다 이 욕구가 완전히 채워지는 것은 아니다. 다른 사람들로부터[3] 애정과 사랑과 인정을 받는 아동은 만족하게 되지만 인정받지 못하고 애정과 사랑이 결핍된 아동은 좌절한다. 그러니까 아동이 건강한 성격으로 자라나게 되는 것은 이 긍정적 관심의 욕구가 얼마나 만족되느냐에 의해 좌우된다.

유년기의 자아 개념의 발달은 어머니로부터 가장 큰 영향을 받는다. 아이에게 어머니가 긍정적 관심을 주지 못하면 어떻게 될까? 또 어머니가 아이의 행동을 인정해 주지 않고 거부하면 어떨까? 어린아이는 인정받지 못하는 것을 (조그마한 행동에 한했다 하더라도) 자기 행동 전체에 확산시켜 지각한다. 거부의 표현 어느 것에나 민감하게 되고, 자기가 기대하는 반응에 의존하여 행동하기 시작한다.

이런 경우, 아동은 다른 사람을 행동의 안내자로 보게 된다. 긍정적 관심의 욕구는 좌절감으로 인해 점점 에너지와 사고(思考)의 초점이 된다. 아동은 자아 실현 대신에 긍정적 관심에 대한 작업을 열심히 해야 한다. 이런 상황에서 아동은 로저스가 말한 **조건부적인 긍정적 관심**(conditional positive regard)을 발달시키게 된다. 아동이 받는 애정과 사랑은 적절한 행동 여하에 따라 달라진다. 아이에게 조건부적인 긍정적 관심이 발달할 때 어머니의 태도는 아이에게 전해져서 아이는 그것을 자신에게 적용한다.

예를 들어, 아이가 쥐고 있던 물건을 떨어뜨릴 때마다 어머니가 책

---

3 이 연령에서 '다른 사람들'이란 보통 어머니를 의미한다.

망한다면 아이는 차차 그런 행동을 할 때마다 자신을 책망하게 될 것이다. 외적 판단의 기준이 자신의 것이 되어 아이는 어머니가 했던 것처럼 자신을 벌한다. 아이는 어머니가 '용납할' 방식으로 행동할 때만 자신을 '사랑'한다. 그러므로 자아는 '어머니의 대용품(mother-surrogate)'이다.

처음엔 어머니로부터 그 후에는 자기 자신으로부터 조건적인 긍정적 관심을 받게 되는 유감스런 상황에서 어린이에게는 **가치의 조건**(conditions of worth)이 발달한다. 이것은 어린이가 특정한 조건하에서만 자아 가치(self-worth)를 느낀다는 뜻이다. 아동은 항상 어머니가 채택한 기준에 따라서 행동하거나 생각하도록 해야 한다. 금지된 행동을 하게 되면 아동은 죄의식과 자신의 무가치함을 느끼게 되며 이것은 아동이 방어해야 할 상황이 된다. 그런 방어는 행동의 한 부분이 되어 버린다. 그것은 불안감이 일어날 때마다 활동하여 성인이 되어서도 금지된 형태의 행동을 할 때는 언제나 방어적으로 된다. 이런 방어의 결과 개인의 자유는 제한되게 되며 진정한 본성이나 자아는 완전히 표현될 수가 없다.

자아가 부분적으로 억제되어 있으므로 완전한 실현은 허용되지 않는다. 가치의 조건이란 마치 말에게 눈가리개를 씌우듯 유용한 경험의 일부를 차단한다. 조건부적 가치관을 가진 사람들은 무가치한 행동과 사고를 의식하는 것조차도 마치 그것을 표현하는 것만큼이나 위협적인 것이라고 믿기 때문에 자기의 행동을 제한하고 현실을 왜곡한다. 이런 사람들은 주위 환경과 완전히 개방적으로 상호 관계를 맺을 수 없으므로 자아 개념과 자기를 둘러싸고 있는 현실 사회에 대해 로저스가 말하는 부조화(incongruence)가 생긴다. 그들은 자아의 모든 국면을 다 실현할 수가 없다. 다시 말하여 건강한 성격을 발달시킬 수 없는 것이다.

우리는 지금까지 심리적으로 건강하지 못한 사람이 어떻게 발달해 가는가를 보았다. 이제부터는 이와 정반대로 심리적으로 건강한 유아기의 조건들을 살펴보자.

건강한 성격으로 성장하기 위한 첫째 조건은 유아기의 **무조건적인 긍정적 관심**(unconditional positive regard)이다. 이는 아동이 어떻게 행동하든간에 어머니가 사랑과 애정을 기울일 때 발달한다. 어머니가 보여준 조건적인 긍정적 관심이 아이에게 내면화되었던 것처럼, 자유롭게 주어진 사랑과 애정, 그리고 표현하는 태도도 아이에게 내면화된 규범과 기준이 된다.

무조건적인 긍정적 관심이란 아동의 모든 행동에 속박이 전혀 없어야 한다는 것은 아니다. 즉 아이가 아무런 훈계도 받지 않고 무엇이나 원하는 대로 허용한다는 의미는 아니다. 만약 그런 의미라면 긍정적 관심이 조건적인 것으로 될까 봐 어머니가 아이를 위험에서조차도 보호—예컨대 아이를 뜨거운 난로에서 끌어당겨 멀리하게 하는 등—하지 못할지도 모른다.

로저스는 아동이 사랑과 애정을 받을 조건을 세우지 않으면서도 어머니가 어떤 행동을 훈계할 수 있다고 확신한다고 믿었다. 이러한 것은 아이가 어떤 행동을 했을 때 죄의식과 무가치함을 느끼지 않으면서 자기의 행동이 바람직하지 못함을 받아들이는 분위기 속에서 이루어진다. 이런 분위기에서는 어린이에게 가치의 조건을 세우기 위해 그다지 훈계적일 필요는 없다.

무조건적인 긍정적 관심을 받으며 성장한 아이들은 조건부적 가치감이 발달하지 않을 것이다. 그들은 어떤 상황하에서도 자기들의 가치를 느낄 것이며 가치감에 조건이 없는 한 방어적 행동을 할 필요가 없다. 이러한 사람에게는 어떤 경험도 위협적인 것이 아니므로 완전하고 자유롭게 삶에 참여할 수가 있다. 자아는 자기가 표현할 수 있는 생각과 감정을 모두 포함하고 있기 때문에 넓고 깊다. 또한 새로운 모든 경험에 대해 개방적이며 융통성이 있다. 자아의 어떤 부분도 방해당하지 않으며 표현한다.

이 사람은 자아 실현을 하고, 자기 잠재력 모두를 개발하기에 전적으로 자유롭다. 그리고 일단 자아 실현 과정이 진행되면 인간은 충분히 기능하는 사람이 된다는 궁극적 목표를 향해 계속 전진할 수 있는 것이다.

## 충분히 기능을 발휘하는 사람

건강한 성격에 대한 로저스의 의견에 대해 첫 번째로 주목해야 할 점은 그것이 하나의 상태가 아닌 **과정**(process), 즉 "숙명이 아닌 하나의 방향"[4]으로 보았다는 점이다. 자아 실현은 계속 진행되는 것으로서 완료되었거나 정체된 상태가 아니다. 미래 지향적인 이 목표는 인간에게 자꾸 앞을 내다보게 하여 자아의 모든 국면이 더욱 분별되고 개발되게 한다. 로저스는 자기 저서들 중 하나에 '*On Becoming a Person*'이라는 제목을 붙였는데 이는 과정에 계속성이 있다는 것을 적절히 요약한 것이다.

자아 실현에 대한 두 번째 요점으로, 이 과정은 어렵고 때로 고통스럽기도 하다는 것이다. 이 과정에는 사람의 모든 능력에 대한 끊임없는 시험과 긴장과 자극이 수반된다. "거기에는 존재의 용기가 수반된

---

4 C. R. Rogers, *On Becoming a Person: A Therapist's View of Psychotherapy* (Boston: Houghton Mifflin, 1961), p. 186.

다. 그것은 삶의 흐름에 완전히 자신을 가진다는 의미이다"[5]라고 로저스는 쓰고 있다. 이러한 사람들은 인간 정서와 경험에 대해 개방되고 그 속에 깊이 빠져들기 때문에 덜 건강한 사람보다 훨씬 깊이 느낀다.

로저스는 이런 느낌을 경험한다 해도 자아 실현을 이룬 사람이 항상, 혹은 대부분의 시간에 행복하거나 만족스럽다고는 하지 않았다. 올포트처럼 로저스도 행복을 자아 실현을 위한 노력의 산물로 보고 있으므로 행복이 그 자체로서 목표인 것은 아니다. 자아 실현을 하고 있는 사람은 삶을 풍요롭게 하고 삶에 도전하여 의미 있는 것으로 이끌어 가기는 하지만 항상 웃음만 있는 것은 아니다.

세 번째로 자아 실현을 하고 있는 사람들은 진정한 자기 자신이 된다. 자기가 아닌 어떤 것을 가장하거나 자기 자아의 일부를 숨기면서 가면이나 표면 뒤로 숨지 않는다. 행동의 규정대로 따르거나 상황마다 각각 다른 성격을 내보이지 않는다. 그들은 사회나 부모로부터 받게 되는 기대나 금지에서 자유로우며 이러한 규칙을 넘어서 성장해 나간다. 로저스는 자아 실현을 한 사람이 다른 사람에 의해 규정된 규약 아래서 산다고는 믿지 않는다. 방향 선택이나 행동 표현 여부가 전적으로 자기 자신에 의해 결정된다. 자아가 성격의 주인이므로 다른 이에 의해 정해진 규범과 별개로 행동한다. 그러나 자아 실현을 하는 사람은 공공연히 공격적이거나 반항적이지 않으며 부모나 사회의 규칙을 조롱하기 위해 고의로 관습에 반대하는 일은 없다. 그들은 좀더 광범위한 사회의 규약과 지침 내에서 개인으로서 기능할 수 있음을 인정한다.

이러한 일반적인 소견에 덧붙여 로저스는 충분히 기능을 발휘하는 사람에게 특별한 다섯 가지 특징을 제시하고 있다.

---

5 Ibid., p. 196.

## 경험에의 개방성

가치의 조건에 아무런 제재를 가하지 않는 사람은 모든 감정과 태도를 경험하는 데 자유롭다. 위협받는 것이 없으므로 방어해야 할 것도 없다. 따라서 개방성은 방어와 반대인 것이다. 내적 · 외적으로 발달된 모든 감각이나 느낌이 왜곡이나 방해를 받지 않고 유기체의 신경계에 전해진다.

이러한 사람은 자기 본성에 대해 모두 알고 있고 성격의 어떤 부분도 차단하지 않는다. 성격은 삶이 제공하는 경험을 수용하는 데뿐만 아니라 지각과 경험의 새로운 길을 열기 위해 활용하는 데도 융통성이 있다. 이와 대조적으로 방어적인 사람의 성격은 조건적인 가치감 아래서 작용하여 정체되어 있고 역할 뒤로 숨어 어떤 경험을 소화하거나 인정조차도 할 수 없다.

긍정적이며 부정적인 정서(예를 들어 기쁨과 슬픔 따위)의 넓은 범위를 경험하는 데에, 충분히 기능을 발휘하는 사람은 방어적인 사람에 비해 좀더 '정서적'으로, 또 강렬하게 경험한다고 말할 수 있다.

## 실존적 삶

충분히 기능을 발휘하는 사람은 실존의 어느 순간에나 완전히 존재한다. 각 경험은, 이전에는 똑같은 방식으로는 존재하지 않은 것이므로 신선하고 새로운 것으로 지각된다. 그 결과 모든 경험이 펼쳐질 때마다 흥분감을 느낀다.

건강한 사람은 모든 경험에 개방적이므로 자아나 성격이 끊임없이 영향을 받거나 새롭게 된다. 그러나 방어적인 사람은 자아와 일치시키기 위해 새로운 경험을 왜곡시켜야 하며, 모든 경험이 들어맞을 자아 구조(self-structure)를 갖고 있다. 충분히 기능을 발휘하는 사람은 자아에 선입관이나 완고함이 없어, 경험을 통제하고 조절할 필요가 없으며 자유롭게 자신으로 될 수가 있다.

충분히 기능을 발휘하는 사람은 자아 구조가 새로운 경험에 항상 개방되어 있으므로 적응력이 있다. 이러한 성격에는 완고함이나 예언성이 없다. 사실상 이런 사람은 "내가 다음 순간에 어떻게 될지, 무엇을 할는지는 그 순간에 또 성장하므로 나 자신에 의해서건 타인에 의해서건 미리 예언할 수가 없다"[6] 고 말한다.

로저스는 이런 실존적 삶이라는 특징이 건강한 성격의 정수(精髓)가 되는 부분이라 믿는다. 이 성격은 각 순간마다 일어나는 모든 일에 개방되어 있고, 그 경험은 다음 순간의 경험에 쉽게 반응할 수 있는 구조를 형성한다.

## 자신의 유기체에 대한 신념

이 원칙은 로저스 자신의 경험을 참고함으로써 가장 쉽게 이해할 수 있을 것 같다. 그는 "어떤 활동이 가치 있고 할 만한 일이라고 느껴질 때 그것은 할 만한 것이다. 달리 말해 상황에 대한 나의 유기체적 감각 전체가 나의 지적 능력보다 믿을 만한 것임을 알았다"[7] 라고 했다.

다시 말하면, 옳다고 느껴지는 방식으로 행동하는 것이 행동 과정을 결정하는 데 가장 신뢰할 만한 지침이 된다는 것으로서 이것이 이성

---

6 Ibid., p. 188.
7 Ibid., p. 22.

적이거나 지적인 요소보다 더 신뢰할 만하다는 것이다. 충분히 기능을 발휘하는 사람은 순간적이고 즉각적 충동에 대해 행동할 수가 있다. 이러한 행동에는 상당한 자발성과 자유가 있으나 결과를 완전히 무시하거나 분별 없이 행동하는 것과는 다르다.

건강한 사람은 경험에 대해 완전히 개방되어 있으므로 결정내려야 할 상황에서는 유용한 모든 정보에 접근한다. 이 정보란 개인의 욕구, 적절한 사회적 요구, 비슷한 과거 상황의 기억, 그리고 현 상태의 지각이 모두 포함된다. 건강한 사람은—모든 경험에 개방적이 되고 그것을 완전히 실생활에 실천함으로써—유기체 전체로 하여금 하나의 상황 측면 각각을 고려할 수 있게 한다. 관련된 요소 전체가 신중하게 고려되어 균형을 이루고 이 상황 전체를 가장 만족시키는 결정을 하기에 이른다.

로저스는 관련된 모든 자료가 짜여져 있는 전자 계산기에 건강한 성격을 비유했다. 전자 계산기는 어떤 문제의 분야 전체, 선택권과 분파까지를 고려하여 신속히 행동 과정을 결정내린다.

이성적이거나 지적인 근거에 의해서만 움직이는 사람은 결정에 이르는 과정에서 정서적인 요소를 무시하기 때문에 어떤 의미에서 불리한 입장에 있다. 유기체의 모든 면을—지적 능력뿐 아니라 의식 · 무의식 · 정서까지도 당면한 문제라는 관점에서 분석해야 한다. 결정에 이르는 데 사용된 자료가 정확하고(왜곡되지 않고), 성격 전체가 결정 과정에 참여하고 있기 때문에 건강한 사람은 자신을 신뢰하듯 자기의 결정도 신뢰한다.

한편 방어적인 사람은 자기 행동을 지시하는 금지 사항들에 의하여 결정을 내린다. 예를 들어 그들은 다른 사람들에게 예절을 안 지킨다고 생각되거나 어리석게 보일까 봐 두려워함으로써 행동이 결정된다.

방어적인 사람은 완전한 경험을 하지 못하므로 한 상황의 모든 국면에 대하여 완전하고 정확한 자료를 갖지 못한다. 로저스는 이러한 사람을 관련된 자료의 일부밖에 사용하지 못하는 전자 계산기에 비유한다.

## 자유감

건강한 성격의 이 특징은 위에서 논한 바에 이미 내포되어 있다. 사람이 심리적으로 건강할수록 선택이나 행동에 자유로움을 경험한다고 로저스는 확신한다. 건강한 사람은 억제나 금지없이 생각과 행동 과정의 대안들 사이에서 자유롭게 선택할 수 있다. 뿐만 아니라 충분히 기능을 발휘하는 사람은 삶에 대한 개인적인 지배감을 즐기며 일시적 생각이나 주변 환경, 과거 사건들에 의해 미래가 정해지는 것이 아니라 자기 자신에 의해 좌우된다고 확신한다. 이런 자유와 지배감 때문에 건강한 사람은 살아가면서 많은 선택권을 가지게 되고 자기가 원하는 것을 할 수 있다고 느낀다.

방어적인 사람은 자유에 대한 이런 느낌을 즐기지 못한다. 방어적인 사람은 행동할 방식을 선택할 수는 있어도 이 자유로운 선택을 실제 행동으로 옮길 수가 없다. 결정에 필요한 모든 자료를 경험하지 못하게 하는 무력감과 방어성과 같은 자기 통제력 밖에 있는 요소들에 의해 행동이 결정된다. 이런 사람은 삶에 대한 지배감이 없고 무한한 가능성을 느끼지 못할 것이다. 선택권이 제한되고 미래에 대한 시야는 좁다.

## 창조성

충분히 기능을 발휘하는 사람은 고도로 창조적이다. 그들에게 있는 다른 특성을 생각하면 창조적으로 되지 않을 수 없음을 알 수 있다. 모든 경험에 대해 개방을 하고 자신의 유기체성을 신뢰하며 결정이나 행동에 융통성이 있는 사람은 자기 실존의 모든 영역에서 독창적 사고력과 창조적 삶으로 스스로를 표현한다. 그들은 자기 행동에 자발적이며 자기를 둘러싼 풍요로운 삶의 작용에 반응하여 변화하고, 성장하고, 발달한다.

창의적이고 자발적인 사람은 사회 문화적 구속에 동조하거나 수동적으로 적응하지 않는다. 방어에 급급하지 않으므로 자기 행동을 타인에게 인정받는 데 관심이 없다. 그러나 그들은 자기 욕구를 만족시키는 데 도움이 되고 자기의 자아를 최대로 발달시킬 수 있게 된다면 특별한 상황적 요구에는 동조할 수 있고 때로는 동조하기도 한다.

방어적인 사람은 자유로운 감정이 결핍되어 있으므로 많은 경험을 차단시키고 이미 결정된 지침에 따라 살아가므로 창의적이지도 자발적이지도 못하다. 또한 새로운 도전이나 자극을 구하기보다는 삶을 안전하고 예측할 수 있는 쪽으로 이끌어 가려 하며 긴장감을 최소한 줄이고자 한다. 이런 완고한 생활 방식은 기름진 땅에 창의력이라는 자양분을 주지 못한다.

로저스는 충분히 기능을 발휘하는 사람이 환경의 갑작스러운 변화에 좀더 잘 적응하며 살아남을 수 있다고 믿는다. 그들은 전쟁이나 천재지변같이 치명적인 변화에도 맞설 수 있는 창의력과 자발성이 있다. 그러므로 로저스는 인류의 진화 과정에서 충분히 기능을 발휘하는 사람들이 '적격(適格)의 선구자(fit vanguard)'가 되어 왔다고 생각한다.

## 개인적 논평

건강한 성격에 대한 로저스의 묘사는 올포트의 경우에서처럼 그 단순함에 호소력이 있다. 로저스의 견해가 이토록 대중적 인기를 끌게 된 점은 '자기'가 되고(to be 'me'), '현재'에 존재(to be 'now')하라는 주장 때문이라고 생각한다. 이 속에는 자기에게 몰두하는(self-indulgent) 특징, 특히 자기의 자아를 온전히 솔직하게 표현하는 것을 강조한다는 뜻이 있고, 억제와 속박으로부터 자유로워지고자 했던 시기에 이것은 매력이 있었던 듯하다.

로저스의 이론에 대한 나의 전체적인 반응은 이중적이다. 흥미로운 부분도 많이 있지만 불안스런 점 역시 많다.

건강한 사람은 자아 주도적(self-directed)인 변화와 성장의 능력이 있고 아동기의 사건들에 의해 지배받지 않고 삶을 이끌어 가는 능력이 있다는 주장에는 이견이 없다. 이 점에서는 이 책에서 논하고 있는 다른 이론가들과도 일치한다. 로저스와 다른 이론가들이 제시하는 또 다른 생각 중의 하나는 심리적 성숙과 실현으로 향하는 경향성, 즉 심리적 건강을 위해 우리를 앞으로 나아가게 하는 내재적 동기가 있다는 것이다.

로저스가 제시한 심리적 건강에는 매력을 느끼게 하는 독특하고 흥미로운 원칙이 있다. 자아의 발달과 자아 개념이 어머니에 의해 영향받게 되는 특정한 방식은 경험적으로나 상식적으로 타당한 것 같다. 또한 긍정적 관심과 가치의 조건을 중요시하는 면도 대단히 설득력이 있다.

심리적으로 건강한 사람들은 모든 경험에 완전히 개방적이라고 설명하는 점 역시 로저스의 참신한 면이다. 이러한 생각은 짜릿한 묘미가 있는 생활 방식을 제시한다. 모든 감각과 정서—긍정적이든 부정적이든—를 위협감 없이 스스로 경험할 수 있다고 느끼는 것은 분명 흥미로운 일이다.

충분히 기능을 발휘하는 사람은 기쁨과 슬픔, 절망과 희열 등 정서의 모든 영역을 깊이 경험하는 능력이 있으므로 완전한 생명감이 있을 것이다. 이들은 열정을 가지고 자기 자신을 느낀다. 충분히 기능을 발휘하는 사람이 순간마다 느끼는 매우 신선하고 새롭게 반응할 수 있는 능력, 실존의 모든 순간을 완전히 살 수 있는 능력이란 것이 나의 흥미를 자극한다. 속박 없이 자유롭게 선택하여 행동하고 삶의 지배감을 느끼며 창조적이고 자발적이 될 수 있다 함은 분명 건강한 실존의 증명이다.

그러나 건강한 성격에 대하여 로저스는 흥미로움과 풍부한 다양성이 있음에도 불구하고 심리적 건강과 성숙에 반대되는 점이 몇 가지 있다고 보여진다. 1) 타인에 대한 책임 의식과 2) 분명한 목표와 목적이 결여되어 있다. 그 이론은 각 개인을 완전한 이기주의와 자아 몰두 속에서 존재하도록 권유하는 것처럼 보인다. 자기( 'me' 와 'my' )의 경험 이외의 목적, 타인에 대한 사랑이나 헌신 혹은 관여에 대해서는 자기 자신을 위한 모든 순간의 완전한 경험 · 느낌 · 삶을 창조하는 것만큼 강조하지 않고 있다. 건강한 성격에 대한 이런 시각은 타인이나 사회에 대하여 적극적인 그리고 관심과 책임감이 있는 관계를 갖는다는 의식이 결여되어 있다. 충분히 기능을 발휘하며 서로 영향을 주거나 책임 있게 참여하지 않는 세계의 중심인 것 같다. 타인의 성장 발달을 육성하는 데는 관심이 없고 오로지 자신의 실존에만 관심이 있다.

나는 로저스의 이론에 반지성적 편견이 만연해 있는 점에 대해서 불편하게 느낀다. 그에 의하면, 사람이 어떤 결정을 할 때는 논리적 유용성이나 정확성에 의해서가 아니라 그가 옳다고 느끼는 감정에 의해서 한다는 것이다. 로저스는 이성과 논리의 유용성을 부정하지는 않으나 어떤 상황이나 결정을 내릴 때는 인간의 감성이 우선되므로 이성과 논리는 부차적인 것이 된다고 했다.

세계에 대한 인간의 지각이 유일한 현실로서 취급되는 로저스의 개념 역시 혼란스럽다.[8] 나를 곤란하게 만드는 점은 우리가 세계를 주관적으로 지각한다는 생각이 아니라(우리가 그렇게 하고 있다는 데는 논란의 여지가 없으므로), 그러한 것이 심리적 건강의 필수적 요소라는 분명한 주장이다. 인류로서 가능한 범위 내에서도 우리는 자신과 세계를 객관적으로 보려 해서는 안 된다는 말인가? 우리가 객관적으로 우리 주변 세계를 알지 못하면 세계에 현실적으로 반응할 수 있겠는가?

자신이 형성한 심상에 의해서만 환경을 지각하고 반응한다면 혼자 건축한 환상 세계에서 사는 것과 다를 바 없다. 예전에는 이러한 현실과의 분열이 정신질환의 특징이라는 생각이 일반적이었다. 실제로 정신이상은 대개 현실과의 접촉을 잃은 상태로 정의된다. 주관적으로 지각하는 현실이 현실이고 또 이것이 심리적으로 건강한 것의 특징이라는 로저스의 견해와 이런 견해를 조화시키기는 어렵다. 그러나 이런 주장이 로저스 자신의 삶에 가치가 있었다는 사실을 부정하지는 않는다. 그는 자기가 강의하는 것을 효과적으로 실천했고, 그에게는 분명 효과가 있었다. 그러므로 그 개념은 자기의 실존이라는 실험실에서는 타당성이 있었다.

로저스의 이론에 대한 이런 측면에 난점이 있다고 느껴지는 것은 그렇다 치고 내담자 중심의 치료와 참만남의 집단(개인적 상호관계 속

---

8 우리의 개념이 부차적이라는 생각은 낡은 것이다. 영국 철학자 버클리(George Berkely)는 18세기와 오늘날의 심리학에서 확인되는 것은 같다고 말하고 있다.

에서 감정의 솔직한 교환을 통해서 치료하는 소집단-역자 주)이나 감수성 훈련에서의 최근의 기록에서 반영되는 대로 그의 이론은 굉장히 대중에게 인기가 있다는 것을 간과할 수 없다. 즉, 그것은 수많은 이들의 욕구를 채워 주고 있다는 증거이다. 그의 치료적인 노력은 성격을 방어적인 자세에서 좀더 개방적으로 자유롭게 경험하는 자발적인 것으로 변화시키는 데 성공했다. 그의 보고에는 삶의 요구를 채워 주는 데에 자신감 있고 자발적이며 창의력 있게 된 사람들이 자신의 풍요로우면서도 고양된 성격을 영혼적인 설명(종종 내담자의 말로써)으로 표현한 것들이 있다.

경험에 대해 개방적이고, 살아감으로써 삶의 모든 순간들을 음미하며, 융통성 있고, 인간 존재의 어떠한 면도 두려워하지 않는 것이 좀더 건강한 것이라는 데는 논란의 여지가 없다. 분명히 자유롭게 느끼고 인간의 능력에 대해서 신념을 가지며 자신의 삶을 형성하는 데 지배감을 느끼는 것이 더욱 바람직하다. 이러한 성격은 확실히 신경증보다는 심리적인 건강의 특징에서 오는 것이다. 이러한 사람들은 실제로 열정적으로 생기 넘치게 기능을 할 것이다. 그러나 그들의 인간 잠재력이 최고 수준에서 기능을 하는가는 두고 볼 일이다.

## 참고 문헌


Rogers, C. R. *Client-Centered Therapy: Its Current Practice, Implications, and Theory. Boston*: Houghton, Mifflin, 1951.

______. *On Becoming a Person: A Therapist's View of Psychotherapy.* Boston: Houghton, Mifflin, 1961.

______. Toward a science of the person. *Journal of Humanistic Psychology*, 1963, 3, 72-92.

______. Actualizing tendency in relation to motives and to consciousness. In M. R. Jones, ed., *Nebraska Symposium on Motivation*, 1963. Lincoln: University of Nebraska Press, 1963.

______. Autobiography. In E. G. Boring and G. Lindzey, eds., *History of Psychology in Autobiography*, Vol. 5. New York: Appleton-Century-Crofts, 1967.

Hall, M. H. A conversation with Carl Rogers. *Psychology Today*, 1967, 1, 18-21, 61-66.

# 4 생산적인 사람
## 프롬의 모형

에리히 프롬(Erich Fromm, 1900-1981)이 열두 살 되던 해 집안 친척 중에서 사랑스럽고 총명한 한 젊은 여성이 자살한 사건이 있었다. 프롬은 이유를 전혀 알 수 없는 이 비극적인 자살 사건에 엄청난 충격을 받았다. 그 여성이 왜 인생에 종지부를 찍고 말았는지를 아무도 이해할 수 없었기 때문이다. 이 사건은 프롬에게 깊은 충격을 주기는 했지만 이 사건이 그가 처음 당한 비이성적 행동이었다거나 혹은 그 이후로 다시는 경험할 수 없었던 최후의 비이성적 행동이었던 것은 아니었다.

신경증적인 부모의 외아들로 태어난 프롬은 스스로 묘사했듯이 긴장된 분위기 속에서 성장했다. 아버지는 까다롭고 불안정하고 침울한 성격이었고, 어머니는 극심한 우울증 환자였다. 어린 시절의 프롬은 건강한 성격을 가진 인물들이 주변에 있었던 것 같지 않다. 그의 소년기와 청년기는 신경증적인 행동을 관찰하기 위한 살아 있는 실험실이었다고 할 수도 있다.

제1차 세계대전이 발발했을 때 열네 살의 프롬은 조국 독일이 비이성(非理性)의 소용돌이로 휘말려 들어가는 것을 보았다. 그는 국가 전체를 휩쓸고 있는 증오심에 경악했다. 그리고 독일 민족을 히스테리적 광신(狂信)의 난장판 속으로 몰아넣는 선전(宣戰)의 내용을 곤혹스럽게 바라보았다. 친구들도, 아는 사람들도 그 영향을 받았고, 존경을 받던 선생님들도 피에 굶주린 듯한 광신자가 되었으며, 많은 친척과 나이 든 친구들이 참호 속에서 죽었다. 이 사건들로 말미암아 프롬은 몹시 고민을 하게 되었다. 그는 "지각도 있고 이성도 있는 사람들이 갑자기 왜 모두 미쳐 돌아가는가" 하는 의문을 품기 시작했다.[1]

이러한 혼란된 경험들로 인해서 프롬에게는 비이성적인 인간 행동의 본질과 원천을 이해하려는 욕구가 싹텄다. 다른 어떤 것보다도 제1차 세계대전이 독일 국민에게 준 충격은 그에게 해답의 방향을 제시했다. 그는 인간 성격의 본질에 영향을 미치는 것은, 대규모의 사회 경제적 · 정치적 · 역사적 힘이 아닌가 생각하기 시작했다.

프롬은 하이델베르크대학에서 이 사상을 추구하며 심리학 · 철학 · 사회학을 공부했다. 그는 경제학 · 사회학 그리고 정치학의 중요한 이론가들, 특히 마르크스(Karl Marx) · 베버(Max Weber) · 스펜서(Herbert Spencer)의 저작을 연구했다. 1922년 박사학위를 받은 후 베를린과 뮌헨에서 정통적인 프로이트식 정신분석 훈련을 받았다. 한동안 그는 프로이트를 연구하면서 인간이 비이성적인 데 대한 해답을 찾았다고 생각하기도 했으나 역시 오랫동안 이에 만족할 수는 없었다.

그 이후로 프롬은 대중적인 인기를 얻을 수 있었던 자신의 저서 속에서 인간 성격에 대한 독자적 이론을 발전시키고 수정했다. 그의 이론 체제는 인간의 성격이 온 인류의 발달에 미치는 역사적 영향력에 의해서뿐만 아니라 아동기에 개개인이 받는 사회적 영향력에 의해서도 결정된다고 설명하고 있다.

---

**1** R. I. Evans, *Dialogue with Erich Fromm* (New York: Harper & Row, 1966), p. 57.

"우리는 우리가 살아가는 사회의 필요에 따라 존재해야 하는 형태로 존재한다"[2] 라고 프롬은 썼다. 사회적·문화적 영향력이 그처럼 중요하기 때문에 사회를 구성하고 있는 개개인의 구조를 이해하기 위해서는 사회 구조(과거와 현재의)를 분석해야 한다고 프롬은 믿었다. 그러므로 사회의 본질이 인간의 성격을 이해하고 변화시키는 열쇠가 된다. 즉, 문화는 바로 그 개인이 되는 것이다. 성격이 건강한가 건강하지 않은가는 그 문화에 달려 있으므로 문화는 긍정적으로 인간의 성장과 발달을 촉진할 수 있는 반면 오히려 저해할 수도 있는 것이다.

## 프롬의 성격 연구 방법

프롬은 성격을 대부분 문화의 산물로 본다. 그래서 개인이 사회에 얼마나 잘 적응하는가 하는 측면에서가 아니라 사회가 모든 개인의 기본적 욕구에 얼마나 잘 적응하는가 하는 측면에서 정신건강을 정의해야 한다고 확신한다. 그러므로 심리적 건강은 개인적인 차원에서 이루어지는 것이라기보다는 사회적인 것이다. 즉 사회가 얼마나 충분하게 인간의 욕구를 만족시키는가가 중요한 요소가 된다.

건강하지 못하거나 병약한 사회는 그 사회의 구성원에게 적대감과 의심과 불신을 심어 주고 자아의 완전한 성장을 방해한다. 한편 건강한 사회는 사회의 구성원들이 서로 사랑할 수 있게 하고, 생산적이고 창조적이며, 이성과 객관성의 예지를 주고, 그를 정련(精鍊)하며, 충분한 기능의 자아(fully functioning selves)의 출현을 촉진한다.

---

2 Ibid., p. 9.

프롬은 우리들 모두가 정서적 건강과 복지를 위해 노력하는 것이 본능일 뿐 아니라 조화와 사랑과 생산적 삶을 추구하는 천성도 타고났다고 믿는다. 기회가 주어지면 이 천성은 꽃을 피워 우리의 잠재력을 완전히 활용할 수 있도록 발달된다. 그러나 사회적 영향 때문에 성장을 위한 본질적 천성이 저해당할 때는, 그 결과로 비이성적이고 신경증적 행동이 나타나게 되고 병든 사회는 병든 사람을 만들어 내는 것이다.

정신건강이 사회의 본질에 달려 있다고 하는 뜻은 각 사회가 그 나름의 정신건강을 정의하기 때문에 이 정의는 시간과 장소에 따라 달라진다고 하겠다. 예를 들어 19세기와 20세기 초에는 저축하고 축적하는 행동이 건전하고 적절한 것으로 여겨졌다. 현금 없이 돈을 쓰는 사람은 (크레디트 카드로 구입하는 것 같은 행동) 정상에서 벗어난 것이고 비이성적 행동이라고 생각되었다. 그러나 근래의 경제 구조에서는 계속적인 소비가 미덕이므로 신용으로 구매하는 것이 경제를 확장시키기 위해서 바람직할 뿐만 아니라 필수적이기까지 하다. 현금으로 지불할 수 있을 만큼만 구매하는 사람은 시대에 뒤떨어진 사람이고 심리적으로도 건강하지 못하다고 생각하게 되었다. 이와 같이 한두 세대 사이의 소비 습관에 대한 행동의 건강과 불건강의 정의가 변했다.

프롬은 인류사를 철저히 연구해 본 후에 어느 시대, 어떤 문화에서는 건강하다고 규정되었던 행동이 다른 시대나 다른 문화에서는 불건강한 행동으로 규정되는 실례들을 많이 제시했다.

역사를 분석한 결과 프롬은 인간 존재 상태의 정수(精髓)는 **고독감과 무의미성**(loneliness and insignificance)이라고 기술한다(이 견해는 처음에 척 보아 느껴지는 것처럼 그렇게 회의적인 것은 아니다). 그는 인간 본성에 존재하는 하등 동물로부터의 진화로 생기는 실존적이고 역사적인 분화에 대해 언급했다. 그 과정에서 인간은 상당한 자유를 획

득할 수 있는 반면 안정감과 소속감을 희생한다.

프롬에 의하면, 우리는 유일무이하고 고독한 피조물이다. 하등 동물로부터 진화한 우리는 더 이상 자연과 하나가 될 수 없으며, 이미 자연을 초월했다. 동물의 행동과는 달리 우리 인간의 행동은 본능적인 기제에 의지하지 않는다. 그러나 무엇보다도 인간과 하등 동물의 가장 중요한 차이는 자아 인식과 이성 및 상상력이라는 점에 있다. 인간은 이러한 사실, 즉 우리는 궁극적으로는 무력하다는 것, 언젠가 죽을 것이라는 것, 그리고 우리는 자연으로부터 또한 다른 동물로부터 분리되었다는 것을 **알고** 있다.

그러므로 이성과 상상력은 한편으로는 저주인 동시에 또 한편으로는 축복일 수가 있다. 지식과 인식이 하등 동물보다는 우리가 자유를 더 많이 갖고 있다는 것도 의미하지만 인류 이외의 자연으로부터의 소외(alienation)도 의미하게 된다. 인간은 '안식처를 잃었다(homeless).' 나이가 들면서 더 많은 자유를 갖게 될수록 점점 더 인간은 불안정감을 느낀다.

프롬은 자유와 안정 간의 이 상위(相違)가, 각 개인의 성장 발달 과정에서처럼 인류의 역사에서도 역시 반복된다고 믿는다. 역사 관점에서 볼 때 인간들이 엄격한 사회와 종교의 구속으로부터 해방됨에 따라 자유와 안정 사이의 틈은 점점 더 벌어지게 되었다. 중세기 말 이래로 현재에 이르는 동안 그 틈은 점차 최대로 벌어졌다.

중세기 동안 인간의 상황은 어떠했는가? 그 시대에는 실제적인 개인의 자유란 없었다. 봉건 제도와 가톨릭 교회가 사회 안에서의 각 개인의 위치를 엄격히 정해 놓았다. 개인은 자기가 태어난 지역이나 정해진 사회적 역할을 벗어날 수 없었다. 각 개인이 살아야 할 장소, 그의 임무, 복장 양식, 용납되는 행동 양식 등이 모두 문화의 지배를 받았다. 이것은 오늘날 미국 문화 속에서 우리가 알고 있는 개인의 자유와는 거리가 멀다. 그러나 프롬은 중세기에는 자유를 누리지 못한 대신에 그에 대한 보상, 즉 사람들은 사회에서 주어진 역할을 하며 그런 감정을 느꼈다고 믿는다. 자신은 도대체 누구이며 무엇인가에 대한 의문은 없었다. 따라서 사람은 안정감을 느끼고 소속감을 가졌었다.

그 이래로 어떤 일이 일어났는가? 중세기 이후 르네상스와 청교도 혁명 같은 사회 부흥이 일어나서 개인의 자유와 범위가 점점 확대되었으나 그 결과 안정감이 감소되었다고 프롬은 주장한다. 다른 사람들과의 교제에도, 신과의 교통에도 자유로워졌고 사회적 역할은 더욱 유동적이 되었다. 자기 생활에 대한 지배력과 선택권이 확대되었다. 물론 우리는 소속감과 안정감을 제공하는 기반을 잃은 대가로 더 많은 자유를 획득했다. 그 결과 인간의 존재 상태는 자연에서뿐만 아니라 사회와 동료들로부터의 고립과 소외라는 것이 그 특징이 되어 버렸다. 우리는 노예 제도와 엄격한 사회 질서에서 자유로워졌으나 그와 동시에 불안정감이 증대되었다. 그 때문에 우리 자아의 정수라 할 수 있는 잠재력을 완전히 발달시키는 일에는 자유롭지 못하게 되었다.

우리 모두가 직면하는 근본 문제는 우리 존재 안의 이러한 분열에서 해결점을 찾아 자연과 타인과 우리 자신의 새로운 화합 형태를 발견하는 것이다. 모든 인간 존재는 "퇴보냐 진보냐, 동물적인 존재로의 복귀냐, 인간적 존재로의 도약이냐"[3] 의 사이에서 불가피하게 하나를 선택함으로써 결정된다. 우리의 정열과 욕구는 이 근본 문제의 해결점을 발견하는 방향으로 나아간다.

---

3 E. Fromm, *The Sane Society* (New York: Holt, Rinehart & Winston, 1955), pp. 27–28.

## 건강한 성격의 동기

살아 있는 유기체로서 우리는 다른 동물들과 마찬가지로 갈증·배고픔·성 등 생리적 기본 욕구를 만족시키려는 동기가 있다. 기본 욕구를 만족시킨다는 것에서는 인간이 좀더 융통성이 있다는 사실을 제외하고는 인간과 하등 동물 사이에서 큰 차이는 없으며, 기본 욕구는 인간의 성격에 가장 영향을 적게 주는 것이다.

인간의 성격에 영향을 주는 중요한 것으로는 하등 동물이 소유하지 못한 심리적 욕구이다. 건강하든 건강하지 못하든 모든 인간에게는 심리적 욕구가 동기가 된다. 그들 사이의 차이점은 심리적 욕구를 만족시키는 방법이다. 건강한 사람은 창의적이고 생산적인 방법으로 심리적 욕구를 만족시킨다. 건강하지 못한 사람은 비이성적 방법으로 만족시킨다.

프롬은 자유-안전(freedom-security)의 이분법에서 유출된 다섯 가지 욕구를 제시했다.

### 관계성(relatedness)

인간은 자연과의 관계뿐 아니라 상호간의 일차적인 관계도 상실했음을 인식한다. 우리들 모두가 각각이며 고립되어 있고 무력하다는 것을 안다. 그 결과로 다른 인간들과의 새로운 연결을 찾아야 하고 잃어버린 자연과의 연결을 대신해 줄 관계감(a sense of relatedness)을 그들에게서 발견해야 하게 되었다. 프롬은 타인과 관계를 갖고 결합하고자 하는 이 욕구를 만족시키는 것이 건강의 핵심이라고 믿는다. 비이성적 행동뿐 아니라 심지어 정신이상까지도 이 욕구를 만족시키는 데 실패했을 때 나타나는 불가피한 결과이다.

관계성을 발견하는 데에는 몇 가지 방법이 있다. 어떤 사람은 파괴적(불건강)이고 어떤 사람은 건설적(건강)이다. 어떤 다른 사람이나 집단, 혹은 신과 같은 이상향(理想鄕)에 **복종적**이 됨으로써 그 세계와 연합하려 할 수 있다. 복종에 의하여 그 사람은 더 이상 혼자라고 느끼지 않을 수 있고, 자기보다 큰 어떤 것이나 사람에게 소속되려고 한다. 한편, 세계에 대한 **지배력**을 장악하기 위해 타인에게 복종을 강요함으로써 세계와 관계를 가지려 할 수도 있다.

이 두 가지 방법은 모두 안정을 얻기 위하여 타인에게 의존하는 것이다. 그 결과 자유도, 자아 통합도 얻지 못한 채 타인 안에서 타인에 의해서 살게 된다. 이들 접근 방식은 모두 자기들의 안정을 복종하거나 조종하는 타인에게 맡기고 있으므로 복종적이거나 지배적인 사람 모두 자아의 본질을 완전히 발달시키기에는 자유롭지 못하고 결국은 파멸하게 된다.

세계와 관계를 갖는 방식으로서 건강한 것은 '사랑'을 통하여 관계를 맺는 것이다. 이를 통하여 안정에 대한 욕구는 만족되고 동시에 통합감과 개별감을 느끼게 된다. 프롬은 사랑의 정의를 단순히 연애적 의미로만 국한시키지 않고 자식에 대한 부모의 사랑, 자기 자신에 대한 사랑, 인류에 대한 사랑, 그리고 좀더 광범위한 일치감까지를 포함시켰다.

어떠한 방법으로든간에 관계성의 욕구 충족에 실패했을 때 비이성적 행동의 본원(本源)인 **자기 도취**(narcissism)라는 결과가 생긴다. 자기 도취적인 사람은 오로지 자기 자신의 생각과 감정과 욕구만이 유일한 현실이다. 관심의 초점이 완전히 자기 자신에게만 있어서, 자신을 넘어서 있는 어떠한 것에도 객관적인 경험을 할 수 없고 모든 것을 주

관적인 관점에서 지각한다.[4]

프롬의 이론 체계에서는 객관적으로 세계를 지각할 수 없고 오로지 내적 과정에 의해서만 지각할 수 있는 사람은 자신 속에 함몰되어 현실과의 접촉을 완전히 잃게 된다. 이것이 정신이상에 대한 종래의 전통적 정의이다.

## 초월성(transcendence)

관계에 대한 욕구와 밀접하게 관련된 것으로 인간에게는 피조물로서의 수동적 역할 이상으로 부상하거나 초월하려는 욕구가 있다. 탄생과 죽음의 우연성과 존재의 무작위적 특성을 인식하면서 인간은 **창조자**가 되지 못하고 피조물이 된 자신의 상태를 초월하기 위해 자기 삶을 적극적으로 형성하려는 욕구가 있다. 프롬은 창조적 활동(자손 · 사상 · 예술 혹은 물건들)으로 인간이 존재의 수동성과 우연성을 넘어서 목표 의식과 자유 의식을 얻는다고 믿는다.

인간은 이성과 상상력을 가졌기 때문에 수동적인 동물적 상태를 그대로 받아들일 수 없고 그 상태를 이상적이고 건강한 방법으로 초월하려는 방법으로 창조 활동을 한다. 그런데 인간이 창조적이 될 수 없다면 어떻게 되겠는가? 이 초월에 대한 욕구는 건강한 방법으로 되지 않을 때는 건강하지 못한 방법으로라도 만족되어야만 한다.

프롬은 창조성의 대안이 **파괴성**이라고 믿는다. 그는 이렇게 쓰고 있다. "만약 내가 삶을 창조할 수 없다면 파괴할 수가 있다. 삶을 파괴하는 것도 역시 나로 하여금 삶을 초월하게 하는 것이다."[5] 파괴적 활동

---

**4** 이와는 대조적으로 로저스의 정신건강에 대한 요지는 바로 이 주관성이다.

으로 인간은 수동적 상태를 넘어설 수 있다. 파괴성도 역시 창조성과 같이 세계에 적극적으로 참여하는 것이다. 인간은 창조냐 혹은 파괴냐, 사랑이냐 혹은 미움이냐 중에서만 선택할 수 있을 뿐, 초월을 성취할 수 있는 다른 방법은 없다.

파괴성과 창조성은 둘 다 인간의 본성에 뿌리를 깊이 내리고 있다. 그런데 창조는 기본적인 잠재력으로서 인간을 심리적 건강으로 이끄는 반면 파괴성은 파괴하고자 하는 대상과 파괴자를 모두 고통스럽게 할 뿐이다.

## 정착성(rootedness)

인간 존재 상태의 본질—고독감과 무의미성—은 자연과의 일차적 연결이 단절된 데서 발생한다. 연결되어 있는 기반이 없으면 인간은 의지할 곳이 없고 견딜 수 없는 상태가 될 것이 틀림없다. 이전에 자연과 이루어졌던 것과 같은 연결에 대응할 수 있는 새로운 기반이 이제 세워져야 한다. 다른 욕구들처럼 정착성 역시 긍정적인 방법으로나 혹은 부정적인 방법으로 성취될 수 있다.

이상적인 방법은 사회에서 동료 인간들과의 **형제애** · 일체감 · 사랑 · 관심 그리고 참여 의식을 갖는 것이다. 다른 사람들과의 결속감은 정착감을 얻고자 하는 욕구와 교제를 맺고 세계와 관계를 갖고자 하는 욕구를 만족시켜 준다.

건강하지 못한 방법으로는 어린 시절에 이루었던 어머니와의 **근친상간적 결합**을 지속함으로써 정착성을 성취하는 것이다. 그런 사람

5 E. Fromm, op. cit.

은 집을 떠날 수 없고 모성과의 연결에서 오는 유아적 안전성에 계속 집착하게 된다. 근친상간적 결합은 모자 관계에서뿐 아니라, 가족 전체, 더 나아가서는 지역 사회로까지 확대된다.

더 넓은 의미에서 사람은 국가와도 근친상간적 연결을 유지할 수 있다. "우리에게 민족주의는 근친상간의 한 형태이며 우상숭배이며 또한 정신이상적인 것이다. '애국심'이란 이에 대한 예찬이다."[6] 이러한 태도는 국가를 인간성보다 중요시하는 것이다. 자기 나라의 국민에만 초점을 두고, 다른 나라 국민에 대한 사랑을 배척하는 것은 사랑이 아니고 우상숭배의 한 형태일 따름이라고 프롬은 주장한다.

어떤 단계에서나 근친상간적 결합을 지속함으로써, 사람들은 특정한 경험들은 차단시켜 버리고 친근한 몇몇 사람들만으로 사랑을 제한한다. 이 상황은 심리적 건강을 위해 필수적인 충분한 관심으로 마음을 함께하여 이 세계에 참여하는 것을 막는다. 몇몇 한정된 인간만을 사랑하는 사람, 편협한 인본 사상으로 제한된 형제애만 느끼는 사람은 인간의 잠재력을 완전히 발달시킬 수 없다.

## 정체 의식(sense of identity)

인간에게는 역시 독특한 개인으로서의 정체감, 즉 자신은 누구이며 무엇인가를 느낌으로써 자신을 타인과 구별하게 하는 정체 의식이 필요하다.

이 욕구를 건강한 방식으로 만족시키는 것이 **개성적으로 되는 것**, 즉 분명한 자아 정체감을 성취하는 과정이다. 우리 각자가 독특한 자아

---

6 Ibid., p. 58.

감을 경험하는 범위는 가족과 친척 혹은 국가와의 근친상간적 연결로부터 얼마나 성공적으로 탈피하는가에 달려 있다. 개성에 대한 감각이 잘 발달된 사람은 타인에 의해 형성된 대로 살아가는 것이 아니라 자기 삶에 통제력을 가지고 자신의 삶을 경험한다.

한편 국가나 인종 · 종교 · 직업적 특성에 **순응하여** 정체감을 형성하는 것은 건전하지 못한 방식이다. 이런 경우 자기의 자질에 의해서가 아니라 집단의 특징에 의해 개인의 정체성이 정의된다. 어떤 집단의 규범, 가치 기준, 행동 기준에 매달림으로써 일종의 정체감을 발견하지만 이것은 자아를 희생한 대가인 것이다. 이런 경우에 자아는 집단으로부터 빌어온 것이므로 독특한 개성이라는 의식을 가질 수 없다. 순응하며 얻어진 자아는 진정한 것이 아니며 그 사람만이 지닌 것도 아니므로 그 사람은 완전한 인간성을 성취할 수 없을 것이다.

## 정향(定向) 체제(a frame of orientation)

독특한 자아 의식을 찾는 것은 이 세계의 모든 현상을 해석할 수 있는 준거의 틀이나 전후 관계를 찾는 일이다. 각 개인은 사건과 경험을 이해하기 위해서 세계에 대해 일관성 있는 하나의 상(像, image)을 형성해야 한다.

정향 체제의 이상적인 준거는 **이성**인데, 이성에 의해 인간은 현실감 있고 객관적인, 세계에 대한 상을 형성할 수 있다. 이는 세계(자아를 포함해서)를 자기 욕구와 두려움 때문에 주관적으로 왜곡시키지 않고 객관적인 견지에서 정확하게 반영하는 능력까지 함축하는 것을 의미한다.

프롬은 현실을 객관적으로 지각하는 것을 중요하게 여겼다. 지각이 객관적일수록 현실과 접촉하게 되고, 따라서 우리는 성숙하고, 세계와 맞설 태세를 더 잘 갖추게 된다. 이성이 발달하여 모든 면에 적용되어야 한다. 예를 들어 어떤 사람의 생활의 한 단면이 신화나 미신에 의해 지배되고 있다면, 생활의 다른 면에 이성을 적용하는 것은 어렵게 될 것이다. 프롬은 이성을 사랑과 같은 것으로 간주했다. 대상이 한 가지에 국한된다면 이성이 완전한 기능을 할 수 없다고 보았다.

**불합리성**을 통해서 정향 체제를 구성한다면 그것은 바람직한 것이 아니다. 이것은 세계를 주관적으로 보는 것으로서 사건과 경험들을 현실 그대로 보지 못하고 자기가 원하는 방향으로 보는 것이다. 주관적 체제라 해도 세계를 보는 것임은 물론이다. 다시 말해 환상이기는 해도 보고 있는 사람에게는 현실이다. 불행히도 이러한 경향은 우리들이 현실 접촉을 할 수 없게 만든다.

심리학자 살바토르 마디(Salvatore R. Maddi)는 프롬이 말한 욕구와 올포트가 말한 자아적(propriate) 기능 사이에 유사성이 있음에 주목했다.[7] 초월의 욕구와 자아 추구, 정착의 욕구와 자아 확장, 정체감과 자아 정체와 자존감, 그리고 정향 체제에 관한 욕구와 이성적 대항 사이에 유사성이 있음을 발견했다.

우리는 이런 다섯 가지의 욕구를 만족시키는 건강하거나 건강하지 못한 방식에 관한 프롬의 이론을 논했다. 이것으로써 건강한 성격의 본질에 관한 어떤 개념을 우리는 이미 갖게 된 것 같기도 하다.

---

7 S. R. Maddi, *Personality Theories: A Comparative Analysis*, 3rd ed.(Homewood, Ill.: Dorsey Press, 1976), p. 123.

## 건강한 성격의 본질

프롬은 건강한 성격의 모습을 명확히 그려 제시한다. 건강한 성격을 가진 사람은 완전히 사랑하고 창조적이며 이성의 힘이 매우 발달해 있고, 세계와 자기를 객관적으로 지각하며, 확고한 정체감을 소유하고 있고, 세계와 관계를 맺어 그 안에 정착하며, 운명과 자아의 주체자이며 대행자이고, 근친상간적 결합으로부터 자유롭다.

프롬은 건강한 성격을 올포트의 성숙한 성격과 머슬로의 자아 실현의 사람과 유사한 개념인 **생산적 정향**(productive orientation)이라고 불렀다.[8] 그것은 인간 잠재력을 완전히 활용하고 실현함을 의미한다. 프롬은 자아뿐만 아니라 이 세계의 사람 · 물체 · 사건들에 대한 지적 · 정서적 · 감각적 반응 모두를 포괄하는 일반적인 태도와 견해를 정향(orientation)이라는 말로써 나타냈다.

생산적이라는 것은 인간의 능력과 잠재력을 모두 발휘한다는 것을 의미한다. '생산적' 이라는 말은 오해를 낳을 수도 있는데, 왜냐 하면 물건이나 예술 작품이나 사상 등 어떠한 것들을 만들어낸다는 뜻으로 생각하는 경향이 있기 때문이다. 프롬의 '생산적' 이라는 말은 이 이상의 것을 의미한다. 생산적이라는 것은 충분한 기능, 자아 실현, 사랑, 개방성, 경험과 동의어로 생각하면 이해하기 쉬울 것이다.

그러나 건강하고 생산적인 성격은 어떠한 것을 생산한다는 의미, 즉 사람에게 가장 중요한 생산품인 자아를 생산한다는 의미가 내포되어 있다. 건강한 성격은 모든 잠재력을 일깨워 가능한 것은 무엇이든 되어 봄으로써, 그리고 가진 능력을 모두 실현함으로써 자아를 창조

---

8 2장과 5장을 참조할 것.

한다.

건강한 성격에 다음 네 가지를 덧붙인다면 프롬이 의미하는 생산적 정향이 무엇인가를 이해하는 데 도움이 된다. 즉 생산적 사랑, 생산적 사고, 행복, 그리고 양심이다.

**생산적 사랑**은 서로가 개성을 유지할 수 있는 자유롭고 동등한 인간 관계를 갖는다. 한 개인의 자아는 다른 사람의 사랑 속에서 흡수되거나 상실되지 않는다. 생산적 사랑에서는 자아가 사라지는 것이 아니라 오히려 확대되고 완전히 펼쳐지게 된다. 관계성의 느낌이 생기면서도 정체감과 독립성은 유지된다.

생산적 사랑을 하는 것은 가장 성취하기 어려운 삶의 과업이다. 우리는 사랑에 '빠지는' 것이 아니라 부단한 노력을 기울여야 하는 것이다. 생산적 사랑에는 관심으로 돌보고, 책임과 존경, 지식을 갖는다는 도전적 특징이 있기 때문이다. 타인을 사랑하는 것은 보호 의식을 느끼며(남을 돌본다는 의미에서), 타인의 평안에 대해 진실로 관심을 갖고, 그들의 성장과 발달을 촉진시키는 것이다. 또한 타인의 욕구에 반응하기를 원한다는 의미에서 다른 사람들에 대해 책임이 있음을 의미한다. 또한 사랑받는 사람의 입장에서도 상대방의 개성을 존중하고 수용하는 자세를 갖는 한편 자기가 누구이고 어떠하기 때문에 사랑받고 있는가를 알게 된다. 그리고 타인을 존경하기 위해서는 그들에 관해 완전히 알고, 그들은 누구이며 어떠한 사람인가를 객관적으로 이해해야 한다.

생산적 사랑을 성취하기란 어째서 어려운가를 알 수 있을 것이다. 그것은 정열이라기보다는 활동이다. 생산적 사랑은 연애적 사랑으로 국한된 것이 아니고 형제애적 사랑(모든 인류에 대한 사랑)이나 모성적 사랑(어린이를 위한 어머니의 사랑)인 것이다.

**생산적 사고**에는 지성 · 이성 · 객관성이 포함된다. 생산적 사고자에게는 사고의 대상에서 느끼는 강한 흥미가 동기가 된다. 이 흥미의 영향을 받아 관심을 기울이게 된다. 사고의 대상과 사고하는 사람 사이에는 대상을 객관성과 존경심으로써 조심스럽게 검토하려는 밀접한 관계가 있다. 생산적 사고는 고립된 부분적 현상보다는 연구 대상이 되는 전체 현상에 초점을 맞춘다. 프롬은 위대한 발견과 통찰에는, 조심스럽고 겸허하게 문제 전체를 객관적으로 평가하는 사고자의 관심이 동기가 된 생산적 사고가 포함된다고 믿는다.

**행복**은 총체적인 면인데 이는 생산적 정향에 따라 살아간 결과로서 모든 생산적 활동에 수반된다. 행복은 단순히 즐거운 감정이나 상태가 아니라 생명감이 넘치고 신체적으로 건강하고 잠재력이 실현되어 유기체 전체가 고양되어 있는 상태를 의미한다. 생산적인 사람은 행복하다. 행복감은 '삶이라는 예술'에 성공적이었음을 증명하는 것이며, "행복은 (우리의) 가장 위대한 업적"[9]이라고 프롬은 쓰고 있다.

프롬은 **양심**을 권위적인 것과 인본적인 것의 두 가지 형태로 구별한다. **권위적 양심**은 행동을 지시하는 외부 권위가 내면화된 것을 말한다. 권위는 부모나 국가, 혹은 다른 어떤 집단에 있을 수 있으며, 권위가 지시하는 도덕률을 어겨 처벌을 받을지 모른다는 두려움 때문에 행동이 규제받는다. 만약 그 도덕률에 위배되게 행동했다면 (혹은 그러한 행동을 생각만 해도) 죄의식을 경험하게 된다. 그러므로 사고와 행동의 결정자는 자아의 외부에 있으며, 자아가 충분한 기능을 발휘하고 성장하는 것을 방해하는 역할을 한다. 권위적 양심은 생산적 삶의 정반대

9 E. Fromm, *Man for Himself* (New York: Holt, Rindhart & Winston, 1947), p. 191.

개념이다.

**인본적 양심**은 자아의 소리이지 외부 소리를 대행하는 것이 아니다. 행동으로 이끄는 건강한 성격의 지침은 내적이며 개인적이다. 이런 사람은 자아가 완전한 기능을 하고 성격이 완전히 발휘되는 것과 일치된 행동을 하게 되고 따라서 그 행동은 내적 인정감과 행복감을 느끼게 한다. 이 사람은 실제로 "나는 부모나 문화의 요구에 의해서 억지로 이 행동을 하는 것이 아니라 나 스스로 하고자 하기 때문에 하려는 것이다"라고 말할 수 있다. 그러므로 생산적인 건강한 성격은 자아 지시적이고 자아 규율적이다.

생산적 정향은 인간이 발달하여 도달하고자 하는 이상적 상태 혹은 목표이기는 하나 아직은 어떤 사회에서도 성취되지 못했다. 이제껏 논한 바와 같이 프롬의 견해에 의하면 정신건강은 사회와의 관계로써 정의하게 되는데 그 이유는 사회 구조에 의해 심리적 건강이 촉진되기도 하고 방해받기도 하는 까닭이다. 병든 사회에서 병든 사람이 생겨난다고 하면 생산적 정향을 가질 수 있는 방법은 생산적 성격을 고무하는 건전하고 건강한 사회에 사는 것뿐이다.

프롬은 이 사회를 **인본 공동체적 사회주의**(humanistic communitarian socialism), 즉 자아를 최대한으로 성장시키는 것 이외의 목적을 위해서 사람을 이용하고 조종하는 일이 없는 사회로 상상했다. 미래의 이 사회는 인간성을 중시하고 경제와 정책의 목표를 자아의 완전한 기능과 성장을 유도하는 데 둘 것이다. 이 사회의 이상은 사랑과 인간적 결속감, 형제애, 각자의 생활과 아울러 사회에의 책임 있는 참여, 각자의 자아 의식에 의한 행동 지침, 그리고 완전하고 생산적으로 모든 인간을 활성화시키는 것이다.

분명 우리는 현재 건전한 사회에 살고 있지 못하다(역사의 흐름을 살펴보면 앞으로도 결코 그렇게 살게 될 법하지 않다). 그러나 우리 사회가 완전하지 않다는 것이 우리가 심리적으로 어느 정도 건강한 상태에 도달할 수 없다는 뜻이 되는 것은 아니다. 프롬은 현재 우리 사회 구조에서 완전히 생산적으로 되기는 불가능하지만, 부분적으로 생산적이 되는 것은 가능하다고 믿는다.

이것이 어떻게 초래되는가를 이해하기 위해서는 프롬이 생산적 정향에 대해서 제시하고 있는 **비생산적 정향**, 즉 수용성 · 착취성 · 저축성 · 시장성이라는 대안들을 검토해 보아야 한다. 생산적 정향처럼 이들도 주위 세계를 향해 태도를 취하는 방식, 즉 성격 특징이다. 인간의 성격은 이 특징들 일부 또는 모두를 혼합하고 있는데 어느 한 유형이 다른 것들보다 지배적인 경우는 있지만, 어느 한 유형만이 유일하게 존재하는 경우는 없다. 이제부터 조금 건강하지 못한 정향성을 살펴보고 완전한 생산적 정향의 성격에 가까이 도달하기 위해서는 어떻게 부분적으로나마 전환할 수 있는가를 알아보자.

**수용적 정향**(受容的 定向, receptive orientation)을 가진 사람은 타인과의 관계 속에서 볼 때 수동적인 수용자이다. 그들은 생산하고 창조하며 사랑을 주는 능력이 결여되어 있다. 자기에게 필요한 모든 것을 배우자나 친구 혹은 사치성과 같은 외부적 자원에 매달린다. 의존적인 까닭에 혼자서는 아무것도 할 수 없으므로 혼자 남았을 때는 불안과 공포로 마비되고 만다. 이 정향의 발달을 공공연히 육성하는 사회에서는 한 집단이 다른 집단을 이용하고 조정하는 것이 용납되는 것은 물론 조장되기조차 한다. 그 예로서 노예 문화에서는 노예들이 주인에게 수용적이고 수동적으로만 행동하였던 것을 들 수 있다. 이것이 현대 미국 사회를 대표하는 것은 아니라고 해도 프롬은 이런 종류의 정향이 실재하는 예가 아직도 있다고 믿는다.

**착취적 정향**(搾取的 定向, exploitative orientation)도 역시 외부적 자원에 의해 지시를 받는 사람의 특성이다. 그러나 그들은 타인으로부터 무언가를 얻으려고 기대하는 대신에 강요나 사기, 혹은 성공할 방식이면 무엇이든 가리지 않는 수단을 통해서 타인으로부터 착취한다. 다시 말해 자기 혼자 힘으로는 생산과 창조가 불가능하므로 사랑과 재산, 심지어 사고와 정서까지도 타인에게서 착취해야만 얻을 수 있는 것이다. 이 정향은 강력한 독재자나 무력으로 지배하던 전체주의나 파시스트 사회의 특성이다. 그러나 이러한 정향이 어떤 사회에서도 일어날 수 있음은 물론이다.

**저축적 정향**(貯蓄的 定向, hoarding orientation)을 갖고 있는 사람은 수용하거나 착취함으로써 외부적 자원에 기대하는 것은 아니다. 이들은 물질적 소유, 생각 혹은 정서 등을 저축하고 축적함으로써 안정감을 얻는다. 저축적인 성격은 자기 소유물을 내보이지 않으므로(어떤 것을 받아들이지도 않고) 주위에 벽을 쌓는 것처럼 보인다. 이 사람이 가진 모든 면은 개인 소유로서, 타인들과 함께 나누지도 또 남에게 주지도 않는다. 검약이라는 청교도적 윤리와 고된 작업 및 저축이 미덕인 사회에서 이러한 정향은 조장된다.

**시장적 정향**(市場的 定向, marketing orientation)은 미국과 같은 자본주의 사회의 특징이다. 성격이나 자아는 성공의 결과로 팔거나 교환할 수 있는 상품으로서만 가치를 지닌다. 우리의 자존감 · 가치관 · 자부심은 얼마나 성공적으로 자기를 파는가에 달려 있다. 성공과 실패의 여부는 생산적 능력의 완전한 발달 · 통합성 · 지식 · 기술 등에 달려 있는 것이 아니고 타인에게 얼마나 우리 스스로를 잘 투사시키는가로 판가름된다. 표면적으로 보이는 자질—미소짓고 남을 유쾌하게 하여 적절한 사람을 알고, 상사의 농담에 비위를 맞추어 웃는 것—이 내적인 자질보다 더 중요시된다.

프롬은 비생산적 정향의 다섯 번째로 죽음-삶(necrophilious-biophilious)이라는 한 쌍의 정향도 도입했다. **죽음의 정향**(necrophilious orientation)은 질병과 죽음에 대해 강박적인 사람을 묘사한다. **삶의 정향**(biophilious orientation)은 좀더 생산적인 정향으로 죽음과 쇠잔해지는 것에 대항하고 자아의 성장과 발달에 관심을 갖는 사람을 묘사한다.

이 비생산적 정향은 건강하지 못하게 세계와 관계를 맺는 것처럼 보인다. 그러나 프롬은 각각의 정향에는 바람직한 면과 바람직하지 못한 면 양쪽이 다 있다는 것을 지적한다. 각 정향은 완전히 비생산적인 것으로부터 상당히 생산적인 것까지 행동의 연속선 혹은 범위에 걸쳐 있다. 예를 들면, 수용적 정향의 '복종적'(비생산적 행동 방식)인 행동 특징은 '헌신'(좀더 생산적 특성)이라는 특징으로 전환될 수 있다. 주관이 없는 특성이 있을 때 쉽게 적응하는 행동으로, 소심함은 예민한 행동으로, 우유부단함은 신중함으로 전환시킬 수 있다.

프롬은 생존에 필요한 정상적 성격 특징이 비생산적 정향의 바람직하지 못한 면으로 왜곡된다는 생각을 한다. 우리는 누구나 경우에 따라 타인으로부터 수용도 하고, 빼앗기도 하며, 저축하거나 교환할 수도 있어야 한다. 때에 따라 권위에 복종도 하고 다른 사람을 이끌기도 하고 혼자일 때도 있으며 공격적이 될 때도 있어야 한다. 우리의 정향이 완전히 비생산적일 경우에만, 수용하고 착취하고 모으고 바꾸는 일상적 욕구는 강박적으로 수용적 · 착취적 · 저축적 · 시장적 정향으로 바뀌게 된다. 심리적 건강의 열쇠는 생산적 정향성이 가진 힘에 있다.

불행히도 프롬은 비생산성으로부터 생산성으로의 전환이 어떻게 일어나는가는 말해 주지 못하고 있다. 일반적으로는 정향의 강도와 관계가 있다. 힘이 강할수록 비생산적 정향의 부정적인 면이 좀더 긍정적인 면으로 전환되기가 수월할 것이다. 부정적인 행동이 많이 변화될수록 더욱 건강한 성격이 될 것이다. 프롬은 비생산적 정향의 긍정적인 면과 부정적인 면을 다음과 같이 열거하고 있다. 이를 살펴보면 긍정적인 면은 심리적으로 건강한 사람의 특징이 되고 부정적인 면은 심리적으로 건강하지 못한 사람의 특징임을 알 수 있다.

비생산적 정향의 긍정적 · 부정적인 면들 10

| **수용적 정향**(허용성) | |
|---|---|
| **긍정적인 면** | **부정적인 면** |
| 허용성 | 소극성, 솔선성이 없음 |
| 반응성 | 소견 없고 특성 없음 |
| 헌신 | 복종적 |
| 겸손 | 자부심이 없음 |
| 매력 | 아첨함 |
| 융통성 | 주관이 없음 |
| 사회적 적응성 | 비굴, 자신감 없음 |
| 이상적 | 비현실적 |
| 예민성 | 소심함 |
| 신중성 | 우유부단 |
| 낙관성 | 희망적 관측 |
| 신뢰성 | 속기 쉬움 |
| 유순함 | 감상주의 |

10 Ibid., pp. 114–16.

**착취적 정향**(취득성)

| | |
|---|---|
| 활동성 | 착취성 |
| 솔선하는 능력 | 공격성 |
| 주장하는 능력 | 자기중심성 |
| 자부심 | 잘난 척함 |
| 충동성 | 경솔함 |
| 자존감 | 거만함 |
| 매혹적인 면 | 유혹성 |

**저축적 정향**(보존성)

| | |
|---|---|
| 실제성 | 상상력이 없음 |
| 절약성 | 인색함 |
| 조심성 | 의심성 |
| 자중함 | 냉혹함 |
| 인내성 | 무기력 |
| 신중성 | 불안함 |
| 확고 부동, 완고 | 완고성 |
| 침착성 | 나태성 |
| 긴장 상태에서의 침착성 | 생기 없음 |
| 질서성 | 현학적 |
| 조직성 | 강박적 |
| 성실함 | 소유욕 |

| 시장적 정향(교환성) | |
|---|---|
| 목적성 | 기회주의적 |
| 변화력 | 비일관성 |
| 젊음 | 유치함 |
| 미래 지향적 | 미래나 과거가 없음 |
| 개방된 마음 | 원칙과 가치가 없음 |
| 사회적 | 혼자 있을 수 없음 |
| 시도성 | 목적 없음 |
| 비독단성 | 상대주의적 |
| 효율성 | 과한 활동 |
| 호기심 | 분별 없음 |
| 지성적 | 주지주의적(지성 만능) |
| 융통성 | 무분별성 |
| 참을성 | 무관심 |
| 익살스러움 | 교활성 |
| 관대함 | 낭비성 |

비생산적 정향의 긍정적인 면과 부정적인 면들은 동전에 양면이 있듯, 같은 행동이 건설적 혹은 파괴적인 방식으로 나타나는 것이다. 이 한 쌍의 행동들은 이것 아니면 저것, 즉 둘 중 어느 한쪽이라는 상황이 아니라 두 극단점 사이에 미묘한 차이를 보이면서 하나의 연속선상에 존재한다.

프롬의 건강한 성격 이론에 대해 마지막으로 이런 의문이 생긴다.

어떻게 해야 완전히 생산적인 사람이 되겠는가? 인간의 특성에 생산적인 것이 우세하게 혹은 비생산적인 것이 강하게 나타나도록 결정하는 요인은 무엇인가? 우리는 인류의 발달사가 각 개인의 발달사 속에서 재창조된다고 알고 있다. 아동이 성장함에 따라 어머니로부터 독립하게 되며 그에 따라 안정감은 줄어든다. 안정과 자유 사이에 단단히 끼여 아동은 부모가 자식에게 하는 행동에 따라 다음과 같은 세 가지 도피 기제 중 한 가지 방식으로 자유를 처리한다(아동에 대한 부모의 행동은 커다란 의미에서 사회의 본질에 의해 결정된다는 것을 주시하라). 이들 도피 기제는 공생적 관계성, 위축-파괴성 그리고 사랑이다.

**공생적 관계성**(symbiotic relatedness) 속에서 아동은 타인에게 의존한 채 독립과 자유를 이루지 못한다. 매우 현실적인 의미로 타인의 일부가 되어 자유에서 오는 불안정으로부터 도피하는 것이다. 이 행동은 타인에게 복종하거나 그들을 지배함으로써 피학적이거나 가학적인 방식으로 표현된다. **위축-파괴성**(withdrawal-destructiveness) 도피 기제는 타인으로부터 위축되어 물러나거나 혹은 파괴적인 것이다. 두 행동 모두 타인으로부터 유리된 상태를 유지함으로써 독립된 상황을 피하는 것이다. 가장 이상적인 도피 형태인 **사랑**은 생산적 정향의 발달을 위한 기초가 된다.

프롬은 어떤 도피 기제가 나타나는 데에 부모가 어떤 특정한 행동을 보이는가에 대해서는 다루지 않았다. 그러나 그는 부모가 아동을(특히 5세가 될 때까지) 다루는 방식이 아동의 심리적 건강에 중요하다는 점을 지적했다. 결국 부모가 생산적이고 건강한(다른 대부분의 학자들이 말하듯이) 것이 바람직하다.

## 개인적 논평

프롬은 건강한 성격의 기원을 해석하면서 개인에게 미치는 사회적·경제적 그리고 정치적 영향력을 강조한다. 그는 다른 어느 이론가보다도 개인으로서의, 또 인간이라는 하나의 종(種)으로서의 역사와 소속된 사회의 종류에 초점을 둔다.

성격의 형성에 사회적 영향력이 큰 역할을 한다고 강조하는 프롬의 이론은 역사를 통해서 그리고 개인적 경험을 통해서 뒷받침되고 있다. 예를 들면, 우리는 1930년대의 절박한 불황 속에서 자란 사람과 1960년대의 풍요 속에서 자란 사람 사이에는 기본적 가치·욕구 그리고 공포(정향들)의 차이를 볼 수가 있다. 근본적으로 경제적·사회적 조건이 다르다면, 그에 의해 형성된 인생에 대한 전망도 완전히 다르다.

그러나 프롬은 (그리고 우리의 경험과 역사적 지식이 증명하거니와) 모든 사람이 성장한 사회의 포로가 되는 것은 아니라고 말한다. 1930년대에 자란 모든 사람이 경제 문제에 대해서 불안정하게 느끼고 있는 것은 아니다. 나치 치하 독일 사람들 모두가 당의 선전 때문에 반유대주의가 되었거나 착취적 정향을 가졌던 것은 아니다. 19세기의 모든 노예가 수용적 정향을 가지지는 않았으며 어떤 이는 반란을 주도하기도 했고, 어떤 사람들은 일단 자유를 얻고 난 후에는 다른 정향성을 발달시켰다. 그러므로 문화의 영향은 극복할 수 있다. 만약 이것이 사실이 아니라면 우리가 지금 살고 있는 이상적이 아닌 이 사회에서는 심리적으로 건강해진다는 희망이 없게 되지만 우리는 많은 사람들이 건강하다는 것을 알고 있다. 그러므로 문화의 영향을 받는 것이 확실한 한편 불가피하게 그대로 운명지어지는 것은 아니다.

어떤 형태의 사회에서도—봉건 사회에서 파시스트까지—심리적으로 건강한 사람의 예는 있었으므로 프롬은 억압된 사회 질서하에서도 생산적 정향에 접근할 가능성이 있다는 낙천적 견해를 가지고 있다. 프롬의 주장은 우리 모두에게 희망을 준다. 심리적으로 건강하고자 하는 타고난 욕망은 매우 강하다. 물론 생산성을 막는 심리적 힘도 역시 강하지만—우리 시대의 높은 정서적 장애율을 보면—건강, 생산성, 그리고 사랑이 때때로 거센 반대를 극복하게 한다.

우리는 이미 자연과 하나가 아니므로 고독감과 무의미성이 인간 존재 상태의 본질이라는 프롬의 주장에 나는 동의하지 않는다. 우리는 진정 과거의 전인간(prehuman)적 특성이던 자연과의 일치로 되돌아가고 싶은 것인가? 진실로 우리가 도피했기 때문에 자연의 근원에 의존할 수 없게 되었는가? 그래서 동물보다도 더 안식처가 없는 듯이 느끼는가? 나로서는 이들 질문에 긍정적인 대답을 하기가 어렵고 오히려 그 반대가 진실이 아닐까 생각한다. 인간이 과거의 동물과의 연결에서 탈출할 수 있었다는 데에, 또 실존의 상태를 꿈꾸고 그에 도달할 수 있게 하는 이성과 상상력을 가졌다는 데에, 그리고 자신의 생활을 통제할 어떤 방책을 가질 수 있다는 데에 감사해야 하지 않을까? 동물적 상태에서 뛰어올라, 소극적 창조물로서의 역할을 초월하려는 것을 인간의 기본적 욕구로서 설명했을 때 프롬은 이것을 인정했어야 한다고 생각한다.

그러나 프롬의 이론이 옳다고 해도 우리는 고독감과 무의미성이 영구히 계속되라는 선고를 받은 것은 아니다. 적어도 부분적으로는 관계성, 정착성, 사랑, 동료 인간과의 형제애에 의해서 이루어진 화합, 즉 동기야 어떻든간에 매우 바람직한 상태를 되찾을 수 있다.

또 다른 논점으로, 프롬의 건강하고 생산적인 성격은 로저스의 충분히 기능을 발휘하는 사람보다는 덜 이기적인 것처럼 느껴진다. 생산적인 성격은 타인과의 책임 있는 상호 관계, 사랑, 참여, 보호와 존경 그리고 지식이 특징이다. 타인을 사랑하고 타인과 나누는 긍정적인 관계에 의해 자아가 최대한으로 역할을 한다고 해도 자아에만 초점을 맞추지는 않는다. 프롬의 견해에서는 우리 자신의 복지를 위해 타인들을 필요로 한다는 것이다.

올포트의 성숙한 성격처럼 프롬의 생산적 성격은 현실에 단단히 기반을 두고 있다. 건강한 사람은 로저스의 충분히 기능을 발휘하는 사람과는 달리 객관적인 눈으로 세계(다른 사람들, 사건, 그리고 자아)를 지각한다. 생산적 성격은 자기가 건축한 주관적 세계 속에서 사는 것이 아니라 현실 세계와 더불어 그 속에 존재한다. 또한 준거의 틀이 감성이 아닌 이성에 근거하고 있다. 단순히 적절할 것 같다고 느껴지기 때문이 아니라 논리적으로 옳고 타당성이 있다고 생각되기 때문에 결정을 내리고 선택을 하는 것이다.

프롬의 생산적 성격에는 강한 자아 정체감과 자아 형성감이 있다. 자기 삶의 과정이 수동적인 데 만족하지 않고 능동적으로 관리한다. 어떤 방법으로든 세계를 변화시키도록 움직여야 한다. 자신에 대해서나 타인에 대해서 객관적으로 지각하고 실제 있는 그대로의 세계에 반응한다면 이들 중요한 과업을 수행하는 데는 얼마나 충분히 준비가 되어 있는 것인지 모른다.

내게 호소력을 가졌던 프롬의 건강한 성격의 또 다른 특성은 우리가 모든 능력을 발달시키고 완성하려고 노력한다는 것이다. 건강하고 생산적인 사람은 그들의 독특한 자질을 충분히 활용하고 확장해 범위를 넓히며 정교하게 한다. 다시 말하면, 우리는 자신의 운명을 지배할 수 있는 힘과 통제력을 갖는 것이다. 프롬은 심리적 건강을 행복과 같은 것으로 상당한 깊이까지 파헤쳐 나간 최초의 이론가이다. 행복은

(올포트와 로저스처럼) 우연적으로 산출되는 것이 아니고 건강한 성격의 완전한 부분이다. 행복은 생산적으로 산 결과이고 더 높은 수준으로 생산적 정향을 고무시키고 증진시킨다. 행복은 건강한 삶의 한 부분이므로 심리적 건강이 성취된 정도를 보여주는 증거로서 채택할 수 있다.

나는 심리적 건강에 관한 프롬의 정의가 몇 세대나 지난 기초적 주제와 규정을 재진술한 데 불과하다는 인상을 받았다. 올포트에서와 같이 시대를 초월하는 진실이 있다. 프롬도 사실 이것을 인정한다. 그의 개념은 과거의 위대한 정신적 지도자의 가르침과 유사하다고 기록되어 있다. 그는 이 유사성을 자기 견해가 현명하고 타당하다는 것을 지지하는 것으로 보았다. 위대한 종교와 철학적 사상들은 모두 완전한 인간성의 실현을 위한 조건과 인간의 본질에 관한 지각적 직관에 기반을 두고 있다고 믿었다. 어떤 기준과 신념은 역사적으로 장소와 시기를 초월해서 설득되어 온 반면 그 이외 다른 것의 영향은 적었다. 따라서 이것들은 모세 · 노자 · 석가 · 소크라테스 · 예수의 가르침 속에서 반복되어 왔고, 따라서 이는 근본 진리인 것으로 프롬에게서 느껴졌다. 모두가 이상적 인간의 실존에 대해 유사한 가치관을 설파했다.

프롬은 개인의 정신분석적 관찰과 인류 역사에 관한 자기 나름의 해석이라는 체제 안에서 이 규정을 반복 설명했다. 이것은 새 병에 오래된 포도주가 담긴 것처럼 풍요로운 가치를 지니면서 동시에 영원한 것은 그릇이 아니라 바로 그 내용인 것과 같은 이치이다.

## 참고 문헌

Evans, R. I. *Dialogue with Erich Fromm*. New York: Harper & Row, 1966.

Fromm, E. *Escape from Freedom*. New York: Holt, Rinehart & Winston, 1941.

______. *Man for Himself*. New York: Holt, Rinehart & Winston, 1947.

______. *The Sane Society*. New York: Holt, Rinehart & Winston, 1955.

______. *The Revolution of Hope: Toward a Humanized Technology*. New York: Harper & Row, 1968.

Hausdorff, D. *Erich Fromm*. Boston: Twayne, 1972.

# 5 자아 실현의 사람

## 머슬로의 모형

일본이 진주만을 공격한 며칠 후인 1941년 어느 날 에이브러햄 머슬로(Abraham H. Maslow, 1908-1970)는 브루클린대학교에서 강의를 마치고 집으로 돌아가는 중이었다. 그의 차는 지나가는 행렬 때문에 멈출 수밖에 없었다. 그 행렬은 보이 스카우트 단원들과 낡은 유니폼을 입은 늙은 사람들의 기진맥진하게 지친 행렬이었다. 성조기(星條旗)가 행렬 앞에 펄럭이고, 플루트는 정확하지 않은 음으로나마 용감하게 애국가를 연주하고 있었다.

동정심이 많은 머슬로는, 이 지칠대로 지친 행렬을 바라보면서 눈물을 흘리지 않을 수 없었다. "눈물은 내 얼굴을 적시기 시작했다. 바로 그 순간에 나의 인생이 변화되었고 내가 일생을 통해서 한 일들은 그때에 결정된 것들이었다" 라고 그는 술회하고 있다.[1] 그는 일생을 "평화에 기여할 수 있는 심리학" 을 발견하는 데 바치기로 결심했다. 이 심리학은 충분히 개발하면 가장 훌륭하고 심원한 것이 될 수 있는 인간의 이상과 잠재력을 다루는 것이어야 한다고 그는 믿었다. 그 결단은 결코

---

1 M. H. Hall, "Conversation with Abraham H. Maslow," *Psychology Today*, 1968, 2, p. 54.

(말년에 그의 건강이 약해졌음에도 불구하고) 쇠진하지 않았다. 또한 그는 그가 과거에 받은 훈련과 심리학에서 일반적으로 주장하는 것과는 정반대의 방법으로 인간이 지닌 성격의 여러 면을 탐구해 보겠다는 헌신적인 생각에 사로잡혔다.

아울러 머슬로의 사상과 그의 자아 실현에 대한 연구에는 그가 전에 겪은 경험이 도움이 되었던 것이 사실이며, 1941년 12월 어느 날의 경험이 특수한 면에서 초점이 되었던 것도 사실이다. 가난하고 외롭고 불행했던 소년 머슬로는 어린 시절에 책을 읽으며 위로를 받았고, 그러한 습관은 코넬과 위스콘신대학교 시절까지 계속되었다. 스무 살 때에 겪은 두 가지의 사건이 그의 인생의 폭을 적지 않게 넓혀 주었다. 즉 결혼과 존 왓슨(John B. Watson)의 행동주의심리학을 알게 된 사실이다. 머슬로는 진실로 그 기점에서 그의 인생이 시작되었다고 말하고 있다.

위스콘신에서 머슬로는 실험심리학에 대해 철저한 훈련을 받으면서 해리 할로(Harry Harlow)의 지도 밑에서 원숭이들의 행동을 연구하고 있었다. 잠시 동안 머슬로는 행동주의야말로 이 세상에 산재해 있는 모든 문제에 해답을 줄 수 있을 것이라고 믿었다. 그래서 그는 행동주의의 원리와 실제를 정열적이고 헌신적인 태도로 적용하려고 노력했다. 그러나 머슬로는 모든 새로운 경험에 대해, 심지어 그가 새로이 발견한 신념에 반대되는 사실에 대해서까지도 개방적인 사람이었다. 그는 프로이트에 대해 읽기 시작했고, 행동주의 내용과는 아무런 관련도 없는 몇몇 철학자들의 글을 읽기 시작했다.

상당히 개인적인 사건이기는 했지만 첫아이의 출생은 결국 행동주의에 대한 그의 신념을 완전히 일소시키고 말았다. "청천벽력과 같은 사건이 모든 일들을 변화시켰다"라고 그는 그 때의 심정을 표현했다. "나는 자기 아이를 가진 사람은 결단코 행동주의자가 될 수 없을 것이라고 믿는다."[2] 그는 생명의 신비에 압도당했고 행동주의가 약속한 조건화로 생명의 신비는 조절될 수가 없다는 사실에 위압당했던 것이다.

머슬로 자신이 언급하고 있는 자신의 자서전이나 지적인 발달에 대해 쓴 글을 읽어 보면 누구든지 그의 정력과 정열 그리고 겸허함을 느낄 수 있다. 그의 사상을 구축시킨 경험들은 추상적인 이론적 사고나 냉정한 분석적인 발견이라기보다는 철저하게 정서적이고 개인적인 사건들에 기인한 것들이었다. 그는 이러한 경험들이 그의 신념을 굳건하게 만들어 주었다고 믿었으며, 이 경험들 가운데서도 특별히 다음의 세 가지를 강조하고 있다. 즉, 결혼을 했다는 사실("결혼 그 자체가 일종의 학교"), 아버지가 되었다는 사실, 그리고 그를 가르쳤던 훌륭한 스승들(해리 할로 · 에리히 프롬 · 카렌 호니 · 루스 베네딕트 · 막스 베르트하이머 · 알프레드 아들러)에 대한 존경과 사랑이 그것이다.

실제로 이 스승들 중의 두 사람—게슈탈트(Gestalt) 심리학자 막스 베르트하이머와 인류학자 루스 베네딕트—에 대한 경외심이 그에게 자아 실현의 연구를 시작하게 해주었고, 우리들이 지니고 있는 무한한 잠재 능력을 연구하는 특별한 방법을 고안하게 해주었다. 또 다시 개인적이고 직접적인 일이 머슬로의 신념을 형성시켰던 것이다. 이들 두 학자에 대해 이해하고 싶다는 욕심이 그가 전쟁의 비참한 행렬을 목격했던 시기와 비슷한 때에 생기기 시작했다. 그 경험은 인간 본성이 지니고 있는 최선의 것에 대한 연구를 하고 싶다는 머슬로의 의욕에 박차를 가했다. 그것이 인간이 도달할 수 있는 최상의 수준은 무엇일까에 대해서 알고 싶은 그의 의욕을 북돋워 주었다. 베르트하이머와 베네딕트는 인간이 도달할 수 있는 최상의 곳에 도달해 있는 최초의 모형이라고 머슬

---

**2** Ibid., p. 55.

로는 믿었다.

그 후 몇 년 동안 머슬로는 이러한 목표를 향해 의욕적으로 추구하여 기록했는데 그 책들은 대중적으로 널리 읽히게 되었다. 심리학자들은 물론, 심리학자가 아닌 사람들까지도 머슬로의 인간 본성에 대한 낙관적이고 인도적인 관점에 매료되었다. 많은 사람들은 머슬로가 인간 성격의 새로운 면을 개척했을 뿐만 아니라 심리학에 대해 완전히 새로운 접근 방법을 제시했다고 믿었다. 이러한 접근 방법은 훗날 왓슨의 행동주의나 프로이트의 정신분석과 마찬가지로 심리학에서 혁명적인 사건으로 기록될 수 있을 것이다.

머슬로의 접근 방법—인본주의 또는 제3세력의 심리학—은 행동주의의 기계적인 특성과 정신분석의 우울하고 절망적인 특성에 해독제가 되는 것으로 많은 사람들의 환영을 받았다.[3] 이러한 움직임이 심리학 본래의 영역을 변화시키는 데 얼마나 성공적이 될 것인가를 논하는 것은 시기상조일지도 모른다. 그러나 오늘날 머슬로의 추종자들은 인본주의의 기치를 높이 들고, 머슬로가 최초에 선포했을 때와 거의 비슷한 정열로써 이 방면의 연구에 정진하고 있다.

머슬로는 인간의 성장에 대한 잠재 능력에 상당히 관심을 가지고 있었다. 말년에 그는 캘리포니아의 에살렌연구소(Esalen Institute) 등 인간의 잠재력을 개발하는 움직임에 많은 지지를 보냈다. 아마도 그의 이러한 업적에 대한 전문적인 지지 때문에 (또는 적어도 머슬로라는 인간 그 자체에 대한 존경심과 숭배심 때문에) 그는 1967년 미국 심리학회(American Psychological Association)의 회장에 당선되었는지도 모른다. 그로부터 3년 후 그는 타계했다.

---

3 칼 로저스(제3장 참조) 역시 이 운동의 개척자이다.

## 머슬로의 성격 연구 방법

머슬로가 우선적으로 관심을 가지고 설정한 목표는 완전한 성숙과 표현을 위해서 인간이 지닌 잠재력은 얼마나 될까를 연구하는 것이었다. 그는 심리적인 건강을 연구하기 위해서는 완벽하게 건강한 사람만을 대상으로 조사 연구해야 된다고 믿었다. 그는 프로이트를 위시해서 다른 심리학자들이 인간의 성격을 연구하는 데 오로지 신경증적이고 심하게 상처받은 인간들을 대상으로 했다는 사실을 비판했다. 머슬로는 만약 신체적인 결함이 있고 미성숙하며 건강하지 못한 사람들만을 대상으로 연구한다면 단지 인간 본성의 병든 면만을 알게 될 것이 아니냐고 주장하였다. 즉 인간의 최선의 면을 보는 것이 아니라 추한 면을 본다는 말이다. 그러므로 머슬로는 가장 훌륭하고, 건강하며, 성숙된 사람들만을 선택해서 연구하지 않으면 안 된다고 주장하면서 다음과 같이 유추했다.

만약 인간이 얼마나 빨리 달릴 수 있는가를 연구하려 한다면, 발목이 성하지 못한 사람이나 보통의 속도로밖에 달리지 못하는 사람들을 대상으로 삼지 말고 올림픽 우승자라든지 또는 달리는 데에 최고의 실력을 가진 사람을 대상으로 삼아야 한다. 그렇게 연구하는 길만이 달리기의 최고 능력을 측정하는 최선의 방법일 것이다. 마찬가지로 가장 건강한 인간을 연구하는 길만이 인간이 최고로 도달할 수 있는 잠재 능력의 한계를 알 수 있는 것이다.

머슬로는 인간의 가장 훌륭한 표본이라고 할 수 있는 두 사람과 가까이 지낼 수 있는 특권을 가졌는데 베르트하이머와 베네딕트가 바로 그들이었다. 머슬로는 그가 받아온 심리학적인 훈련만으로는 예외적인 이 두 사람을 이해하고자 하는 그의 간절한 희망이 만족될 수 없다는 사실을 인식하기 시작했다. 그래서 머슬로는 비과학적인 방법—그는 이것을 '전과학적(前科學的, prescientific)' 이라고 불렀다—으로 이들 두 사람을 관찰하기 시작했다. 그는 기회가 있을 때마다 이들을 관찰하면서 점차로 이들이 다른 사람들과는 분명히 다른 특별한 특성을 가지고 있다는 결론에 도달했다.

이러한 발견에 몹시 흥분한 머슬로는 이들과 같은 특별한 특성을 가지고 있는 다른 사람들을 발견할 수는 없을까 생각했다. 그는 친구들과 친척들, 탁월한 인물들(생존한 인물이거나 작고한 인물이거나 간에), 그리고 대학에 재학중인 학생들을 자세히 조사했다. 아울러 그는 심리적으로 건강한 성격의 모형이라고 여겨지는 49명의 인물들을 면밀히 검토하여 선택했다. 머슬로는 생존한 사람들의 이름은 밝히지 않았으나 역사적인 인물들의 이름은 다음과 같이 밝혔다. 즉 토머스 제퍼슨(Thomas Jefferson), 에이브러햄 링컨(Abraham Lincoln), 바루흐 스피노자(Baruch Spinoza), 알베르트 아인슈타인(Albert Einstein), 엘리노어 루스벨트(Eleanor Roosevelt), 요한 볼프강 폰 괴테(Johann Wolfgang von Goethe), 파블로 카잘스(Pablo Casals), 존 키츠(John Keats), 애들라이 스티븐슨(Adlai Stevenson), 로버트 브라우닝(Robert Browning), 그리고 마르틴 부버(Martin Buber) 등이다.

머슬로는 이들을 여러 가지 기법을 이용하여 조사했다—면담, 자유연상 그리고 투사적 기법을 살아 있는 인물들에게 사용했고, 전기(傳記)와 자서전(自敍傳) 등의 자료를 분석하는 기법을 작고한 인물들에게 적용했다. 그러고 나서 머슬로는 인간이란 그 누구나를 막론하고 **본능적인 욕구**(instinctoid needs)를 가지고 태어난다는 결론을 얻었다. 이러한 우주적인 욕구는 인간을 성장하게 하고 발달하게 하며 인간 자신을 실현시키고 인간 모두가 성숙하게 하는 원동력이 된다. 그러므로 심리적인 건강과 성숙을 향한 잠재 능력은 인간이 세상에 태어날 때부터 갖추어져 있는 것이다. 우리들의 잠재 능력이 충족되거나 실현되는 것은 인간의 자아 실현의 욕구를 촉진시키거나 또는 좌절시키는 개인적이고 사회적인 힘에 달려 있다.

머슬로는 우리 사회에서는 극소수의 사람만이 자아 실현을 이룰 수 있다고 인식하면서도(그 자신의 견해로는 단지 1퍼센트 미만의 사람이 자아 실현을 이룬다고 했다), 대다수의 사람들이 완전한 인간됨(full humanness)의 수준에 도달할 수 있는 가능성이 있다는 낙관적인 견해를 가지고 있었다. 그는 우리가 불행했던 어린 시절의 경험에 영향을 받는다고 할지라도 그 경험의 어쩔 수 없는 희생물로 그칠 수는 없다는 것을 강조했다. 우리는 변화할 수 있고, 성장할 수 있으며, 심리적인 건강의 높은 수준으로까지 우리 자신을 끌어올릴 수 있다. 이러한 인본주의적인 관점에서 보면 인간은 자신들이 인식하고 있는 이상의 잠재 능력을 갖고 있다는 것이다. 머슬로는 만약 이 잠재 능력을 개발할 수만 있다면 우리는 이상적인 실존의 경지에까지 도달할 수 있으리라고 믿었다. 이 이상적인 실존의 경지는 머슬로가 연구 대상으로 삼은 자아 실현을 이룬 사람들에게서 발견할 수 있는 그런 경지를 말한다.

## 건강한 성격의 동기

머슬로의 견해에 따르면 모든 인간에게는 선천적으로 자아를 실현하고자 하는 동기 또는 경향이 있다. 그러나 인간의 동기에 대해서 머슬로는 좀더 많은 사실들을 설명하고 있다. 우리는 여러 가지의 보편적이고 선천적인 욕구에 의해 움직이고 있으며 이 보편적이고 선천적인 욕구들은 강한 것으로부터 약한 것으로 위계를 가지고 있다는 것이다. 즉 우리는 머슬로가 주장하는 **욕구의 위계**(hierarchy of needs)를 생각해 볼 수 있다. 이차적 욕구로 옮겨가기 전에 일차적인 욕구를 충족시켜야 하며, 또 다음 욕구로 옮겨가기 전에 그 전의 욕구를 충족시키지 않으면 안 되는 것이다. 같은 방법으로, 가장 낮으면서도 가장 강한 욕구는 그 다음의 욕구가 일어나기 전에 완전히 충족되어야 한다. 이렇게 해서 욕구의 위계에서 가장 높은 수준에 있는 욕구, 즉 다섯 번째의 욕구—자아 실현의 욕구—가 나타나게 된다.

그러므로 자아 실현의 욕구가 충족되기 전에, 네 가지의 욕구가 충족되어야 하는 것이 선행 조건이다. 그 욕구의 위계를 낮은 데서부터 열거하면, 1) 신체적인 욕구, 2) 안전에 대한 욕구, 3) 소속감과 사랑에 대한 욕구, 4) 자존감에 대한 욕구들이다. 이상의 욕구들이 적어도 부분적으로라도 충족이 되어야만 자아 실현의 욕구는 나타날 수 있다.

이러한 다섯 가지 욕구가 동시에 우리에게 일어나는 것은 아니다. 어떤 주어진 시간에는 단 한 가지의 욕구만이 강렬하게 우리 내부에서 일어나게 되는데, 이 한 가지 욕구는 다른 욕구들이 완전히 충족된 후에 나타나는 것이다. 만약 우리가 음식을 먹지 못하고 여러 날을 보냈다면 굶주림에 대한, 즉 신체적인 욕구가 가장 강하게 우리를 지배하게 될 것이다. 그런 경우에 우리는 안전이니 사랑이니 또는 자아 실현이니에 대해서는 생각조차 하지 못하는 것이다. 음식 이외의 다른 것은 염두에도 없을 것이다. 어떤 인간이든지 배불리 먹고 나서 다음 끼니에 대해 걱정하지 않아도 될 정도가 되지 못한다면 그 밖의 욕구들을 모두 사소한 것으로 여기게 되는 것은 상식적인 이야기이다. 그래서 음식에 대한 욕구가 충분히 충족되고 굶주림이 더 이상 우리를 괴롭히지 않게 된 연후에야 안전에 대한 욕구를 생각하게 된다.

자, 그러면 머슬로의 욕구의 위계에 나타난 욕구들을 간단히 살펴보기로 하자. 다시 한번 확인하거니와 누구든지 자아 실현의 경지에 도달하려면 낮은 수준의 욕구를 각각 충분한 정도로 만족시키지 않으면 안 된다는 사실이 중요하다.

**신체적인 욕구**는 음식 · 물 · 공기 · 수면 그리고 성 등과 같이 분명한 것이며, 이를 충족하는 것은 생존하는 데 필요불가결하다. 그렇기 때문에 이들은 모든 욕구 가운데서 가장 강력하다. 인도의 대도시 거리의 거지들은 생명을 연장하기 위한 굶주림의 해결에 매일처럼 허덕이느라고 최고의 수준에 있는 욕구들을 생각조차 하지 못하고 일생을 마치게 된다. 이와는 대조적으로 미국처럼 풍요로운 사회에서 사는 사람들은 인도에서와 같은 궁핍은 경험하지 못하기도 하거니와 미국의 중류층에서는 생존을 위한 기본적인 욕구 충족의 문제는 거의 생각할 필요가 없다. 충족된 욕구는 이미 욕구가 아니기 때문에 미국 사회에서는 신체적인 욕구는 단지 최소한의 역할밖에 하지 못한다.

신체적인 욕구가 잘 처리되고 나면 우리는 **안전에 대한 욕구**를 생각하게 된다. 이 욕구에는 안전 · 편안함 · 보호 · 질서 그리고 불안과 공포로부터의 해방 등이 포함된다. 머슬로는 인간은 누구나 규칙적인 생활과 생활에 대한 예측을 어느 정도 바라고 있다고 믿었다. 불확실성은 견디기 어렵기 때문에 우리는 최선을 다해 생활의 안정과 보호 그리고 질서를 위해 노력하는 것이다. 은행 저축을 늘리고 보험에 가입하며, 안전하고 안정된 직업을 가지고 거기서 얻어지는 이익을 손실하지 않으려고 노력하는 것이 좋은 예이다.

건강한 성격의 사람들에게 안전에 대한 욕구는 그렇게 엄청난 것이거나 강압적인 것은 아니다. 우리는 언제나 한 푼 두 푼을 아끼지는 않으며, 보험에 가입하는 대신 때때로 휴가를 즐기고 사치품을 사들이

기도 한다. 또 어떤 사람들은 안정된 직업을 버리고 새로운 도전을 향해 새출발을 하기도 한다. 우리들 대부분은 안전의 욕구를 위해 모든 것을 희생하거나 포기하지는 않는다. 그러나 마찬가지로 안전이나 안정이 전혀 없다면 몹시 불안을 느끼는 것이다.

우리가 안전이나 안정의 욕구를 어느 정도 이룩했다고 느낄 때 **소속감과 사랑의 욕구**로 방향이 전환된다. 어떤 단체나 클럽에 가입해서 그 단체나 클럽의 특성 혹은 가치에 동조하고, 때로는 소속감을 느끼기 위해 제복을 입기도 한다. 우리는 사랑의 욕구를 충족시키기 위해 어떤 특정한 사람 또는 모든 사람과 매우 가깝게 지내며 서로를 아껴 주는 관계를 이루기도 한다. 그리고 이러한 관계를 통해서 사랑을 주기도 하고 사랑을 받기도 하는 것이다.

머슬로는 오늘날의 사회가 가변적이기 때문에 소속감이나 사랑의 욕구를 충족시키기는 점차 어려워진다는 사실을 믿었다. 집과 이웃과 도시, 심지어는 배우자까지도 자주 바뀌기 때문에 뿌리를 내리기가 어렵게 되었다. 소속감을 느낄 수 있을 만큼 한군데에서 오래 머물지도 않게 되었다. 많은 사람들은 대도시의 군중 속에 살고 있으면서 외로움과 소외감을 느끼고 있다. 지하도에서, 길거리에서 그리고 쇼핑센터에서 많은 사람들에게 둘러싸여 있지만 그들 누구와도 관계를 맺지 않는다. 정말로 우리는 옆집에 누가 사는지도 모르고 알려고 노력하지도 않게 되었다. 왜냐 하면 머지 않아 우리가 혹은 이웃이 멀리 떠나 버릴 것이기 때문이다.

그러나 소속감이나 사랑의 욕구는 반드시 충족되어야만 한다. 머슬로는 오늘날 이런 욕구를 충족시키기가 어렵기 때문에 사람들이 집단 활동에 관심이 많아졌다고 믿는다. 집단 활동이란 공동 생활, 감수성 훈련, 참만남의 훈련 등을 포함한다. 이러한 집단 활동은 사랑과 소속감의 욕구가 이루어지지 않아서 생기는 불가피한 결과인 외로움과 소외감을 피하기 위한 최후의 길인 것이다.

다행히도 사랑과 소속감의 욕구를 충족시키고 나면 **자존감의 욕구**를 가지게 된다. 머슬로는 자존감의 욕구를 두 가지 형태로 대별했다. 즉, 다른 사람이 소중하게 대해 주기 때문에 갖게 되는 자존감과 스스로 자기를 높게 생각하는 자존감이 그것이다. 다른 사람이 소중하게 대해 주기 때문에 생기는 자존감은 일차적이다. 상식적으로 생각해도 다른 사람이 귀하게 여겨 주지 않는 한 우리들은 자기 자신을 중요한 인물이라고 느끼기 어렵다.

외부적으로 얻어지는 이러한 자존감은 명성 · 존경 · 지위 · 평판 · 위신 그리고 사회적인 성공 등에 기초를 두며, 다른 사람들이 나를 어떻게 생각하며 나에게 어떻게 반응하는가에 따라서 모든 특징이 나타난다. 다른 사람들이 우리를 귀중하게 여기도록 하는 데에는 여러 가지 방법이 있다. 어떤 종류의 차를 가지고 있고, 어떤 주택가에 살고 있으며, 어떤 종류의 옷을 입는가 하는 등에 의해서 우리의 부(富)가 중요한 지위를 나타내기도 하며, 때로는 존경받을 만하고 유능한 행동을 함으로써 표현되기도 하는 것이다.

우리가 내적으로 스스로 자기를 높게 생각하는 자존감을 느낄 때, 우리는 자신에 대해 자신감과 안전감을 가지는 것이다. 즉 우리들 자신은 가치 있는 존재이며 어떠한 상황에서도 적절한 존재라고 생각한다. 이러한 자존감을 느끼지 못할 때는 열등감에 사로잡혀 용기를 잃고 생에 대해 낭패감을 맛보게 되는 것이다. 순수한 자존감을 가지기 위해서 우리는 자신을 잘 알아야 하며 자신이 지니고 있는 장점과 약점들을 객관적으로 평가할 수 있어야 한다. 우리들은 누구이며 무엇 때문에 존재하는가를 알지 못한다면 스스로를 존중할 수가 없다.

만약 이상에서 설명한 여러 가지 욕구가 충족되었다면, 우리는 최고의 수준에 있는 욕구, 즉 **자아 실현에 대한 욕구**로 향하게 된다. 자아실현이란 최대한의 능력 개발이며 최대한의 사용이며 잠재 능력과 소질의 충분한 발휘라고 정의내릴 수 있다. 우리는 태어날 때부터 지니고 있는 잠재 능력에 의해 스스로를 성숙시키지 않으면 안 된다. 낮은 수준의 욕구가 충족되었다 하더라도—그래서 우리가 신체적으로나 정서적으로 안정감을 느끼고, 소속감과 사랑을 느끼며, 우리들이 가치 있는 인간이라고 느낀다고 해도—자아 실현의 욕구를 충족시킬 수 있는 기회를 포착하지 못한다면 우리는 좌절감과 불만을 느끼게 될 것이다. 이렇게 되면 우리는 자신을 평화롭게 지킬 수도 없거니와 심리적으로 건강하다고 말할 수도 없다.

말년의 저작에서 머슬로는 그가 애초에 세워놓았던 욕구의 위계에 부가시켜서 이차적인 욕구의 위계를 제시했다. 이차적인 욕구의 위계 역시 선천적인 것으로서 여기에는 **알고자 하는 욕구**와 **이해하고자 하는 욕구**가 포함된다. 알고자 하는 욕구는 좀더 강한 것이어서 이해하고자 하는 욕구가 나타나기 전에 충족되지 않으면 안 되는 것이다.

어린아이들은 주위에 대해서 선천적으로 호기심을 가지고 있는데 주위 세상을 알고 이해하기 위하여 자발적으로 열심히 탐험한다. 건강한 성인들 역시 자기 주변에 대해서 계속적인 호기심을 가지고 있다. 성인들은 주위의 세계를 분석하고 그것을 이해하기 위해서 어떤 판단의 틀을 마련하는 것이다. 이러한 욕구를 충족시키지 못했을 때는 좌절감을 느낀다(어떤 욕구든지 그것이 충족되지 못하면 좌절감을 느끼게 된다). 그리고 그 결과 어떠한 일에도 호기심을 갖지 않게 되고 생에 대해서 적극적으로 관여하지 않게 되며 생 그 자체에 대한 열정도 잃게 되는 것이다. 이러한 욕구들이 충족되지 않으면 자아 실현의 욕구를 갖게 되는 것은 불가능하다. 만약 우리가 주위를 둘러싸고 있는 세상을 모르거나 이해하지 못한다면 안전감이나 사랑이나 자존감 · 만족감을 얻기 위해서 효율적으로 상호작용할 수가 없게 된다.

## 초동기(超動機):
## 무엇이 자아 실현의 사람을 움직이게 하는 힘인가?

머슬로는 자아 실현하는 사람들에 대한 그의 연구가 진행됨에 따라, 이들 극히 건강한 사람들은 그들을 움직이는 어떤 힘이 평범한 사람들과는 질적으로 양적으로 다르다는 사실을 인식하기 시작했다. 이러한 사실은 머슬로로 하여금 극단적인(때에 따라서는 분명하지 않지만) 이론, 즉 자아 실현하는 사람들을 움직이는 동기에 대한 이론을 제시하도록 이끌었다. 그는 이것을 성장 동기(成長動機, growth motivation) 이론 또는 **초동기**(超動機, metamotivation)라고 불렀다〔그것은 또한 존재(Being) 또는 존재 동기(B-motivation)라고도 한다〕. 접두어 '초(超, meta)'는 '그 이상의'라는 의미를 가졌기 때문에 초동기라는 말은 동기라는 말이 가지는 전통적인 뜻 이상의 것으로 움직인다는 의미가 있다. 역설적으로 이것은 동기 그 자체로는 아무런 역할도 하지 못하는 상태를 의미하기도 한다. 머슬로는 "최고의 동기는 동기화되지도 않고 노력할 필요조차 없게 되는 경지를 나타낸다"[4] 라고 쓰고 있다. 다른 말로 하자면, 자아 실현하는 사람은 노력하는 것이 아니라 **발달**하

---

4 A. H. Maslow, *Motivation and Personality*, 2nd ed. (New York: Harper & Row, 1970), p. 135.

는 것이다.

이 이론을 이해하기 위해서는 자아 실현하는 사람들의 '동기'—초동기—와 보통 사람들의 동기 사이에 차이가 있음을 구별하지 않으면 안 된다. 머슬로는 보통 사람들의 동기를 결핍 동기 또는 D-동기(D-motivation)라고 불렀다. **결핍 동기**(Deficiency motivation)는 우리들의 체내에 어떤 결핍으로 인해서 생기는 동기이다. 예를 들어 우리가 음식을 얼마 동안 먹지 못했다면 우리 체내에는 어떤 결핍이 생기게 된다. 이 결핍은 신체적으로나 심리적으로나 고통과 불만을 초래한다. 따라서 체내에서는 이 고통과 불만을 제거하려는 동기가 생기게 되고 그것이 곧 어느 수준으로 긴장을 하게 한다. 우리는 특정한 목표물(음식)을 향해 어떤 욕구(굶주림)를 갖게 되는 것이다. 이러한 종류의 동기는 우리에게 결핍되어 있는 어떤 것을 쟁취하기 위해 생겨난다.

피상적으로 설명했을 뿐 머슬로가 분명하게 설명하지는 않았지만, 결핍 동기는 신체적인 욕구에만 그치는 것이 아니라 안전, 소속감과 사랑, 그리고 자존감의 욕구에까지도 관계한다. 이들은 낮은 단계의 욕구이며 결핍된 것을 쟁취하도록 우리를 움직이게 한다. 위의 굶주림의 예에서 살펴본 바와 마찬가지로 안전, 소속감과 사랑, 자존감의 욕구도 그 욕구를 충족시켜 줄 어떤 특정한 목표물을 찾음으로써 그 욕구에 의해 생기는 긴장감을 해소하려고 한다. 신경증 환자나 정상적인 평범한 정도의 정신건강을 가지고 있는 사람들은 이런 식으로 동기가 생기는데, 한마디로 그들은 낮은 단계의 욕구를 충족시키기 위해 노력하는 것이다.

이와는 대조적으로 탁월하다고 할 만큼 매우 건강한 사람들(자아실현된 사람들)은 높은 단계의 욕구에 관심을 갖는다. 즉, 잠재 능력을 완전히 성취하며 그들을 둘러싸고 있는 세계를 알고 이해한다. 이러한 경우에—초동기—그들은 결핍된 것을 채우려고 노력한다든가 긴장을 해소시키려고 노력하지 않는다. 그들의 목표는 삶의 경험을 더욱 풍요롭게 하고 다양하게 하며 살아 있다는 기쁨과 열정을 더욱 증가시키는 데 있다. 그러한 이상(理想)은 새롭고 도전적이며 다양한 경험을 통해서 오히려 긴장을 증가시키는 것이다.

주변 환경에 쟁취하고자 하는 특정한 목표 대상이 없는 것 같은 상황에서, 이들 자아 실현하는 사람들을 움직이게 하는 동기는 어디에 있을까? 그들은 통상적인 의미의 동기(머슬로가 말하는 결핍 동기)에 의해 움직이는 것이 아니다. 오히려 그들은 완전한 인간이 되기 위해서 가지고 있는 잠재 능력을 그대로 발휘하고자 '초동기화' 되었다고 할 수 있다. 이러한 동기는 "특정한 성장, 특정한 표현, 성숙, 그리고 발달, 즉 자아 실현"[5]을 의미한다. 자아 실현이란 노력하고 요구하면서 결핍을 보충하기 위한 그 무엇을 원하는 것 이상의 것으로서 그 결핍은 이미 모두 수정되어 있다. 그들은 낮은 단계의 욕구를 충족시킨다는 의미에서는 더 이상 **성숙**(becoming)하지 않는다. 그들은 다만 **존재**(being)의 상태에서 자발적으로, 자연스럽게 완전한 인간됨(full humanness)을 기쁘게 표현하는 것이다. 이러한 의미에서 본다면 그들은 어떤 동기에 의해 움직이는 것은 아니라고 하겠다.

그러나 이러한 모든 사실들을 설명하고 나서, 머슬로는 자아 실현의 사람들이 바라보며 나아가는 성장 또는 성숙(또는 목표)을 이루게 하는 초욕구(超欲求, metaneeds)라는 항목을 우리에게 제시했다. 머슬로는 이 항목들을 존재 가치(B-values)라고도 표현했다. 존재 가치들이란 그 자체가 목표로서 다른 목표를 향한 수단이 아니다. 또한 성숙이

---

**5** Ibid., p. 159.

나 어떤 특정한 대상 목표를 향한 노력이라기보다 존재적 상태이다.

만약 이 모든 상황들이 욕구로서 존재한다면(머슬로는 이들이 "욕구처럼 행동한다"[6]고 이야기했다), 이 욕구 충족에 실패했거나 성취하지 못했을 때는 어떤 형태로든 해가 될 것이다. 이는 낮은 단계의 욕구가 충족되지 않았을 때 부수되는 해와 마찬가지이다. 그런 경우에 틀림없이 나타나는 현상은 다음과 같다. 즉 초욕구의 좌절은 **초병리**(超病理, metapathology) 현상을 초래한다. 성장 욕구의 좌절 때문에 일어나는 병적인 현상은 낮은 단계의 욕구가 좌절되었을 때 일어나는 병적 현상처럼 분명히 경험하게 되는 것은 아니다. 그렇다고 해서 이 초병리적인 증상이 평범한 병처럼 예리하게 느껴지지 않는다는 말은 아니다. 단지 좌절의 원천이나 원인이 개인에게 분명하게 나타나지 않는다는 것이다. 결핍 욕구가 좌절되었을 때(예를 들면 굶주림 또는 사랑), 우리는 직접적으로 또 즉각적으로 굶주림이나 외로움을 느끼게 된다. 그러나 초욕구의 좌절은 이렇게 직접적 · 즉각적으로 나타나지 않는다.

우리는 무엇인가 잘못되었다는 것은 확실히 알고 있지만 잘못된 것이 무엇인지는 모를 때가 있다. 다시 말해 우리는 우리에게 무엇이 결핍되었는지를 모른다. 초병리적인 증상은 형태도 없는 불안이라 할 수 있다. 외롭고, 어찌할 도리가 없고, 의미도 없고, 우울하고 그리고 절망적인 느낌이 든다. 그러면서도 어떤 특정한 것을 가리키면서 "아하, 바로 저 사람 또는 바로 저것이 나를 이런 느낌으로 몰아넣는 원인이구나"라고 말할 수는 없다. 그리고 고통을 완화시킬 수 있는 원천이나 목표를 꼭 집어서 말할 수가 없을 때 이 초병리적인 증상을 다루기는 점

---

6 A. H. Maslow, "Self-Actualization and Beyond," in J. F. T. Bugental, ed., *Challenges of Humanistic Psychology* (New York: McGraw-Hill, 1967), p. 281.

점 어려워진다.

머슬로의 초욕구를 그 초욕구의 좌절로 인해 생기는 특정한 초병리적인 증상과 나란히 제시한다면 좀더 분명하게 이해할 수가 있을 것 같다. 다음에 나오는 표의 왼쪽에 열거한 항목은 자아 실현하는 사람들의 존재 가치의 상태를 나타내는 것이다. 표의 오른쪽에는 그와 연관이 있는 초병리적인 현상이 열거되어 있다.[7]

머슬로의 초욕구와 초병리적 현상

| **존재가치** | **초병리적 현상** |
|---|---|
| 진(眞) | 불신, 냉소주의, 회의주의 |
| 선(善) | 미움, 혐오, 불쾌, 자신만을 믿음 |
| 미(美) | 야비, 불안정, 무취미, 무미건조 |
| 통일: 전체 | 불일치 |
| 이분법-초월 | 흑백 사고<br>이것이냐/저것이냐 사고, 인생에 대한 단순한 이해 |
| 생기: 과정 | 죽어 있음, 기계적으로 됨, 완전히 결정적으로 인식함, 생에서 열정과 감정의 상실, 경험적인 공허 |
| 독특함 | 자신과 개성에 대한 느낌의 상실, 자신이 쉽게 변화될 수 있고 아무것도 아니라고 느낌 |
| 완벽 | 절망, 아무것도 할 것이 없음 |
| 필요 | 무질서, 예측할 수 없음 |
| 완성: 종결 | 미완성, 절망, 노력과 대항의 중지 |
| 정의(定義) | 분노, 냉소주의, 불신, 무법, 완전한 이기주의 |

7 Chart adapted from A. H. Maslow, *The Farther Reaches of Human Nature* (New York, Viking, 1967), pp. 318–19.

| | |
|---|---|
| 질서 | 불안, 경계심, 안전과 예측의 상실, 보호받고 있어야 함 |
| 단순성 | 지나친 복잡성, 혼돈, 당황, 방향감각 상실 |
| 풍요, 전체성, 포괄성 | 우울, 불편, 세상에 대한 흥미의 상실 |
| 노력하지 않음 | 피곤, 긴장, 조악함, 괴상함, 경직됨 |
| 장난스러움 | 불투명함, 우울, 피해망상, 유머 없음, 생의 열정 상실, 유쾌함을 못 느낌 |
| 자급자족 | 타인에게 책임 전가 |
| 의미심장함 | 절망, 무감각 |

이러한 초병리적인 증상은 완전한 인간으로서의 성장과 발달을 축소시키거나 저해하는 요인이 된다. 이 초병리적인 증상은 우리들로 하여금 자신을 충분히 표현하거나 잠재 능력을 유효 적절히 활용하고 충족시키지 못하게 막는다. 초병리적인 증상을 지니고 있는 사람들도 낮은 단계의 욕구는 충족되어 있다는 사실을 이해하는 것이 중요하다. 그들은 사랑하고 소속감을 느끼며 근본적으로 안전감을 느끼고 자존감의 느낌도 가질 수 있다. 또 결핍 욕구를 충족시키려고 노력하지도 않는다. 그렇다고 해서 그들이 건강한 성격을 가진 것은 아니다. 건강한 성격의 사람들은 더 높고 모호하며 일반적인 단계에서 움직이게 되는 것이다.

우리는 머슬로의 견해에 따라 초동기화된 사람들을 살펴보았다. 자, 이제는 건강한 성격의 사람들의 독특한 성격적인 특성을 살펴보기로 하자. 자아 실현을 이룩한 사람들은 과연 어떤 사람들일까?

## 자아 실현의 사람의 특성

자아를 실현하는 사람의 일반적 특성에 대해 이미 언급한 바 있다. 정의에 의하면 그들은 생리적인 면, 안전, 사랑, 소속 그리고 존중의 욕구 등 하층 단계의 욕구를 차례로 충족시킨 바 있다. 그들은 정신증, 신경증 혹은 다른 병리적 질환과는 거리가 멀다. 자기들의 능력과 특질을 최고 상태까지 사용함으로써 자신을 수행하고 성숙하는 건강한 인간의 본보기로서 자기가 누구이며, 무엇인지 그리고 어디로 가는지를 알고 있다.

또 하나의 중요한 일반적인 특성은 연령적인 면인데 자아 실현자는 중년이나 그 이상에 달한 사람이다. 머슬로는 젊은이들은 정체감(正體感, sense of identity)이나 자율감(自律感, sense of autonomy)이 아직 강력하지 못하다고 생각했다. 그들은 아직 충분히 지속적인 사랑의 관계를 갖지 못했고, 자신이 헌신하고자 하는 사명을 발견하지 못했고, 자기의 가치관이나 인내심, 용기와 지혜를 발달시키지 못했다. 젊은 시절에 완전히 자아를 실현할 수는 없다 할지라도 심리적 성숙과 건강으로 향하고 있음을 보여주는 특성들, 즉 "자아 실현으로 향하는 훌륭한 성장"을 하고 있는 것은 가능하다는 점을 머슬로는 발견했다.

자아 실현이 본능적인 욕구이긴 하지만, 이후의 발달은 어린 시절의 경험들에 좌우되어 용이해지기도 하고 방해받기도 한다. 머슬로는 어린이에게 가혹하게 지배적으로 대하거나 통제하는 것은 그 반대의 경우—지나친 자유와 허용—와 마찬가지로 해롭다고 믿었다. 가장 효과적인 양육 방법은 '한계 내에서의 자유' 즉 통제와 자유의 적절한 혼합이다. 아동이 사랑받고 있음을 느끼는 것이 후의 자아 실현을 이루는데 지극히 중요하다. 머슬로는 특히 출생 후 두 해 동안이 중요하다고 강조하고 만약 두 살 때 적절한 사랑과 안전, 존중을 받지 못하면 자아 실현을 향한 성장은 대단히 어려울 것이라고 하였다.

이러한 일반적인 점 이외에도 머슬로는 자아 실현의 사람(self-actualizers)을 묘사하는 몇 가지 특정한 성격을 이야기했다.

## 효율적인 현실 지각

지극히 건강한 사람은 주변 세계에 있는 물체와 사람을 객관적으로 지각한다(머슬로는 이것을 객관적 지각 본질 혹은 B-인지라고 불렀다). 그들은 세계를 자기들이 원하거나 필요한 방식으로 주시하는 것이 아니라 있는 그대로 본다. 지각의 이러한 객관성의 일부로서 머슬로는 자아 실현의 사람들이 타인에 대한 정확한 판단자여서 속임수와 부정직을 재빨리 탐지할 수가 있다는 사실을 발견했다.

이 정확성은 삶의 다른 측면들—미술 · 음악뿐 아니라, 지적 · 정치적 혹은 과학적 관심에까지 확대된다. 자아 실현의 사람들은 그러한 것들을 유행에 따라서 또는 대단히 훌륭한 사람들이 보는 방식 혹은 대부분의 다른 사람들이 보는 방식으로 보는 것은 아니다. 그들은 자기 자신의 판단과 지각에만 의존하며 편견이나 선입관이 없다.

건강하지 못한 성격의 소유자는 세계를 자기 주관에 따라 자기의 두려움이나 욕구 가치 형태에 억지로라도 맞추어 지각한다.[8] "신경증이 있는 사람은 정서적으로 병이 난 것이 아니라 인지적으로 잘못된 것이다"[9]라고 머슬로는 기술했다. 인간이 자신의 주관적인 상(像)만을 갖고

---

**8** 올포트(제2장)와 프롬(제4장)은 역시 이 관점을 지지한다.

**9** A. H. Maslow, *Motivation and Personality*, 2nd ed. (New York: Harper & Row, 1970), p. 153.

있다면 세계와 타인들과 상호관계를 맺으며 대처해 나갈 수가 없다. 객관적으로 현실을 반영할 수 있을 때 논리적으로 생각하여 올바른 결론에 도달하는, 즉 지적인 능률을 올릴 수 있는 능력이 발휘된다.

그러므로 우리는 다시 심리적으로 건강하다는 것이 지각의 객관성과 같은 것인가, 주관성과 같은 것인가의 논쟁으로 돌아간다. 이론들이 서로 극과 극이다. 우리가 자신만의 한계를 가지고 세계를 지각한다면 우리는 병적인가 건강한가, 혹은 신경증인가 건강한 것인가? 이 점에 대해서는 앞으로 다시 심리적 건강의 다른 모형들에서도 논하게 될 것이다.

## 본성, 타인, 그리고 자신에 대한 일반적인 수용

자아를 실현한 사람은 약점과 장점을 포함하여 자기 자신을 불평이나 걱정 없이 받아들인다. 사실상 그것에 대해서 그리 많이 생각하지도 않는다. 지극히 건강한 사람들도 약점이나 결함을 갖고 있으나 그것에 대해 부끄럽게 생각하거나 죄책감을 느끼지는 않는다. 자기의 본성을 있는 그대로 받아들이는 것이다. "인간은 물이 축축하다고, 바위가 단단하다고 혹은 나무가 푸르다고 불평하지는 않는다"라고 머슬로는 썼다.[10] 그 속성이 각각에게 자연스러운 질서인 것과 같이 자아 실현하는 사람의 본성도 마찬가지이다.

자기의 본성에 대해 대단히 수용적이므로 건강한 사람들은 자신을 왜곡시키거나 변조할 필요가 없다. 마음을 풀고 자신에 대해 편안함을 느끼는데, 이런 수용성은 실존의 어느 단계에나 적용이 된다. 세속적인 욕구를 부끄러워하거나 변명하며 받아들이지 않고 사랑과 소속감

---

10 Ibid., p. 156.

과 존중, 자기 가치 등 각각의 단계를 받아들인다. 일반적으로 그들은 자신뿐 아니라 아는 사람들의 결점에 그리고 사실상 인류 전체의 결점에 대해서도 똑같이 관대하다.

머슬로는 그러나 자아 실현의 사람들이 자기 행동의 어떤 측면들에 대해서, 특히 그 시기의 자기의 본성과 할 수 있거나 했어야 했던 자기 사이의 모순에 대해서는 죄의식과 수치, 걱정스러움과 후회감을 느낀다고 했다. 예를 들면 나태 · 무분별 · 질투 · 편견 · 시기 등과 같은 개선할 수 있는 결함에 대해서는 인간의 완전한 성장과 표현을 막는 것이기 때문에 괴로워한다.

그와 대조적으로 신경증인 사람들은 약점과 실패에 대한 수치와 죄의식으로 활동이 불가능하게 되며 시간과 정력을 좀더 건설적인 일로 전환시키는 데에 강박적이다. 정상인들(신경증이 아닌 사람들)조차도 자기 본성에 대해 불필요한 죄의식과 수치감을 경험하여 자기들이 변화시킬 수 없는 일들을 걱정하는 데 너무 많은 시간을 소비한다.

## 자발성, 솔직성, 자연스러움

삶의 모든 측면에서 자아 실현하는 사람은 가식 없이, 솔직하고 직접적인 방식으로 행동한다. 정서를 숨기지 않고 정직하게 나타낸다. 간단히 말해 그들은 자연스럽게 행동한다. 그것이 자기의 본성에 따르는 것이다.

그러나 자아 실현의 사람은 타인에 대해서도 역시 신중하고 사려깊다. 그들의 자연스럽고 솔직한 감정 표현이 타인에게 상처를 입히기도 하고 사사로운 화제인 상황에서는 그의 감정을 잠정적으로 억제하기도 한다. 그러므로 그들은 고의로 전통에 거역하거나 반항하지 않으며 의도적으로 사회의 규칙이나 규범을 우롱하는 데서 쾌감을 느끼지 않는다. 사회가 요구하는 사회적 게임에 참여하지 않아 타인의 감정을 상하게 할 때는 게임에 참여할 수도 있다. 예를 들어서 머슬로는 건강한 사람의 경우 대단하게 여기지 않는 명예를 감사하게 받아들이는 것을 예로 들었다. 그렇게 하는 것이 큰 물의를 일으킬 만큼 중요하지도 않을 뿐 아니라 진심으로 자기를 기쁘게 하고 있다고 느끼는 사람들에게 상처를 줄 만큼 중요한 것도 아니라고 느끼기 때문이다.

그렇지만 사회적 전통에 복종함으로써 사람이 건강하기 위해서 중요한 것이 방해를 받게 되는 상황에서는 그 규칙에 대적하는 데 주저하지 않는다. 이 때에도 그들은 단순하고 자연스러운 자기 자신이 되어 공격적이거나 반항적이 아니면서도 자신감을 갖고 안전하게 전통에 대항할 수 있다. 신경증인 사람과 자아 실현을 하지 못하는 사람은 자발적으로 행동할 수 없다. 그들은 자신들이 수치심과 죄의식을 느끼게 되는 부분에 대해서는 왜곡해야만 한다고 생각하기 때문이다.

## 자기 이외의 문제에 중점적인 태도

머슬로가 연구한 자아 실현의 사람은 자기 일에 대해 책임감이 있다. 이들은 예외 없이 스스로 열중하며, 온 정력을 쏟을 사명에 대한 의식이 있다. 머슬로는 이 특성을 매우 강렬하게 느꼈기 때문에 헌신감 없이는 자아 실현이 불가능하다는 결론을 내렸다.

자아 실현의 사람은 자기의 일을 사랑하고 그 일이 자기에게 자연스럽게 맞다는 것을 느낀다. 이것을 머슬로는 완전한 연애에 비유해 설명했다. 그 일과 사람은 "서로 의미가 있는 듯하다. …… 그 사람과 일은 서로 꼭 들어맞아 열쇠와 자물쇠처럼 완전히 함께 존재한다."[11] 그들의 일이란 자기가 하고자 하는 일, 단순히 생계를 잇기 위한 수단으로서의 직업이 아니라 실제로 자신이 해야 한다고 느끼는 어떤 것이다.

이런 일에 정열적으로 헌신하면서 자아 실현의 사람은 욕구 이상의 것(metaneeds)을 성취하거나 수행할 수 있다. 작업을 통해 작가나 철학자 · 과학자는 진실을, 예술가는 미(美)를, 법률가는 정의를 추구한다. 그들은 돈이나 명성 · 권력을 위해 일에 종사하는 것이 아니라 욕구 이상의 것을 만족시키고 자기의 능력을 도전과 발달로 이끌기 때문에 일에 종사하는 것이며, 이를 통해 잠재력은 최고 수준까지 성장이 유도되며, 자기는 누구이며 무엇인가를 정의내리는 데에 도움이 된다.

일에 몰두하고 그에 대해 만족하기 때문에 건강한 성격을 가진 사람들은 평범한 정신건강을 지닌 사람보다 더 열심히 일한다. 그것은 물론 그들에게 싫은 일이 아니라 오히려 즐거운 일이다. 그들은 자기 일을 다른 어떤 것보다도 즐기며 더 이상의 수입이 필요 없을 때까지도 계속한다. 머슬로는 이러한 사람들에게는 휴가 · 흥미 · 오락 · 휴식 혹은 취미 같은 것에 대한 생각은 자기의 사명감 · 소명 · 일 등과 융합이 된다고 생각한다.

## 사적인 생활과 독립에의 요구

자아 실현의 사람들은 고립과 고독에 대한 강한 욕구를 가지고 있다. 그들은 인간과의 접촉에서 위축되지 않으면서도 타인을 필요로 하는 것 같지는 않다. 그들은 자기의 만족을 위해 타인들에게 의존하지 않으므로 고고하고 말이 없을지도 모른다. 그들의 행동과 감정은 매우

11 A. H. Maslow, *The Farther Reaches of Human Nature* (New York: Viking, 1971), pp. 301–2.

자아 중심적이고 자아 주도적이다. 이것은 그들이 스스로 결정할 수 있는 능력이 있고 따라서 스스로 결정을 내리며 자신의 동기와 원칙을 실행한다는 뜻이다.

한편 신경증적인 사람은 자기가 생산할 수 없는 것을 충족시키기 위해 타인들에게 정서적으로 매우 의존적이다. 자아에 대한 강한 의식이 없으므로 타인에게서 지지를 받으려 하고 생각이나 가치 행동을 타인에게 의존한다. 그들을 어릿광대에 비유하여 생각할 수 있는데, 즉 그들은 타인들—부모, 설교자, 혹은 선전자 등이 하라고 지시하는 방식에 따라 생각하고 행동한다. 그들의 자아감은 단순히 타인을 반영한 것이지 자신의 독립된 발달의 산물은 아닌 것이다.

자아 실현의 사람들은 타인에게 의존하거나 매달리지 않고 사생활과 고독을 더 좋아하므로 때로는 사회적으로 어려움을 겪는다. 보통 사람들은 이들이 친근하지 않고 신사연하며, 심지어 적대적이라고까지 생각할지도 모른다. 이것은 건강한 사람들이 의도하는 바는 아니다. 즉, 그들은 고의로 타인을 피하는 것이 아니라 단지 그들에 대한 강한 욕구가 없는 것이다.

## 자율적 기능

밀접하게 관련된 사생활과 독립에의 욕구는 자아 실현의 사람들에게는 필수적이다. 그들은 자신들의 특별한 능력으로 사회물리적 환경에 자율적으로 기능한다. 그들은 더 이상 결핍 동기에 의해 동기화되지 않으므로 현실 세계의 만족에 의존하지는 않는다. 이는 성장 동기의 만족이 자기 내부로부터 오는 것이기 때문이다. 성장 동기 발달의 여부는 자신의 잠재력과 내적 자원에 따라 좌우된다(한편 사랑, 존중, 그리고 다른 하층 단계 욕구의 만족은 외적인 자원에 의존해 충족된다).

건강한 성격은 스스로 만족하며 고도의 자율성은 위기나 결핍에서도 그들을 강건하게 한다. 덜 건강한 사람에게는 파멸적으로 느껴질 불운이, 자아 실현의 사람에게는 거의 느껴지지도 않고, 덜 건강한 사람이라면 재앙이라고 생각할 만한 상태 속에서도 자아 실현의 사람들은 기본적인 평온함을 유지한다.

앞서 말한 바와 같이 덜 건강한 사람은 결핍 동기를 충족시키기 위해 현실 세계에 대단히 의존적이다. 이런 의존을 방해하고 위협하는 어떠한 것에도 공포를 느끼는 이들은 타인들의 도움 없이 어떻게 기능을 발휘할 수 있겠는가? 어떻게 그들이 생존할 수 있겠는가?

## 계속적인 신선한 감상력

자아 실현의 사람들은 아무리 반복되는 경험에서도 즐거움과 경외(敬畏)와 놀라움 같은 신선한 감각을 경험한다. 예컨대 매일 일터로 가는 길의 사랑스럽고 한가로운 풍경이 5년 후에도 첫날처럼 유쾌하게 보일 수 있다. 자아 실현의 사람들은 경험들—일몰, 교향악, 좋아하는 음식 혹은 배우자의 웃음—을 마치 새로운 것인 양 감상하는 능력이 있다. 어떤 이는 자연에, 어떤 이는 아이들에게, 또 어떤 이는 음악에 반응한다. 그들은 삶의 경험에 대해 싫증내거나 지루해하지 않는다.

그 결과 당연하게 여기는 것이 거의 없고 자기들이 소유하고 경험할 수 있는 것에 대해 계속 감사할 줄 안다. 머슬로는 자기의 연구 대상자인 자아 실현의 사람들이 파티나 나이트클럽에 가는 것에 대해 혹은 돈을 많이 버는 것에 대해 계속적인 감동을 느끼는 것 같지는 않다고 주장했다. 대개 그들이 희열을 느끼는 경험들은 건강하지 못한 사람은 알아차리지도 못하는 사사로운 일상적 활동이다.

## 신비로운 혹은 '절정' 경험들

자아 실현의 사람들은 때때로 종교적 경험과 비슷한 강렬하고 저항할 수 없는 황홀경과 경외를 경험하는 경우가 있다. 머슬로는 건강한 피험자들에게 공통적으로 보여지는 이 절정을 경험하는 동안 그들은 자아를 초월하게 되고 지배감과 자신감 · 절정감 등 무엇이든 성취하거나 될 수 있을 것 같은 심오한 의식을 갖게 된다고 한다. 게다가 몰두하고 있는 그 일은—즉 작업을 하거나 음악 · 미술 · 성을 즐기거나 단순히 일몰 광경을 보는 것, 봄에 정원의 꽃봉오리가 맺히는 것 등—쾌감의 절정으로 확대된다.

머슬로는 절정 경험이 모두 지극히 강렬한 것은 아니며 경미한 것도 있을 수 있다고 지적했다. 이런 경미한 경험들은 때때로 우리 자신 모두에게 일어나는 것 같다. 그러나 건강한 사람일수록 평범한 사람보다 더 자주, 어쩌면 거의 매일 이런 절정 경험을 맛보게 된다.

머슬로는 자아 실현에 대한 연구를 계속하며 자아 실현의 사람에는 두 가지 종류가 있다는 것을 알게 되었는데 강렬한 절정 경험을 아주 많이 갖는 사람과 때때로 경미한 절정을 갖는 사람의 두 종류였다. 양쪽이 다 지극히 건강한 것이고 자아 실현을 하는 것이었다. 그러나 머슬로는 초월적 절정 경험의 양과 질에 따라 두 종류의 자아 실현 개념을 구별하여 소개했다. 우리는 이런 유형을 "정상적인 최고의 건강(normal super healthy)"과 "최고 중에서도 최고 건강(super super healty)"이라고 말할 수 있다. 머슬로는 이를 "절정자(peaker)"와 "비절정자(nonpeaker)" 혹은 "초월자(transcenders)"와 "비초월자(nontranscenders)"로 보았다.

이 두 가지 형태의 자아 실현의 사람들 사이에는 다른 점들이 또 있다. 비절정자들은 실리적이며 현실 세계와 효과적으로 상호관계를 가진다. B-생활(초동기의 생활)의 고고한 영역과는 접촉이 적은 실리적인 사람들인 경우가 많다. 그들은 물론 개인의 능력과 잠재력을 개발하고 사용하는 데 대단히 관심이 깊다. 그들은 훌륭한 목적을 위한 세계의 지도자이며, 명상가나 중재자라기보다는 행동가이며, 현실 검증에 심미적이라기보다는 효율적이고 실제적이며, 정서적이라기보다는 인지적이다.[12] 머슬로는 이러한 종류의 심리적 건강을 가진 전형적인 본보기로서 엘리노어 루스벨트, 그리고 트루먼과 아이젠하워 대통령을 들었다.

절정자들은 좀더 B-영역(초동기 영역) 쪽에서 살며 좀더 분명히 초동기화되고 자신과 자기들의 세계에 대해 밝은 통찰력을 발휘하며 절정을 경험한다. 그들은 더 신비스럽고 시적이며, 종교적이고, 아름다움에 대해 더 잘 반응하고, 혁신자나 발견자가 되기가 더 쉽다. 비절정자들보다는 덜 실리적이지만 절정자들은 일상적 관심을 크게 초월했기 때문에 다른 이들에게는 거의 성스럽게 보일 정도이다. 머슬로는 올더스 헉슬리(Aldous Huxley), 앨버트 슈바이처(Albert Schweitzer), 그리고 앨버트 아인슈타인을, 이러한 좀더 수준 높은 심리적 건강을 가진 사람의 본보기로 들고 있다.

그러나 머슬로는 절정자라고 해서 모두 신비적이라거나 예술가·과학자는 아니라고 상당히 강조하고 있다. 많은 사람들이 믿기 어렵겠지만 그는 사업가, 감독관과 교육자, 정치가들 사이에서도 이런 절정자를 발견했다.

---

12 Ibid., p. 281.

## 사회적 관심

자아 실현의 사람들은 모든 인간에 대해 강하게 이입된 감정과 애정을 느끼며 동시에 인본주의를 지지하고자 애쓴다. 그들은 한 가족—인류—의 구성원으로서 가족 성원 모두에게 형제애를 느낀다. 이것은 동생을 향한 형의 태도와 같은 특별한 종류의 형제애이다.

자아 실현의 사람들이 모든 사람을 친족처럼 느낀다고는 말할 수 없다. 사실, 그들은 보통 사람들과는 여러 가지 방식에서 다르기 때문에 스스로 더 높은 단계에서 기능하고 있음을 인식한다. 마치 손윗사람처럼 이 지극히 건강한 사람들은 자기들이 다른 아이들보다 일을 더 잘 이루어 놓을 수 있다는 것과 일을 좀더 명확히 보고 이해할 수 있다는 것을 알고 있다. 그들은 종종 다른 이의 바보스럽거나 약하거나 잔인한 행동 때문에 우울해지거나 화를 내기도 하지만 곧 이해하고 용서한다.

## 대인 관계

자아 실현의 사람들은 보통 수준의 정신건강을 가진 사람들보다 타인과 확고한 관계를 가질 수 있다. 그들은 좀더 위대한 사랑과 좀더 깊은 우정과, 타인들과 좀더 완전히 동일시된다. 그러나 그들의 대인 관계가 보다 강렬하기는 하지만 비자아 실현의 사람들보다 수적으로는 적다. 결국 친구와 동료와 배우자로 선택할 지극히 건강한 사람들은 극소수이므로 대부분의 사람들처럼 자아 실현의 사람들도 가치나 특성이 비슷한 사람들과 함께하는 것을 더욱 좋아한다.

그러므로 가까이하는 사람들의 범위가 적기는 하나, 자아 실현의 사람들은 타인들에게, 특히 어린아이들에게 친절하고 인내심이 있다. 대체적으로 인간성에 대해 정열과 사랑을 갖고 있는 반면 지나치게 비판적이거나 위선적이거나 거만한 이들에게는 가혹하며 때로는 무자비할 수도 있다. 그렇다고 해서 이런 몇몇 개인에게서 보이는 적대감 때문에 인류에 대한 일반적인 열정이 감소되지는 않는다.

자아 실현의 사람들이 타인에 대해 느끼는 사랑은 특별한 것으로, 결핍 사랑(Deficiency love, D-사랑)에 반대되는 존재 사랑(Being love, B-사랑)인 것이다. 결핍 사랑은 결핍 욕구에 의해 동기화되며, 특히 소속감과 사랑의 욕구가 충분히 만족되지 못할 때 동기화된다. 필요로 하는 사랑을 잃을까 봐 매우 두려워하며 사랑하는 이에게 의존한다. 보통 수준의 정신건강을 가진 사람이라면 사랑을 박탈당했을 때, 굶주린 사람이 음식을 갈망하고 구걸하며 필요로 하듯이 사랑을 갈구한다.

B-사랑일 때 건강한 사람은 결핍 때문에 괴로워하지 않고 사랑을 갈구하지 않으며 오랫동안의 질투를 경험하지 않는다. 그들의 사랑은 적어도 받는 만큼 주는 것이 중요하고 자기의 성장만큼이나 다른 이들의 성장과 발달을 생각하는 이기적이 아닌 사랑이다. B-사랑에는 결핍 동기의 사랑에서는 볼 수 없는 재미 · 기쁨 · 웃음 · 행복 등이 충만하다.

## 민주적 성격 구조

지극히 건강한 사람은 사회 계층이나 교육 수준, 정치 파벌 혹은 종파, 인종 혹은 피부색에 구애받지 않으며 모든 사람들에게 관대하고 수용적이다. 이러한 차이는 자아 실현의 사람들에게는 문제가 되지 않는다. 사실, 머슬로는 그들이 이런 차이를 거의 의식조차 하지 않고 있다고 생각했다. 그러나 그들의 행동은 관용 이상으로 깊은 데가 있다.

다른 이들과 관계를 맺을 때—예를 들면 교육을 덜 받고 지식 수준이 낮은 사람들과—우월한 태도를 보이지 않는다. 그들은 무언가 자기에게 가르침을 줄 수 있는 사람들 모두에게서 듣고 배울 태세가 갖추어져 있다. 한 예로 자아 실현하는 지식인은 자기가 갖지 못한 기술과 지식을 가진 목수에게도 진정한 존경심을 갖는다.

## 수단과 목적, 선과 악의 구별

자아 실현의 사람은 수단과 목적을 분명하게 구별할 줄 안다. 그들은 목적 혹은 목표를 그에 도달하는 수단보다 훨씬 더 중요시한다. 그러나 건강하지 못한 사람들에게는 수단으로 여겨지는 어떤 활동이나 경험 자체도 자아 실현의 사람들에게는 종종 목적으로 생각된다. 머슬로가 지적하고 있는 것은 완전히 건강한 사람은 목표 달성이나 목표 도달 못지않게 "목표 달성을 하고 있다"거나 "목표 도달을 위해 그리로 가고 있다"는 것을 즐긴다는 것이다.

자아 실현의 사람은 또한 선과 악, 옳은 것과 그른 것을 구별할 수 있다. 건강하지 못한 사람은 탐색이라는 미명 아래 옳고 그른 것 사이에서 우유부단하게 왔다 갔다하며 종종 혼란되고 일관성이 없는 윤리적 태도를 보인다. 이와 대조적으로 자아 실현의 사람은 어느 상황에서나 고수할, 잘 정의된 윤리적 · 도덕적 기준을 갖고 있다.

## 적대감 없는 유머 감각

아주 건강한 사람들은 재치를 보이는 경우나 웃음을 보이는 경우가 평범한 사람들과는 다르다. 건강하지 못한 사람은 타인에게 상처를 입히는 적의에 찬 유머(hostile humor), 타인이나 다른 집단의 열등감에 편승하는 우월감 섞인 유머(superiority humor), 그리고 오이디푸스적 상황이나 음탕함에 관련된 권위 배반적인 유머(authority-rebellion humor)라는 세 종류의 유머 때문에 웃게 된다.

자아 실현의 사람이 보여주는 유머는 인간성 전체에 대하여 조소하기는 하지만 특정한 개인을 조소하지는 않는 철학적인 것이다. 이들의 유머는 웃기려고 하는 뜻도 있지만 대개는 교훈이 담겨 있다. 그들의 유머는 폭소를 자아내는 것이라기보다는 이해함으로써 미소를 짓고 수긍하게 만드는, 깊은 생각이 담긴 종류의 유머이다. 이런 종류의 유머는 건강한 사람들에게만 감지된다. 보통 사람들은 대개 자아 실현의 사람들이 매우 재미있는 사람들임을 알지 못하면서 그들이 왜 그처럼 음울하고 심각한가라고 생각하며 멀어져 가기 쉽다.

## 창의력

창의력은 자아 실현을 하는 사람들에게 기대되는 특성이다. 물론 그들 모두가 작가나 예술가나 음악가가 아니고, 그들이 항상 예술적 창조 작업을 한다는 의미는 아니라고 하더라도, 그들은 독창적이며 창작적인 재능이 있으며 혁신적이다. 머슬로는 이렇게 편견 없이 똑바로 사물을 볼 수 있는 창의력을 아동의 유아적 창조성과 상상력에 비유했다. 우리들 대부분이 학교나 사회의 강요에 의해 아동기의 이런 창의력을 잃었는데 자아 실현의 사람들은 이후의 삶에서도 이를 잃지 않고 지켜 나가거나 다시 얻게 된다는 것이다.

그렇다면 창의력은 하나의 자세이며, 심리적으로 건강하다는 표현이고 예술성이 완성된 작품이라기보다는 세계를 지각하고 반응하는 방식에 더욱 관심을 기울이는 것이라 볼 수 있다. 따라서 어떤 직업을 가졌든간에 인간은 창의력을 나타낼 수 있다.

## 문화적 동화(同化)에의 저항

자아 실현의 사람은 자아 충족적이고 자율적이므로 어떠한 방식으로 생각하고 행동하라는 사회적 강압에 저항을 잘 해낸다. 타의에 의해서라기보다는 스스로가 방향을 정하고 문화로부터 내적으로 이탈해 초연함을 유지한다.

그렇다고 공공연히 문화에 반항하는 것은 아니다. 독립심을 보여주느라고 고의로 사회의 규칙을 위반하지는 않는다. 실제로 복장, 예법, 혹은 사소한 여러 가지 일들에 관한 한은 상당히 관례를 따르는 편이다. 개인적으로 대단히 중요한 문제에 대해서만(대개 도덕적 · 윤리적 문제) 사회 규칙이나 규범에 도전을 한다.

건강한 성격이 가지는 개인적 특질을 열거한 이러한 머슬로의 목록은 과장되게 느껴지거나 만화적으로 느껴질는지 모르겠는데, 물론 아무도, 적어도 그리 오랫동안 이렇게 성인다울 수 없다. 편안하게 생각하면—머슬로가 제시하는 건강한 성격의 상은 이보다 현실적이다. 결국 자아 실현의 사람들도 인간이다. 그들이라고 완전한 것은 아니며, 다른 이들보다 완전에 가깝게 가고 있을 뿐이다.

머슬로는 때로 건강하지 못한 사람에게서 볼 수 있는 바보스럽고 무분별하며 완고하고 불안하고 허영심이 있고 감정적인 특성들을 자아 실현의 사람들에게도 발견했다. 또한 그들이 죄의식이나 불안 · 수치 · 근심 혹은 갈등에서 완전히 자유로운 것도 아니다. 그러나 이런 불완전성은 건강하지 못한 사람들보다는 건강한 사람들이 훨씬 적게 경험한다.

## 개인적 논평

머슬로의 연구가 인간 잠재력 운동(human potential movement)에서 왜 그렇게 대단한 주목과 존경을 받고 있는지는 쉽게 알 수가 있다. 그의 저서 속에서는 흥미진진한 그의 개인적인 특성에 관한 이론이 명쾌하게 보여지는데, 인류에 대해 깊은 관심을 가지고 인간의 나쁜 면보다는 좋은 면을 보고 있는 머슬로를 볼 수가 있다. 그러나 그의 이론이 널리 인정받고 있는 데에는 개인적인 특성 이상의 것이 있다. 머슬로는 우리 모두가 무엇인가 될 수 있는 능력이 있다는 낙관적인 인간본성 이론을 제시했다. 머슬로의 자아를 실현하는 인간은 최상의 인간성의 실물보다 나은 초상이다.

나는 이 이론을 대단히 믿고 싶다. 일간 신문이나 텔레비전에서 매일 대하는 폭력이나 부정보다는, 우리에게는 능력이 있다는 것을 어느 누가 믿고 싶어하지 않겠는가? 머슬로는 우리에게 이런 고귀한 능력이 있다는 신념에서 연구를 했다. "나는 전쟁이나 선입관, 미움보다는 숭고한 무엇인가를 할 수 있는 능력이 인간에게 있다는 것을 증명하고 싶었다."[13]

그러나, 머슬로 이론의 상세하고 지엽적인 것 모두에 대해 환영하고 싶지만, 몇 가지 의문이 생긴다. 머슬로의 유추처럼 정말 모든 인간

---

**13** M. H. Hall, A conversation with Abraham H. Maslow, *Psychology Today*, 1968, 2, p. 55.

에게 올림픽 금메달 수상자가 될 수 있는 잠재력이 있는 것일까? 우리는 모두 그 정도의 수준으로 근접할 수 있는 가능성을 가졌는가?

분명 그런 사람이 있기는 있다. 금메달 수상자는 있다. 머슬로는 지극히 건강하다고 생각되는 사람들에게서 이런 점을 발견했다. 그러나 그가 발견한 사람은 지극히 소수라는 점이 문제이면서 우리를 실망시키는 점이라고 생각한다. 이는 그가 범세계적인 것이라고 주장한 욕구를 사람들은 거의 만족시키거나 달성할 수 없다는 의미이기 때문이다. 머슬로는 왜 거의가 자아 실현에 도달할 수 없는가를 설명한다. 우리들 대부분이 불운하게도 그가 말하는 자아 실현에 방해가 되는 방식으로 아동기를 지냈기 때문일 수도 있다. 또 자아 실현에는 힘든 작업과 용기와 인내가 수반되어야 하기 때문이기도 하다고 그는 생각했다. 그리고 물론 자아 실현은 최상위에 있는 욕구로서 가장 미약한 것이기도 하다.

내가 의문시하는 또 한 가지는 머슬로가 연구한 자아 실현의 사람들의 선택 범위이다. 그는 기준을 분명하게 밝히지 않았다. 단지 그들은 뭇사람들이 찬양하는 인물들인 것 같다. 이들을 그가 진정으로 선택한 것인가 혹은 이 사람들이 성취하고 사회에 기여한 바에 의해서 선택에 편견이 개입된 것인가는 풀 수 없는 의문점이다.

이런 점들이 문제가 되기는 해도 심리적으로 건강한 사람의 본보기가 되는 인물들은 (아무리 소수이기는 해도) 있다는, 머슬로의 기본 전제를 부정하지는 않는다. 그런 사람들은 결단코 있다. 인류의 대표적인 위대한 인물—머슬로가 인간성의 '성장 정점(growing tip)'이라 부른—들만을 연구함으로써 심리적 건강을 이루는 것이 무엇인가를 배울 수 있다는 점은 건강한 성격 연구의 미래에 기초가 되어야 할 것이다.

머슬로가 말한 욕구의 위계, 특히 다른 욕구 이전에 신체적 욕구와 안전의 욕구가 만족되어야 한다는 주장은 내게 흥미로운 것이었다. 사랑과 존중의 욕구에 대해서 볼 때 사랑보다 존중에 가치를 두는 사람에게는 순서가 서로 뒤바뀔 수도 있는데 머슬로도 이것은 용납했을 것이다. 행동이나 동기의 보편성을 단정하는 이론에는 모두 예외가 있기 마련이고 머슬로의 이론도 이 법칙에 예외는 아니다. 사실 그의 위계에는 상당히 위배되는 방식으로 행동하는 이들도 있으며 좀더 상위의 욕구인 신념 때문에 죽음을 초래하는 신체와 안전의 욕구를 부정하기도 한다. 그러나 이런 극히 드문 예가 있음에도 불구하고 나는 이 위계의 개념이 합리적이라고 생각한다.

자아 실현이 지식층과 좀더 교육 수준이 높은, 사회 부유층의 소수 특정인을 위해 마련된 것인가 하는 의문이 또 생긴다. 교육을 많이 받지 못하고, 막다른 직업을 전전하고, 더 나은 미래의 전망이 전혀 없는 사람들이 자아 실현이라는 행운 상태를 어떻게 바랄 것인가? 그런 사람들은 신체와 안전의 욕구 위로 넘어설 수 없을 것처럼 보인다. 그렇다면 공장이나 빈민가보다는 관리직이나 교외 주택가에서 자아 실현을 하기가 쉬운 것인가?

일에 종사하지 않고는 자아 실현이 불가능한데, 직업은 자아 실현 노력에 방해가 될 수도 있고 보탬이 될 수도 있다. 자아 실현으로 이어지는 일의 종류는 하고 있는 일, 일을 하는 방식, 혹은 일을 해내야 하는 속도 등에 관해 거의 자유가 없는 일관된 작업과는 달리, 자기 방식으로 자유롭게 일을 수행할 수가 있는 것들이다. 서구 기계문명 사회에서는 오늘날 창조적 표현과 자율성 그리고 상위 단계의 욕구를 실행할 기회를 직업이 거의 제공하지 못하고 있다고 느껴진다. 이것이 자아 실현의 사람들이 소수밖에 안 되는 또 다른 이유일까? 너무 많은 사람들이 일관된 작업 속에서 완충물, 각서, 학생, 혹은 환자로 처리된다. 직업은 도전적으로 잠재력을 개발하고 실행할 기회를 주지 못해 곧 판에 박힌 일이 되어 버린다.

자아 실현의 기회는 경제 상태에 의해서도 제한을 받을 수 있다. 극심한 경제적 불황기에는(1930년대 같은) 많은 사람들이 매일 먹고 사는 신체적인 것이 큰 문제였었다. 그러나 1960년대 후반과 1970년대 전반과 같은 풍요의 시기에는 신체와 안전의 욕구는 비교적 만족시키기 쉽다. 이 풍요한 시기 동안 중류층 젊은이들 사이에서 특히 인간 잠재력 운동이 활발했다는 것은 중요하다. 금전이나 안전과 관계 없이 삶을 풍요롭게 하고 확대시키려는 생각들을 자유롭게 했다.

그러나 경제적 상황이나 인간에게 주어지는 기회의 정도에 따라서 자아 실현이 박탈당할 수도 있다는 이유 때문에 머슬로의 이론이 가치가 떨어지는 것은 아니다. 오히려 이런 점들은 욕구의 위계론과 하위 욕구가 만족되고 나서야 상위 욕구가 나타난다는 그의 이론을 뒷받침한다. 머슬로의 결핍 동기와 성장 동기 사이의 구분은, 일단 자아 실현을 한 사람들은 더 높은 동기 수준에서 움직인다는 주장처럼 직관적으로나 이성적으로나 다 같이 흥미롭다. 자아 실현의 사람들은 무엇을 갈망하고 노력하는 것을 초월해서 자연스러울 수밖에 없다고 느낄 만큼 인간의 잠재력을 펼쳐 나가는 데 열중해 있다.

머슬로의 초병리(超病理)의 개념은 모든 것을 가진 사람들(안전 · 사랑 · 존중 · 성공)이 왜 비참한가를 합리적으로 설명하고 있다. 자기 삶 속에 결여되어 있는 것이 무엇인가를 지적해 낼 수 없기 때문이다. 중년기를 맞은 중류층의 성공한 사람들과 일하면서 나는 이것이 일반적인 병리의 증거임을 알았다. 아직 초욕구를 향해 한 단계 더 나아가지 못하기 때문이다. 그들은 완전히 발달하지 못하고 활용되지 않은 잠재력을 아직 가지고 있다. 하위 욕구는 이미 충족시켰으므로 그 견인력으로 자아 실현 욕구를 느끼게 된다.

머슬로가 주장하는 자아 실현의 사람들의 특성은 우리들이 건강한 사람들에게서 원하고 기대하는 것들이다. 분명히 우리는 모두 그러한 것을 가졌으면 하고 원한다. 그 이상도 발달시킬 만하다. 자아 실현의 사람들은 친절하고 점잖고 정직하며 남을 돌볼 줄 아는 사람들로 더 많은 사람들이 사회에서 이런 특성을 나타내 보인다면 이 사회는 훨씬 살기 좋은 곳이 될 것이다. 그리고 주위에 자아 실현의 사람들이 더 많이 있다면 (그리고 각 개인이 그 본보기를 따른다면) 우리는 인간으로서 더욱 행복해질는지도 모른다.

지극히 건강한 사람들은 여러 가지 면에서 완전한 것 같다. 자신과 타인을 이해하고 받아들이며, 자연스러움과 자율성이 있으며, 인간성에 대한 관심과 열정으로 타인에게 관대하고 사회의 압력에 저항할 능력이 있다. 그러나 그들에게는 뚜렷한 인간적(완전하지는 못한) 특성도 있다. 그들은 자신과 타인의 불완전함 때문에 괴로워한다. 그들은 모든 사람이 완전히 인간적이고 실현적이며 수행적이기를 바라며 타인들이 그렇지 못할 때는 불안해한다. 그들은 건강하지 못한 사람들이 하듯 허영을 부리고 마음이 좁고 무분별할 수도 있다.

아마 우리 대부분은 무언가 삶에 더 있어야 한다는 것, 기능할 수 있는 만큼 높은 수준으로 기능하지 못하고 있다는 것, 그리고 자신이 완전히 활용되지 못하고 있다는 것을 느끼고 있을 것이다. 우리들 대부분은 현재의 자신보다 나은 사람일 수 있음을 알기 때문에 희미하게나마 불만족감을 느끼고 있을 것이다. 머슬로의 욕구의 위계는, 인간 성장이라는 사다리를 한 단계씩 도전해 오르는 이론이며, 상황만 좋으면 우리는 자아 실현에 도달하거나 적어도 근접할 수 있으리라는 애타는 소망을 나타내고 있다.

## 참고 문헌

Hall, M. H. A conversation with Abraham H. Maslow. *Psychology Today*, 1968, 2, 34-37, 54-57.

Mad야, S. R., and Costa, P. T. *Humanism in Personology: Allport, Maslow, and Murray*. Chicago: Aldine-Atherton, 1972.

Maslow, A. H. Self-Actualization and Beyond. In J. F. T. Bugental, ed., *Challenges of Humanistic Psychology*. New York: McGraw-Hill, 1867, pp. 279-86.

______. *Toward a Psychology of Being*, 2nd ed. New York: D. Van Nostrand, 1968.

______. *Motivation and Personality*, 2nd ed. New York: Harper & Row, 1970.

______. *The Farther Reaches of Human Nature*. New York: Viking, 1971.

# 6 존재의 개별화를 이룬 사람

## 융의 모형

카를 융(Carl G. Jung, 1875-1961)이 38세이던 1913년, 그는 자신이 점점 미쳐가고 있다는 생각이 들었다. 그 이후 3년 동안 끊임없는 내적 압박감 속에서 외로이, "완전히 허공중에 방향을 잃고 떠 있는 것처럼" 느껴졌지만 남에게 자칫 오해받을까 두려워 아무에게도 말할 수 없는 고통을 그대로 짊어지고 있었다.

그 당시 융은 큰 개인 병원을 개업하고 아내와 가족을 거느린 취리히대학교의 강사로서 인정받고 존경받는 정신과 의사였다. 겉보기에는 개인적으로나 직업적인 면에서 충분히 보장받는 생활을 하고 있었다. 바로 몇 개월 전에 프로이트와의 정서적 · 직업적 유대 관계가 깨졌는데(그것은 두 사람에게 모두 어려운 사건이었다), 그 불화가 융의 문제들을 유발시킨 유일한 원인이었던 것 같지는 않다. 어떤 이유에선가 그는 자신의 삶에 의미와 열정이 결여되어 있다고 느꼈다. 지적 활동이 멈추어져 아무것도 쓸 수 없었고 과학 서적도 읽을 수 없었다. 자신의 지적 · 정서적 상황이 극심히 혼란되고 불안한 상황에선 도저히 가르칠 수 없다고 느꼈기 때문에 그는 대학 교수직을 포기했다.

융은 현실 세계와의 접촉을 잃을 위험성을 느꼈으나 다행히도 환자와 가족의 요구 덕분에 충분히 정상 생활은 해나갈 수 있었다. 물론 아주 힘든 노릇이었다. 그는 자신이 누구이며 어떤 사람인가를 스스로에게 끊임없이 인식시켜야 했다. "나는 스위스의 한 대학에서 의학 학위를 취득했고, 치료받으러 오는 환자들을 돌보아야 하며, 아내와 다섯 아이들이 있고, 쿠스나흐트(Kusnacht)의 제스트라세(Seetrasse) 228번가에 살고 있으며—이러한 것들이 내게 요구되는 활동이며 내가 실제 존재하고 있다는 것을 거듭 증명하는 것이니, 나는 영혼의 바람 속에서 소용돌이치고 있는 빈 껍데기가 아니다."[1]

이 혼란기에 융은 자신의 혼란의 원인이었을지도 모를 어떤 사건을 찾아내려는 희망 속에서 자신의 삶 특히 어린 시절을 차근차근 검토해 보기 시작했다. 두 번이나 자신의 삶을 돌이켜보았으나 아무것도 발견하지 못했다. 결국 그는 자신의 문제를 지적인 수준에서 이해하려는 노력을 포기하고 아무리 하찮은 것일지라도 자신에게 떠오르는 것은 무엇이든 해보기로 결심했다. 그는 자신을 무의식의 충동에 맡겨버렸는데 그 과정은 후에 무의식과의 대결(confrontation with the unconscious)로서 형성화되었다.

그가 무의식이 이끄는 대로 첫 번째 한 일은 작은 돌로 모형 마을을 짓기, 즉 유년 시절 벽돌쌓기를 즐겨하던 시기를 재현해 보는 것이었다. "이런 것들 속엔 아직도 삶이 있구나."[2] 돌을 구하러 다니면서 그는 생각했다. "소년 시절의 어린 자신이 아직도 주위에 서성이고 있다." 융은 가능한 한 많은 시간을 이 놀이에 열중하면서 이 새로운 활동에 사로잡혔다. 처음엔 치욕적인 것 같아 저항감이 들었다. 도대체 어린 시절에 하던 이 놀이 외에는 그에게 할 일이 없단 말인가? 그러나 후

---

1 C. G. Jung, *Memories, Dreams, Reflections* (New York: Vintage Books, 1961), p. 189.

2 Ibid., p. 174.

에 "이 순간이 자신의 운명에 하나의 전환점이었다"[3]는 사실을 깨달았다. 돌로 장난감 마을을 짓는다는 것은 융의 무의식과의 대결에서 시초에 불과했다. 이 활동에 의해 환상과 꿈들이 풀려났고, 융은 그 후 수년간 적극적으로 열심히 그 환상과 꿈들을 추적해 갔다.

과연 그 대결은 효과가 있었다. 이런 지속적인 무의식으로의 노정으로부터 융은 자기 생의 새로운 의미와 구심점을 형성하게 되고, 인간의 성격에 대해 새로운 이해를 하게 되었다. 그의 저술들을 볼 때 이 경험이 매우 중요했다는 데 대해서는 의심의 여지가 없다. 밖으로 드러난 그의 무의식은 마치 "용암의 유출과 같아 그 화열은 내 삶을 새로이 만들었다. 내 자신의 내면적 영상들을 추구하고 있던 그 몇 해는 내 일생에서 가장 중요한 시기였다. 그 영상들 속에 모든 본질적인 것이 결정되어 있었다."[4] 당연히 융의 심리적 건강이라는 개념은 이러한 강렬한 개인적 경험에서 나타난 것이었다.[5]

융은 오랫동안 꿈과 환상이라는 내면적 세계를 중요시해 왔고 세 살 때 경험했던 꿈을 나이 든 사람으로서 놀랍도록 명확하고 섬세하게 묘사하고 있다. 그는 신경증적 기질을 가진 부모를 둔 외롭고 소외된 아이였고, 여러 해 동안 친구라곤 유일하게 자신의 모습을 조각한 나무 인형뿐이었다. 부모들의 문제에서 도피하기 위해 몇 시간을 다락방에서 그 나무 인형과 얘기하면서 놀았다. 외부로부터 자신을 차단시키고

---

3 Ibid., p. 174.

4 Ibid., p. 199.

5 프로이트 역시 40대 초기에 상당히 심한 정서적 위기를 겪은 것처럼 보인다(융과의 불화 20년 전에). 프로이트의 중년기의 고비는 "일생 어느 때보다도 더 심각하게 문제가 되었던 것 같다." 비뇨기 염증, 불안증, 편두통, 그리고 41세에 성생활이 중지되었다(P. Roazen, *Freud and His Followers*, New York: Knopf, 1975, pp. 82–83, 51–52). 프로이트도 융과 똑같은 방식으로 무의식과 대결해 고비를 넘겼다. 그는 *The Interpretation of Dreams*에서 서술한 대로 자기 꿈을 해석했다.

신화 · 꿈 · 상상 · 환상 등 자신의 세계에 몰두했다.

융은 젊은 시절 중요한 고비 때마다 꿈과 환상 속에 무의식이 표출됨으로써 문제의 해결책이나 적절한 대안이 결정되어 나타났음을 느꼈다. 한 예로 대학 공부를 시작할 무렵 전공을 정하지 못해 골머리를 앓고 있었다. 그 때 한 번은 꿈속에서, 고분(古墳)에서 선사시대 동물들의 뼈를 발굴하는 꿈을 꾸었다. 이래서 그 문제는 해결됐다. 자기 꿈의 해석에 따라 자연과학을 연구하기로 했다. 지표면 아래 발굴 작업을 하던 그 꿈은, 자신이 거대한 동굴 속에 있었던 세 살 때의 꿈과 함께 인간의 성격 연구—표면 아래 파묻힌 부분을 연구하려는 방향을 예시한 것인지도 모른다. 인간 성격 구조 표면 하부에는 무엇이 있을까? 무의식이다. 우리는 개인적 경험들이 어떻게 성격에 대한 이해를 형성했는지를 다른 이론가들에게서 이미 알아본 바 있다. 개인적 경험과 전문적 연구 방법 사이의 이러한 관계가, 융에서는 더욱 강력했던 것 같다. 심리적 건강에 대한 그의 정의와 처방은 자신이 정서적 위기와 그것을 해결한 방법을 반영한 것이다. 그는 각자가 무의식의 경험에 주의 깊게 대면해야 한다는 필요성에 초점을 맞추면서 다른 사람들과는 전혀 다른 정교한 성격 이론을 확립했다.

심리학과 신비주의 · 불가사의론이 뒤엉킨 융의 이론은 열광적인 청중, 특히 젊은 층의 청중을 많이 모았다. 더 많은 사람들이 동양의 종교 · 실존주의 · 초현실주의 등—융의 업적과 같은 계통의 이런 분야에 관심을 갖게 됨에 따라 이 청중들도 계속 늘어났다. 그의 저서들은 난해함에도 불구하고, 그가 타계한 1961년 당시보다 오늘날 더 널리 보급되고 있는 듯하다. 융이 가진 건강한 성격에 대한 이론의 형태와 초점은 다른 이론가들과는 공통성이 거의 없다. 그의 연구는 융 자신의 삶처럼 고독하게 외따로 서 있는 것이다.

## 융의 성격 연구 방법

다른 어느 이론가보다도 융은 무의식을 강조했다. 프로이트는 성격 형성에서 무의식의 영향력을 중요시해야 함을 처음으로 일깨워 준 사람이지만 융은 우리 모두가 가진 그 감추어진 내면적 삶을 좀더 깊은 차원으로 이끈 사람이다. 융은 무의식의 부분으로, 개인이 살아가며 쌓아가는 경험뿐 아니라 인류라는 종족과 더 나아가서는 그들의 원시 조상들이 쌓은 경험까지를 포함시켰다. 사실상 우리 각자는 전시대를 통해 인류의 경험으로 구성된 기존 유산을 가지고 있다.

융은 자기 환자들을 관찰하고, 고대 문명의 신화와 전설(그것들의 상징과 의식 · 종교)들을 탐독하여, 연금술이나 점성술 · 투시법 같은 다양한 주제들을 탐구함으로써 전능하고 광범위한 무의식의 본질을 도표로 그려냈다. 자신의 중년기의 위기 경험(그리고 그의 많은 환자들의 경험)이 그로 하여금 무의식 속에 내포되어 있는 인류 역사의 상징과 의식 · 신화들을 다시 다루어야 할 필요성을 깨닫게 했다.

인간의 많은 비극과 절망, 하찮고 목표도 없고 의미도 없다는 느낌들은 성격의 무의식적 토대와의 접촉을 상실했기 때문이라고 융은 주장했다. 그는 이러한 접촉의 상실은 과학과 이성을 삶의 지표라고 믿어버리는 경향이 늘어가는 탓이라고 믿었다. 그는 말하기를 우리는 생각이 너무 한쪽으로 치우쳐 있어서, 무의식이란 것을 희생시켜 버리고 의식적 · 합리적 존재임을 강조하고 있다고 했다.[6]

---

6 이 부분에 대한 융의 견해와 수십 년 후 로저스(Carl Rogers)가 언급한 소견 사이에 유사성이 있다. 인간의 비극적 상태는 무의식의 내부에 대해 신념을 잃어버린 데 있다. [C. R. Rogers, "Actualizing tendency in relation to motives and to consciousness" M. R. Jones, ed., *Nebraska Symposium on Motivation*, 1963 (Loncoln: University of Nebraska Press, 1963), p. 21.]

우리는 미신적인 신앙으로부터 해방되었으나(혹은 그렇게 확신하려 애쓰지만) 그 과정에서 영혼의 가치와 자연과의 일체감을 잃어버렸다. 다시 말해 우리는 비인간화되어 가고 있다. 그래서 우리는 자신을 의미도 없고 아무런 연관성도 없는 것처럼 느끼며, 헛되이 공허감을 극복해 보려 한다. 이러한 '우리 시대의 일반적인 신경증'은 과거와의 영적 결합을 잃은 직접적인 결과이다. 이것은 의식의 분열과 해체가 낳은 병리로서 그 치료책은 한 가지뿐, 즉 성격의 무의식 세력과의 접촉을 회복하는 것뿐이다. 그러므로 인간성을 위한 융의 처방은 명확히 그 자신에게 행했던 것—무의식과의 대결이다.

융은 성격이 무의식에 의해 지배받고 통제받아야 한다고는 주장하지 않는다. 오히려 정반대이다. 그의 심리적 건강의 이상형은 무의식의 힘에 대한 의식의 감독과 지도이다. 이 의식의 세계와 무의식의 세계가 융화되어 양편이 모두 자유로이 발달되도록 허용되어야만 하는 것이다. 이러한 성격의 융화가 일어나는 과정이 **개별화**(個別化, individuation) 혹은 자기 인식(self-realization)이다. '자기답게 되는 과정(coming to selfhood)'은 자연스러운 것이다. 실제로 그것은 대단히 강한 경향성이어서 융은 하나의 본능이라고까지 여겼다. 그러나 융은 그 개별화를 꾀하는 데는 많은 장애가 있으며, 모든 사람이 다 그렇게 될 능력이 있다고 낙관하지는 않았다. 개별화된 사람은 자기다움, 이해성, 심리적 성숙과 건강, 완전성, 완전한 인간성이라는 궁극점에 도달할 수 있다. 인간 존재의 이런 목표가 열망되기는 하나, 융 자신도 그의 개인적 위기와 해결을 경험한 시기였던 중년기까지는 거의 도달하지 못했다.

융의 개별화가 무엇을 의미하는가를 이해하기 위해서는, 성격 구조에 대한 그의 견해가 어떠하며 시간의 흐름에 따라 어떻게 변화하는가를 살펴보아야 한다.

## 성격의 구조

융의 견해에 따르면 성격은 자아(ego), 개인 무의식(personal unconscious), 집단 무의식(collective unconscious)이라는 세 가지의 분리된, 그러나 서로 교류하는 체계로 구성되어 있다. 그 체계가 다름에도 불구하고 그들은 서로 영향을 주고받을 수 있다.

집단 무의식은 성격의 가장 중요한 부분이며, 융의 이론 전체에서 가장 논란이 많은 부분이기도 하다. 비교적 덜 중요한 두 가지 체계를 먼저 논의해 보자.

**자아**는 의식 속의 정신 부분이며, 매순간마다 우리의 인식 속에 들어오는 지각 · 기억 · 사고 · 감정들을 포함한다. 우리는 일생을 통해 광범위한 자극 속에 끊임없이 몰려 있어서 효율적으로 그 많은 자극들에 다 주의를 기울일 수 없다. 그러므로 우리들은 주위에 있는 것을 선택해서 지각해야 한다. 우리에게 해롭거나 위협적인 것들과 함께 무의미하고 부적절하고 사소한 자극들도 걸러낸다. 자아가 이 절대적인 기능을 수행한다. 감각이든 관념이든 기억이든, 자아의 의식 속으로 인지되고 받아들여지지 않으면 보이지도 들리지도 사고되지도 않을 것이다.

우리 의식의 많은 부분(어떻게 세상을 지각하고 반응하는가)은 **외향성**(外向性, extroversion)과 **내향성**(內向性, introversion)이라는 **태도**(attitudes)에 의해 결정된다. 이들은 세상을 보는 방법에서 서로 정반대의 입장을 대표하고 있는 것으로, 융의 이론 중 가장 널리 알려진 부분이다. 일반적으로 그것은 심리학에서 하나의 전제로서 잘 받아들여지고 있다. 그것은 의식의 다른 두 가지 방향, 즉 우리들에게 익숙한 두 가지 성격형이다.

외향적 성격의 사람은 객관적 현실이라는 외부 세계로 향해 있는 사람이다. 그런 사람은 객관적이고 사교적이며 타인들과의 교제를 진실로 즐기는 듯하다. 한편 내향성은 내부의 주관적 삶에 방향을 두고 내성적이며 위축되어 있고 소심한 경향이 있다. 이 두 가지 태도는 상반된 방향—외부 대 내부—을 대표하고 있는데, 융은 누구나 어느 한쪽 부류에 속할 수 있다고 느꼈다.

사람의 일생에서 정상적으로는 이 태도들 가운데 어느 한쪽이 우세하여 행동과 의식을 지배하게 된다. 그렇다고 다른 한쪽이 완전히 무시될 수 있는 것은 아니다. 여전히 존재는 의식의 일부인 것만은 아니다. 개인 무의식의 일부가 되어 그 속에서 여전히 행동에 영향을 줄 수가 있는 것이다. 그러므로 한 개인이 근본적으로는 외향적이거나 혹은 내향적일지라도, 완전히 그렇지는 않다. 열세의 태도도 영향력이 조금 미약하긴 하더라도 존재한다. 이 태도의 우세가 심리적 건강이라는 측면에서 내포하고 있는 의미와, 연령에 따라 어떻게 변화되어 가는지는 나중에 이야기하기로 하자.

의식부에는 외향성과 내향성 이외의 것이 또 있다. 융은 이를 **심리적 기능**(psychological functions)이라고 소개했다. 이 역시 우리 주위와 내부 속에서 지각하고 반응해 보이는 방식인데, 즉 우리의 외부 세계와 내부 세계이다. 융은 내향성과 외향성이라고 모두 똑같은 게 아님을 발견했는데 그것은 세계에 대한 태도가 이성적이냐 혹은 비이성적이냐 하는 점에서 다르다. 이성적 기능은 **사고**(思考, thinking)와 **감정**(感情, feeling)이다. 이들은 실제로 정반대의 기능이지만 양쪽 모두 경험에 대해 판단하고 평가하며 체계화하고 분류한다. 비이성적 기능이란 **감각**(感覺, sensing)과 **직관**(直觀, intuiting)을 들 수 있는데 이들은 이성을 필요로 하지 않는다. 감각은 감각 기관을 통해 현실을 경험하는 것을 말하고, 직관이란 일종의 초감각적 경험이나 육감을 토대로 하고 있다는 점에서는 그들끼리 서로 상반되는 기능인 것이다.

세계에 대한 우리의 기본적 태도라는 견지에서 한 가지 태도만이 지배적이었듯이 기능에서도 한 가지 기능만이 의식부에서 지배적이고 다른 나머지 세 부분은 개인 무의식의 부분이 된다. 그 상반성 때문에 한 개인에게는 이성적이거나 혹은 비이성적 기능, 어느 한쪽만이 지배적인 것은 분명하다. 한 개인이 일관성 있게 양쪽 형태의 기능을 한꺼번에 사용할 수는 없다. 또한, 각 쌍의 한쪽만이 어느 시기에든 우세하다. 한 인간이 동시에 사고와 감정 양식으로 작동하거나 혹은 감각과 직관 양식으로 작동할 수는 없다.

결국 이런 다소 복잡한 성격 분류에 의해 두 가지 태도와 네 가지 기능으로 여덟 가지의 **심리 유형**을 형성하게 된다. 두 가지 태도에 의해 분류될 내향적이거나 외향적인 사람이 각각 네 가지 기능 중 한 가지의 지배를 받는 것이다. 예를 들어 내향적인 사람이 사고형(思考型)으로, 외향적인 사람이 감각형(感覺型)의 기능을 수행할 수가 있다.

융에 의하면, 성격에서 의식부는 중요하기는 하나 무의식부보다는 훨씬 덜 중요한 것으로 생각되었다. 무의식에는 개인 무의식과 집단 무의식의 두 가지 차원이 있다. 상위부에 좀더 피상적인 차원에 있는 것이 개인 무의식인데 근본적으로 의식 속에 더 이상 남아 있지는 않지만 의식부로 쉽게 떠오를 수 있는 자료들의 저장소 혹은 저수지이다. 이 자료들은 별로 중요하지 않거나 그와는 반대로 너무 위협적이어서, 인식되는 의식부에서는 밀려나간 기억과 생각들로 구성된다.

주어진 시간 안에서 우리가 의식할 수 있는 경험에는 한계가 있다. 어느 순간에든 한두 가지 혹은 몇몇 가지의 생각이나 경험밖에 주의를 기울일 수가 없다. 다른 기억이나 생각들은 현재 초점이 되고 있는 것에 자리를 마련해 주기 위해 밀려 나간다. 예를 들면, 우리는 수많은 정보—전화번호, 주소, 성명, 인상들, 과거에 일어난 사건의 기억 등을 지니고 있다. 전화번호를 알고는 있지만 항상 생각하고 있는 것은 아니다. 그러나 필요한 때는 즉시 의식부 안에서 인지될 수 있도록 상기해 낼 수가 있다. 그러므로 의식부와 개인 무의식 사이에는 서로 빈번한 왕래가 있다. 여러분의 주의력은 이 장(章)의 내용에서부터 어젯밤 했던 일의 기억으로 혹은 내일 할 일에 대한 계획으로 옮겨가기도 할 것이다. 개인 무의식은 우리들의 감정 · 사고 · 기억들을 모두 간직한 서류철과도 비교할 수가 있다. 어느 특정한 기억을 추출하여 잠시 검토해 본 후 제자리로 보내고 다음 필요할 때까지는 별 어려움 없이 잊어버린다.

융이 **콤플렉스**라 부른, 하나의 공통된 주제에 관련된 정서 · 기억 · 사고의 묶음은 개인 무의식의 중요한 국면이다. 어떤 의미에서 콤플렉스란 성격 전체 속에 있는 좀더 작은 성격이며 특정한 것에 대해서는 강한 편견을 갖는 특징이 있다. 한 예로 우리가 어떤 사람이 열등감 혹은 **권력 콤플렉스**를 갖고 있다고 말할 때는 그가 열등 의식이나 권력에 사로잡혀 행동에 크게 영향을 받는 것을 의미한다. 그런데 어떤 사람이 콤플렉스를 가지고 있을 때 그것은 의식의 인지 수준에 놓여 있지 않고 개인 무의식 속에 존재하기 때문에 그 지배를 받고 있는지를 깨닫지 못한다. 콤플렉스란 실질적으로 우리 주변에 있는 것들—즉 어떻게 세계를 지각하며 어떤 가치와 흥미와 동기를 가질 것이냐 하는 것을 결정하는 것이다.

융은 처음에는 콤플렉스가 아동기에 일어난 공격적 사건에서 비롯된다고 믿었으나 후에 더 깊은 경험에서 파생된다는 사실을 깨닫게 되었다. 그에게는 콤플렉스가 종의 진화사에서 겪은 어떤 경험, 즉 유전이라는 기제(hereditary mechanisms)를 통해서 한 세대에서 다음 세대로 계승되는 경험 같은 것으로 느껴졌다. 마치 우리 각자가 과거의 경험을 쌓아 정리해 보관하는 것처럼 인간이란 종도 그렇게 해왔다. 이러한 우주 진화 경험의 저장고인 **집단 무의식**은 성격의 가장 접촉하기 어려운 깊은 수준에 존재하며 한 인간 성격의 토대가 된다. 집단 무의식은 현재의 모든 행동을 지시하므로 성격에는 가장 큰 힘을 미치게 된다.

그러나 인간이 태초에 경험한 것들은 무의식적인 것이어서 우리가 그것을 인식할 수 없다는 것을 기억해야 한다. 우리는 의식적으로 그것들을 기억하거나 상상하지 않는다(한 번 의식에 있었던 개인 무의식의 내용물을 축적하는 것도 마찬가지이다). 대신에 그 태초의 경험들은 우리들 속에, 조상들과 같은 방식으로 지각하고 생각하고 느끼는 소인(素因, predisposition)이나 경향성으로서 존재하고 있다. 그 경향성이 우리 행동에 실제로 나타날 수 있는지 혹은 인식될 수 있는지의 여부는 앞으로 직면하게 될 특정한 경험들에 의해 결정된다.

예를 들면, 원시 조상이 어둠을 두려워했고, 그와 같은 방식으로 행동하는 하나의 소인을 물려받았다고 하자. 이것이 자동적으로 어둠을 두려워하도록 우리 가 키워졌다는 의미는 아니다. 낮에 빛이 있는 것보다 어둠을 쉽게 두려워한다는 뜻이다. 이러한 경향성은 내재하는 동안 그 소인을 현실화시킬 적절한 경험(말하자면 어두울 때 악몽에서 깨어나는)만이 필요하다. 융은, "자신이 태어날 세계에 대한 모습은 실제적 이미지로서 이미 자신과 함께 타고난다"[7]고 기술하고 있다. 즉, 우리는 조상들이 세계에 반응했던 방식으로 세상에 반응할 소지가 있다는 것이다.

---

7 C. G. Jung, *Two Essays on Analytical Psychology* (New York: Pantheon, 1953), p. 188. (Bollingen Series xx, Collected Works of C. G. Jung, Vol. 7.)

또 하나의 예로서, 융의 이론에 의하면 우리는 어떤 정해진 방식으로 어머니를 지각할 수 있는 소인을 타고난다. 일반적으로 어머니는 지나간 세대의 어머니들이 행동했던 것처럼 행동한다는 것을 생각해 보면 우리의 소인은 경험하고 있는 현실과 일치할 것이다. 타고난 우리 세계의 본질은 우리가 경험을 지각하고 반응하는 방식을 사전에 제시해 준다.

융은 다양한 문화를 연구할 때 어느 시대, 어느 장소나 유사한 경험과 주제와 상징성을 공유하고 있다는 것을 알았다. 또한 그 주제들이 자기 환자들의 꿈이나 환상 속에서 반복되고 있다는 것도 발견했다. 고대와 현대의 이러한 일치성은 그로 하여금 어떤 경험들은 수세대 동안 거듭 반복되어 심령 속에 새겨져 있다고 믿게 했다.

이 우주적 경험은 우리에게 심상(心像, image)으로 확실하게 되거나 표현되는데 융은 이를 **원형**(原型, archetype)이라 불렀다. 그의 정의에 따르면, 원형이란 어떠한 것들이 만들어지게 되는 기본 모형이다. 그것은 나중에 형성되는 이미지에 대한 하나의 귀감이거나 본보기이다. 융은 그의 연구의 일부로 탄생 · 죽음 · 권력 · 신 · 악마 · 대지 등의 예를 들어 여러 가지 원형을 구별해서 논했다. 인간사의 전형적이고 반복적인 무수한 경험만큼이나 많은 원형들이 있다.

이 여러 가지 원형 중에서도 몇 개는 우리 삶에 특히 중요한 것으로 융에게는 생각되었다. 그것들은 좀더 충분히 발달되고 세력이 있는 것들로 그 중에는 페르소나(persona), 아니마(anima)와 아니무스(animus), 그림자(shadow)와 자기(self)가 포함된다.

**페르소나**란 원래 배우가 다른 얼굴이나 역할을 청중에게 나타내기 위해서 쓰던 가면을 일컫는 말이다. 융도 같은 의미로 페르소나란 자신이 아닌 다른 어떤 것으로 나타내 보이려고 사용하는 가면이라고 정의한다. 그것은 연기를 할 때와 마찬가지로 그때 그때의 상황이나 타인들의 요구에 맞추어서 어떤 행동이나 태도를 적응시키는 것이다.

우리는 살아가면서 많은 역할을 하고 여러 가지의 가면을 쓴다. 판사가 법정에서 쓰는 가면과 점심 시간에 여류 명사 앞에서 쓰는 가면은 종류가 다르다. 회의석상이나 가정에 돌아가 가족과 있을 때는 다시 바꾸어 그때 그때의 상황에 적합하다고 여겨지도록 적응하여 남들이 그에게 기대한다고 생각되는 방식으로 행동하게 된다. 우리 모두가 그런 수법을 쓰는 이상은 다른 가면을 쓴다는 것이 그다지 해로운 것 같지는 않다. 실제로 현대 생활의 복잡한 사건들에 대처하기 위해 융은 페르소나가 유용하며 필수적이기까지 하다고 믿었다.

그러나 페르소나는 매우 해로울 수도 있다. 만약 어떤 사람이 그 페르소나가 진정한 자기의 본성을 반영하고 있다고 믿는다면 그는 단순히 그 역할을 하고 있는 것이 아니라 그 역할자 자체가 되어 버린다. 그 결과 그 사람의 자아는 오로지 페르소나와만 동일시되어 성격의 다른 국면들은 충분히 발달하지 못하게 된다. 그 사람은 진정한 자기(self)로부터 소외되어, 팽창한 페르소나와 축소된 다른 성격의 국면들 사이에 긴장이 생긴다. 이런 현상은 심리적 건강을 방해한다. 융은 그런 사람들이 (대개 중년기 무렵에) 진정한 자신을 표현하지 않았기 때문에 그들 자신마저 기만하여 거짓된 삶을 살았음을 인식하게 된다는 사실을 깨달았다. 건강한 성격이 목표로 하는 것은 페르소나를 축소시키고 나머지 성격을 개발하는 것이다. 물론 모든 역할이 속임수이다. 건강한 사람과 건강하지 못한 사람의 차이를 보면, 후자는 다른 사람들뿐만 아니라 자기 자신마저도 속인다. 건강한 사람들은 자기들이 연기를 하고 있다는 것을 아는 동시에 자기 내면의 본질을 안다.

연관된 한 쌍의 원형(archetype)으로 **아니마**와 **아니무스**가 있다. 우리 각자는 생물학적으로 심리적으로 다 이성(異性)의 특질과 성격을 갖는다. 생물학적으로는 양성(兩性)이 모두 이성의 호르몬을 분비한다는 것이고, 심리적으로는 모든 사람이 남성적 혹은 여성적인 방식으로 행동한다는 것이다. 다시 말해 여성의 성격이 남성적 요소(아니무스 원형)를 포함하고 남성의 성격이 여성적 요소(아니마 원형)를 포함한다. 이 원형들은 남녀가 수없이 오랫동안 같이 살면서 각 성(性)이 이성(異性)의 성격을 약간씩 받아들이는 과정상의 경험에서 발달되었다. 이런 원형들을 통해서 우리는 어느 정도 이성을 이해할 수가 있다. 우리는 그 속성 중의 어떠한 것을 좋아할 소인을 가지고 있는데 이러한 것이 이성과 적응해 함께 살아가는 데 도움을 준다.

이 원형들의 심리적 건강을 위해서 우리 각자는 양쪽을 모두 표현하는 것이 중요하다. 그 말은 남녀 모두 동시에 자기의 성별에 맞는 능력을 나타내는 한편 남성은 여성적 성격(온화함 같은 것)을, 여성은 남성적 성격(공격성 같은 것)을 표현해야 한다는 것이다. 한 사람이 양성적 본성을 모두 표현하지 못하면 건강한 성격은 이루어질 수가 없다. 그러한 표현이 이루어지지 않는다면 이 매우 중요한 이성적(異性的) 성격은 발달하지 않은 채 잠복해 성격의 일부가 억압되고 한쪽으로 치우치게 된다. 융의 견해에 따르면 심리적 건강을 손상시킬 수 있는 이 편중성은 성격 전체의 충분한 발달과 표현을 저해하는 것이다. 모든 분야가 조화롭게 발달해 어떤 부분도 다른 부분을 희생시키며 성장되어서는 안 된다.

**그림자**는 가장 강력하지만 잠재적으로는 해로운 원형이다. 그것은 인류의 조상으로부터의 원시적 동물 본능을 포함하고 있어 가장 깊이 뿌리를 내리고 있다. 이것은 인간 본성의 양측이 모두 표현되어야 하는 선한 국면과 악한 국면을 포함하고 있으므로 특히 문제시되는 원형이다.

부정적인 측면에서 그림자는 사회가 사악하고 죄를 짓는 것이고 부도덕하다고 생각하는 모든 충동을 포함한다. 그런 까닭에 그림자는 어두운 측면으로서 다른 측면들과 조화롭게 진보되기 위해서는 약화되어야 한다. 우리가 이런 동물적이고 원시적인 충동을 억압하지 못하면 사회의 관습이나 법률과 충돌하기 쉽다. 그러므로 문명 세계의 인류가 되기 위해 그림자의 힘을 제어해야 하지만 그들을 완전히 억압해 버리면 그것이 가진 바람직한 특질을 감소시키거나 파괴시킬 염려가 있다. 그림자는 동물 본능의 근원일 뿐 아니라 자발성 · 창의력 · 통찰력, 그리고 깊은 정서 등을 포함하는데, 이것이 완전히 억압당했을 때 성격은 극히 가치 있는 과거의 본능적 지혜로부터 차단당해 무기력하고 생기가 없어진다고 융은 생각했다.

그러나 그림자를 완전히 억압해 사람의 행동을 세련되게 하고 그림자가 긍정적으로만 표현되게 하는 것은 바람직하지 않다. 건강한 성격을 갖기 위해서는 여기서도 역시 성격의 한 부분을 배제하고 다른 한쪽 면, 혹은 부분만을 지나치게 억제하거나 발달시킬 수 없다는 이야기를 하게 된다. 우리가 이제껏 살펴본 바와 같이 서로 상반되는 것들이 조화롭게 섞이고 균형을 유지해야 한다는 것이 융의 건강한 성격 이론의 기초가 되고 있다.

자아가 그림자의 지배력을 조절해 양면이 균등하게 표현될 때 그 사람은 생기 있고 박력 있으며 삶에 열의를 갖게 된다. 그리고 정서와 의식이 다 같이 강력하므로 정신적 · 육체적 영역에 모두 주의를 기울일 수 있고 반응할 수 있다. 융은 그림자가 균형을 이루고 있을 때의 동물적 본능의 몇몇 표현이, 창조적인 사람들을 그렇게 생기 있고 폭발할 듯 활력 있게 보이게 하는 이유라고 생각했다. 그림자가 완전히 억압되어 있을 때는 성격이 단조롭고 무기력할 뿐만 아니라 자기 본성의 어두운 부분이 반란을 일으킬 가능성마저 있게 된다. 나쁜 동물적 본능은 억압한다고 사라지는 것이 아니다. 자아 속에서 잠복하고 있다가 위기나 취약기가 오면 지배권을 다시 장악할 수가 있다. 그렇게 되면 사람은 무의식부의 지배를 받게 되는 건강하지 못한 상태가 된다.

가장 중요한 원형은 **자기**(self)이다. 융은 그것을 생의 궁극적 목표라고 생각했다. 자기란 성격 모든 부분의 통일성 · 완전성, 그리고 전체성을 향해 노력하는 것을 말한다. 그런 자기가 발달되었을 때 사람은 자기와 세계가 조화되었음을 느낀다. 미발달 혹은 불충분한 발달 상태에 있는 자기는 성격이 뒤죽박죽된 상태에서 심리적 건강을 충분히 누릴 수 없게 된다. 자기라는 원형은 성격의 모든 부분을 한데 묶어 균형 있게 하는 것, 즉 성격의 중심점을 자아로부터 의식부와 무의식부 중간 지점으로 옮겨놓은 것과 같은, 의식과 무의식 과정의 동화가 이루어지게 하는 것과 같다. 그러므로 무의식으로부터 온 자료가 좀더 활동적인 성격의 일부가 된다.

완전한 자아의 인식이나 실현은 어렵고도 인내를 요하는 오랜 작업이며 완전히 성취하기란 거의 불가능하다. 우리 대부분이 끊임없이 노력은 하지만 거의 도달할 수 없는 하나의 목표이다. 그러므로 자신은 동기를 갖게 하는 힘으로 작용하고 목표를 항상 미래에 두어 사람을 앞으로 끌어당긴다.

자기 인식을 위해서는 자신에 대한 객관적 지식이 필요하다. 먼저 자기의 본질을 알지 않고는 자아를 실행할 수 없다고 융은 쓰고 있다. 이것이 자기 인식으로 접근해 가는 데 상당히 오랜 시간이 걸리는 이유이며, 자기에 대한 지식을 갖기 위해서뿐만 아니라 훈련 · 인내력 · 지속성 등 고된 작업이 필요하다. 또 한 가지 자기 인식을 위해 요구되는 조건은 여러 부분이 충분히 발달하는 것인데 그것은 중년에서야 비로소 이루어진다. 그러므로 융의 일생에서와 같이 우리는 인간의 발달 단계에서 중년기가 심리적 건강을 성취하는 데 가장 결정적 시기라는 것을 알 수 있다.

## 성격의 발달

많은 심리학자들은 프로이트를 따라 인간의 성격 발달은 5세 전후에 끝나는 것이라고 믿었다. 이 견해에 따르면 성격형과 본질은 유년기나 아동 초기의 경험에 의해 결정되며, 그 이후에는 성격이 변할 가능성이 거의 없다고 본다. 몇몇 학자들은 성격은 청년기까지 계속 발달한다는 견해를 갖고 있으나 5세 때에든 15세 때에든 어린 시절에 형성된 것이 일생 동안 우리의 본성이라는 모양을 형성하고 있다는 데 의견이 일치한다. 성인 초기나 중년기 · 노년기에는 이미 형성된 성격을 다듬거나 확고히 하는 것에 불과하다고 보았다.

융은 처음으로 이 문제를 연구하기 시작하여, 성격 발달은 일생 동안 계속되며 35세에서 50세 사이에는 변화를 경험하게 된다고 생각한 사람이다.[8] 이 견해는 현재 위기의 중년기를 겪고 있는 사람에게뿐 아니라 이 변화기를 앞둔 사람들에게 희망을 준다. 적어도 우리는 아동 초기의 경험 속에 갇혀 있으라는 선고를 받은 것은 아니다.

융은 성격 발달을 아동기, 청년 및 성인 초기, 중년기 그리고 노년기의 4단계로 기술했다. 그는 **아동기**가 성격 형성에 특히 중요한 시기

8 머슬로도 역시 중년기가 중요하다는 것을 인식했지만 융이 머슬로보다 훨씬 앞서 제시한 바 있다.

라고는 생각하지 않았다. 유아의 행동은 본능에 의해 지배되므로 심리적 문제는 있을 수도 없고 사실상 있지도 않다. 왜냐 하면 문제란 의식부에 자아가 존재해야 생기는 것인데, 이 시기에 자아는 아직 형성되지 않았기 때문이다. 유아는 배를 채우고 배설하고 잠자는 것에 관심이 집중될 뿐이다.

자아는 아동기에 처음 원시적인 방식으로 발달하기 시작하나 독특한 자신이나 주체 의식은 없다. 아동의 '성격'은 부모의 성격을 반영하는 데 불과하다. 그러므로 부모는 어린이를 대하는 행동을 통해서 성격 형성에 도움이 되는 역할을 하기도 하고 오히려 완전한 발달을 저해하기도 한다. 예컨대 자식이 자기 분신이기를 원해 자기 성격을 아이에게 강요하는 수가 있다. 혹은 자기 결점의 대리 성격을 아이에게 강요하는 수가 있다. 혹은 자기 결점을 대리 보상받기 위해 자기와 완전히 다를 것을 기대하기도 한다.

성격 발달의 제2단계인 **청년 및 성인 초기**는 일정한 성격 형태와 내용이 발달하는 사춘기에 시작된다. 융은 사춘기를 '심리적 탄생기(psychic birth)'라고 불렀는데 많은 문제와 갈등, 또한 적응의 시기이다. 현실 세계가 청년에게 아동기의 행동과 환상으로는 대처할 수 없는 새로운 요구를 한다.

청년기부터 성인 초기에 다가오는 첫 임무는 직업에 대한 준비와 성인으로서의 책임을 맡을 준비를 하는 것이다. 교육에 초점이 맞춰지고 난 후 직업을 갖기 시작하고 결혼하여 가정을 꾸민다. 활력은 자신으로부터 떨어져 나와 외부로 향하고 태도는 대개 외향적이다. 의식이 지배적이고 인생의 목표는 이 세상에서 성공해 자기의 위치를 공고히 다지는 것이다. 성인 초기는 성공한 이에게는 도전의 시기이며 새로운 전망과 새 영역과 성취의 연속이다. 젊은 성인은 인생의 자극에 대해 매우 열광적인 열의를 쏟는다.

그러나 40대쯤에는 **중년기**가 닥쳐와 우울증과 성격 변화를 유발한다. 중년기에는 대부분 생의 요구에 비교적 잘 적응해 상당한 만족감을 맛보는 시기이다. 직업상으로나 사회적 · 가정적으로나 안정되고, 경제적으로도 안정된다. 우리들 대부분에게는, 몰아치고 갈구하던 시기에 대한 성과가 나타나 안정감을 갖고 인생을 즐기기 시작할 수가 있는 시기이다. 이것이 융이 고된 시련을 경험하던 바로 그 상황이었고, 그의 환자 중 3분의 2도 인생에서 똑같은 단계에 처해 있었다. 인생의 중간점에서 도대체 무엇이 잘못되었단 말인가? 어째서 마침내 성공을 했는데도 절망과 비참함과 무가치함을 느낀단 말인가? 융은 자기의 환자들에게 귀를 기울여 그들과 본질적으로 같은 이야기를 나누었다. 그들은 모험과 인생의 자극적인 맛과 열망이 모두 사라져 버렸다고 하고 삶의 의미를 잃은 채 공허와 무감각만을 느꼈다. 융은 인생의 시기(자신과 자기 환자들의)를 분석할수록 그런 격렬한 성격 변화는 불가피하고 범세계적인 것이라고 믿게 되었다. 중년기는 성격상 필연적이고 유익한 변화를 경험하는 자연스러운 과도기이다.

얄궂게도 융은 중년기를 맞은 사람들이 인생의 요구를 충족시켰다는 느낌을 가지면서도 변화를 경험하는 원인을 찾아냈다. 인생의 전반기는 준비 활동으로 많은 정력을 소비하나 40대쯤에는 그 준비가 끝나 버려 인생과의 도전이 충족되어 버리는 것이다. 사람에게는 아직도 정력이 남아 있지만 소비할 곳이 없다. 그러므로 인생의 다른 측면에 재투자되어야 한다.

융은 인생의 전반기는 외부 세계에 관심을 기울인다고 기술했다. 인생의 후반기는 이제껏 게을리해 왔던 주관적 내면 세계에 헌신해야 한다. 성격의 태도면에서도 내향적이 된다. 이전엔 의식부에 집중되던 것이 무의식의 경험을 깨달음으로써 조절된다. 흥미는 육체적이고 물질적인 데서 종교적 · 철학적이며 직관적인 쪽으로 옮겨지고, 자아를 인식하는 과정이 시작되기 위해 예전의 편중성(의식부에의 집중)은 성격의 모든 부분의 조화로 대치된다.

중년에는 젊은 시절의 가치관—금전과 특권 · 명성 · 지위를 계속 갈구할 수가 없다. 그것들은 이미 의미를 잃어버렸으므로 인간은 말할 수 없는 절망에 빠지게 된다.

융은 이런 의미를 찾으려는 노력이 우리 삶에서의 하나의 가치인 종교의 침식 때문에 점차 어려워진다고 믿었다. 새로운 가치와 신선한 동기, 삶을 바라보는 새로운 안목이 필요하다는 사실에서 벗어날 수는 없다. 의식부와 무의식부를 조화롭게 통합하고 자신의 내면의 존재를 경험한 사람은 긍정적인 심리적 건강, 즉 융이 **개별화**(individuation)라고 부른 상황을 성취할 수 있는 위치에 서게 된다.

성격 성장의 마지막 단계는 **노년기**이다. 융이 노년기에 대해 저술한 바는 거의 없지만 일생의 초기와 마지막 기간에 대해 저술한 것이 있다. 노년기나 아동기는 무의식부가 지배적이어서 성격은 완전히 그 속에 잠긴다. 나이든 사람들은 과거를 되돌아보아서는 안 된다. 그들에게도 미래를 향한 목표가 필요하다. 사후의 삶에 대한 약속(목표)에 집착하는 사람은 거의 없기 때문에 종교적 가치의 설득으로 무마하는 것도 역시 문제가 있다. 그러나 죽음의 불가피성은 어느 정도 그 자체가 하나의 목표이므로, 우리가 바라보며 노력할 목표로서 다루어야 한다. 우리의 심리적 건강은 여기에 있다.

## 존재의 개별화를 이룬 사람

융의 건전한 성격론에 대해 좀더 이야기해 보자. 우리는 이미 심리적 건강을 위한 몇몇 필요성에 대해 언급했다. 우리의 임무는 통일된 전체를 형성하기 위해 그런 개념들을 한데 모으는 것인데, 본질적으로 그것은 어떻게 개별화 과정이 진행되는가 하는 것이다.

개별화에 첫 번째로 요구되는 것은, 인식하지 못하던 자신의 부분을 인식하는 것이다. 이 일은 중년까지는 일어날 수 없다. 융은 개별화 과정을 독특한 개인, 하나의 동일체적 존재(homogeneous being)가 되어가는 것으로 규정지었는데 그것 역시 자기 자신이 된다는 뜻이 내포되어 있다. 그러므로 우리는 개별화를 '자기답게 되는 것(coming to selfhood)' 혹은 '자기 인식(self-realization)'으로 해석할 수 있다.[9]

개별화는 본능적인 것으로서 노력을 한다 해도 거의 도달할 수 없는 목표이다(융은 완전히 개별화를 이룬 성격으로서 예수와 석가를 예로 들었다). 개별화를 위한 노력으로서 우리는 생애 전반기에 지침이 되었던 행동 · 가치 · 사고 방식을 버리고 무의식부에 도달해야 한다. 우리는 융이 했던 것처럼 보류나 억제 없이 대담하게 마음의 문을 열고 무의식과 대결해야 한다. 무의식의 소리를 인식 속으로 끌어들여 그것이 말하는 것을 듣고 받아들이고 따라야 한다. 촉각을 세워 꿈과 환상에 귀를 기울여야 한다. 우리는 의식적이고 이성적인 사고를 무의식부의 자발적인 흐름대로 맡김으로써, 그림, 글짓기 혹은 다른 형태의 표현 방식 속에서 융이 말한 '창조적 상(creative imagination)'을 연습해

---

9 C. G. Jung, *Two Essays on Analytical Psychology* (New York: Pantheon, 1953), p. 171. (Bollingen Series xx, Collected Works of C. G. Jung, Vol. 7.)

야 한다. 무의식은 진정한 자신을 우리에게 표출해 준다.

그러나 이 무의식의 힘이 우리 삶에 유입되도록 하는 것이 무의식의 힘에 의해 지배받는다는 것을 의미하지는 않는다. 그 표현을 받아들여 무의식적 과정과 조화를 이루게 한다는 뜻이다. 그러므로 의식과 무의식의 힘은 동등한 협력자가 된다.

개별화를 이룬 사람에게는 성격의 어느 영역도 의식부나 무의식부에 의해서, 특정한 기능이나 태도에 의해서 혹은 원형의 어느 것에 의해서도 한쪽 측면만의 지배를 받지 않는다. 모두가 조화로운 균형 상태로 받아들여진다.

이렇게 성격의 의식적 측면에 대한 강조가 약화되었다는 것이 건강한 사람의 삶은 이성적 요소의 지시를 덜 받는다는 뜻인가? 융에 따르면 그것은 사실이며 그럴 필요가 있다는 것이 확실하다. 이성에 입각한 원칙에 따라서만 생활하는 것은 우리가 완전한 인간성을 획득하는 것을 어렵게 한다. 융은 "인간은 이성만으로 된 창조물이 아니며, 또 될 수도 없기 때문에 우리를 이성과 동일시해서는 안 된다"[10] 라고 말하고 있다. 무의식의 비이성적 힘은 계속 무시당하기에는 (생의 전반기에 성공하려고 노력할 때 그러하듯) 너무나 중요한 인간 본성의 일부이다.

개별화에 두 번째로 요구되는 것으로는, 성인 초기의 물질적 목표와 그것을 가능케 했던 성격 특성을 포기하는 것이 포함된다. 인생 전반기의 목표가 후반기에는 무의미해지며, 태도와 기능도 마찬가지이다. 성인 초기에는 한 가지 태도(외향성 혹은 내향성)와 한 가지 기능(감각 · 직관 · 사고 혹은 감정)이 지배하고 있었고 다른 것들은 부수적이었던 것을 상기해 보라. 인생 전반기에는 그렇게 필수불가결했던 성격의 편중성이 후반기에는 전혀 적절하지 않게 된다. 개별화를 이루면 어느 하나의 기능이나 태도가 우세하지 않게 된다. 모든 것이 표현될 수 있으며 실제로 그래야 한다. 성격의 이러한 측면들이 모여 균형을 이룬다.

예를 들어 20대에 외향적이었다면 중년기에는 내향적인 특징도 의식하게 된다. 행동이 사고 기능에 의해 지배되었었다면 감각 · 직관 · 감정 기능 역시 의식하게 될 것이다. 전에는 상반되게 존재하던 특성이나 특질이 이젠 모두 표현되는 것이다.

융은 한 가지 태도나 기능이 우세한 것을 **심리 유형**이라고 칭했다. 이 심리 유형이 한 사람을 타인으로부터 구별하는 주된 기준이 된다. 그런데 개별화되면 이율배반적으로 그 사람은 소위 사고형이나 외향성 또는 내향성 감정형으로 분류될 수 없게 되어 개인을 구별하는 이런 범주는 사라지게 된다. 그러므로 개별화를 이룬 사람들에게는 매우 유사한 점들이 있다.

중년기 성격의 또 다른 변화는 원형 본질의 변화이다. 개별화 기간 동안 페르소나, 그림자 그리고 아니마나 아니무스에 변화가 생긴다. 사실상 개별화가 일어나기 위해서는 이러한 변화가 필수적으로 요구된다. 우선적인 변화는 페르소나를 분해하거나 몰아내는 것이다. 우리가 쓰고 있는 가면들, 우리가 하고 있는 사회적 역할들은 중년기에도 계속된다. 즉 다른 많은 사람들과 아직 접촉을 해야 한다. 그러나 우리가 대중적 성격을 지니고 있다 하더라도 그것이 우리의 진정한 본성을 표출하지 않을 수도 있다는 것을 알게 된다. 우리는 페르소나의 하부까지 도달해서 페르소나가 덮고 있는 순수한 자신을 파악해야 한다. 다시 말해 우리는 자기 자신이 되어야 하는 것이다.

그리고 나서 개별화를 이룬 사람으로서 우리는 파괴적이기도 하고 건설적이기도 한 그림자의 전체를 깨달아야 한다. 파괴성 · 이기심 같은 동물적이고 원초적인 충동들, 즉 우리 본성의 어두운 측면을 이해하고 받아들여야 한다. 이것은 그림자에 흡수되어 그의 지배를 받는다는 뜻이 아니고 단순히 그 존재성을 인정한다는 것이다.

인생의 전반기에 우리는 페르소나의 도움으로 우리들의 어두운 측면을 덮어 둘 수가 있었다. 다른 사람들에게 우리의 좋은 면만을 알려 주고 싶어했다. 그림자는 다른 이들에게 매우 효율적으로 숨겨졌기 때문에 자기에게까지도 그 존재는 숨어 버린다. 개별화가 성공적으로 이루어지기 위해 이러한 것은 변화되어야 한다. 이것이 자기를 알아가는 과정의 일부이며 이것 없이 자기 인식은 불가능하다. 우리의 삶에 열정과 자발성과 활력을 주는 것이 그림자의 동물적인 경향이므로 그림자에 대해 좀더 많이 깨닫는 것은 우리 성격을 더욱 깊은 차원으로 형성할 수 있게 한다. 우리는 성격의 한 부분을 다른 것들과 좀더 조화를 이루도록 이끌어 간다. 본성의 좋은 면만을 인식하는 것은 성격 발달의 편중성을 초래한다. 성격의 여러 상반된 성분처럼, 이런 차원의 양쪽 측면이 개별화가 이루어질 수 있기 전에 표현되도록 해야 한다.

개별화 과정의 다음 단계에선 심리적 양성화(psychological bisexuality)가 필요하다. 남자는 아니마(여성적) 기질을, 여자는 아니무스(남성적) 기질을 표출하게 되어야 한다. 개별화 과정의 모든 단계가 다 어려운 것이지만 자기의 양성적 특질과 특성을 인식하는 것은 분명히 가장 어려운 것이다. 그것은 이전의 자아상으로부터의 커다란 변화, 가장 급속한 이탈을 의미한다. 우리 본성의 양면성이 표현되어, 독점적이고 지배적인 어느 한 부분을 대치하여 균형을 이루어야 한다. 우리가 양성적(兩性的, bisexual) 본성을 받아들인다는 것은 누구나 의심할 여지가 없는 (혹은 인정하는) 창의력의 새로운 원천을 열게 되고 또한 아동기에 받았던 영향에서 궁극적으로 해방되는 데 기여한다. 융은 아니마와 아니무스가 자유롭게 표현될 때에야 비로소 남성은 어머니로부터, 여성은 아버지로부터 자유로워진다고 기술했다.

융은 다른 이론가들처럼 건전한 성격의 특성을 나열해 제시하지 않았다. 그러한 사람의 상세한 초상화를 만들지는 않은 것이다. 그러나 단편적으로 그의 글들을 모아 제작해 보면 하나의 사진은 아닐지라도 개별화를 이룬 사람의 인상적 그림이 될 수 있는 충분한 영상이 떠오른다. 그러나 이 영상은 내가 융의 이론 체계 속에서 특징들을 추출해서 정리해 본 것뿐이며 그가 명백하게 진술한 것은 아님을 기억하기 바란다.

개별화를 이룬 사람들은 중년기 이후를 맞아 그 시기에 겪게 되는 성격 본성 변화라는 최대의 고비를 뚫고 나간 이들이다. 그들은 자신 · 야망 · 삶 · 소망, 그리고 목표에 대해 명상하며 여러 해를 보냈을지도 모른다. 그들은 무의식부가 표출되도록 허용했기 때문에 이전에 억압되었던 본성의 일면을 깨닫게 된다. 그 결과 개별화를 이룬 사람은 최고 수준의 **자기 인식**을 이룩하게 되는데, 즉 그것은 의식부와 무의식부 양쪽 수준에서 모두 자기를 인지하는 것이다.

자기 인식과 함께 **자기의 수용**이 가능해진다. 개별화를 이룬 사람은 자기 탐구 시기에 자기에게 드러나는 본성—장점과 약점, 성스러운 면과 악마적인 면을 받아들인다. 각각 다른 상황에서 다른 페르소나를 쓰지만 오로지 사회적 편의를 위해서만이다. 개별화를 이룬 사람은 연기를 한다는 것을 알면서도 그 역할과 진정한 자신을 혼동하지 않는다.

개별화를 이룬 사람의 세 번째 특징은 **자기의 통합**이다. 성격의 일부분이 전체와 통합되고 조화를 이루어 모든 것, 즉 이성적(異性的) 특성과 아울러 이전에는 지배적이지 못하던 태도와 기능 등 무의식부의 총체가 표출될 수 있다. 생애 처음으로 어떤 국면도, 태도도, 기능도 어느 한 가지가 지배를 하던 것에서 벗어나게 된다.

성격의 통합과 표현은 심리적 건강에 중요한 비중을 차지하므로 **자기 표현**을 개별화를 이룬 사람의 네 번째 특성으로 생각해야 한다.

그런 사람은 대체로 **인간 본성을 관대하게 수용한다**. 그들은 집단 무의식(인류가 경험한 모든 것의 저장소)에 대해 대단히 개방적이어서 인간 상황을 좀더 잘 자각하여 관대함을 지닌다. 그들은 우리 모두에게 영향을 끼치는 인류 유산의 힘을 인식하기 때문에 다른 사람들의 행동을 더욱 깊게 통찰할 수 있는 듯하다.

건강한 사람들은, 융 자신이 그랬던 것처럼, **불가사의한 것과 신비스러운 것을 받아들이는 특징**이 있다. 건강한 사람들이라고 해서 이성적으로만 창조된 존재가 아니므로 그들은 무의식과 비이성적 요소를 의식 속에 포함시킬 수 있다. 그들은 이성과 논리를 무시하지 않으면서 꿈과 환상에 관심을 가질 수 있고 무의식의 힘으로 의식을 누를 수도 있다. 불가사의한 것과 신비스러운 것을 받아들이는 것은 초자연적이고 영적인 현상에서부터 통찰력을 가지고 신을 믿는 현상까지 포함하는 것이다.

건강한 사람은 **보편적 성격**(universal personality)을 가졌다고 융은 말했다. 더 나아가 성격(태도 · 기능 · 원형의 모든 측면에서)의 어느 한 면이 지배적이 아니므로 개개인의 독특함은 사라진다. 이러한 사람은 더 이상 어느 특정한 심리 유형에 속하는 사람으로 설명할 수가 없다. 25세에는 지극히 남성적이고 외향적이며 감정형(感情型)이었던 사람도 일단 개별화가 진행되기 시작하면 독특한 성질을 잃게 되므로 어떤 특정한 심리 유형으로 그를 분류하기가 불가능하다.

## 개인적 논평

융의 이론은 어느 건강한 성격 이론과도 다르다. 이성(理性)과 논리의 의식적 요소를 강조하는 20세기의 이론과는 동떨어져 있는 듯하다. 논란의 여지도 많고 초월주의 · 초자연주의와 종교의 혼란스러운 혼합물로 보이기도 한다. 그러나 많은 사람들에게는 호의적으로 받아들여지기도 했다. 대체로 융의 업적은 심리학이나 정신병리학에서보다 종교 · 역사 · 예술 · 문학 분야에서 더 많은 인정을 받아 왔다.

융은 살아가는 의미의 부재, 과거나 자연과 일맥상통하는 뿌리나 연결의 부족 등 20세기 후반기의 존재적 특성이라고 많은 사람들이 생각하는 인간의 상태에 대해 저술했다. 많은 사람들이 이성과 과학을 지나치게 강조하고 더 넓고 영혼적이며 철학적인 가치에 대한 안목을 잃어버렸다. 이런 면에서 융의 위치는 극단적이 아니고 온건하다. 그는 이성을 단념하거나 무의식의 통제에 굴복해야 한다고 주장하지는 않았다. 우리는 이성을 발휘하되 무의식의 힘을 좀더 잘 인식함으로써 조절해야 한다. 이런 상반된 부분들을 균형과 통합에 이르게 하는 데에 그 관건이 있다.

이제부터는 특정한 문제에 대해 이야기해 보자. 융의 외향성 · 내향성이라는 개념은 널리 받아들여지고 있다. 그러나 지나치게 광범위하고 단순한 의식부 안의 분류라는 반론이 제기되고 있다. 실제로 이것은 융도 인식하고 있던 것이어서 좀더 완전하게 세계를 지각하고 반응하는 것을 설명하기 위해 사고 · 감정 · 감각 · 직관이라는 기능군을 도입했다.

나에게는 여덟 가지 심리 유형으로 태도와 기능을 조합시킨 것이 다양한 인간의 행동을 총괄하기에 충분한지는 의문이다. 융의 심리 유형은 일반적인 의미로만 적용이 가능한 것 같다(그리고 이런 것은 어떤 이론에서나 마찬가지이기 때문에 연구가 가능한 것이라고 말할 수 있을 것이다).

융의 집단 무의식에 대한 이론은 대부분 받아들이기 어렵다. 우리가 개인 무의식에 축적된 개인적 경험에 의해 영향을 받는 것은 분명한 것처럼 나도 생각한다. 과거에 직면해서 맞섰던 경험과 자극을 받아 생기는 변화 외에 무엇이 학습되는가? 그 경험들을 의식적으로 모두 기억하지는 못하지만 그 존재나 행동의 영향력은 부정하기 어렵다. 정신분석이나 인간 성격 연구를 한 다른 사람들도 언젠가 한 번은 의식에 있었으나 더 이상은 의식 속에 존재하지 않는 어떤 경험들에 의해 본성이 영향받을 수 있다는 증거를 제시한 바 있다. 그러나 집단 무의식이라는 사실은 내게 뚜렷하게 느껴지지 않는다. 원시 조상들의 기억에서 우리 인간들이 항상 생각하고 행동하는 것처럼, 생각하고 활동할 소인을 물려받았다는 것은 믿기 어렵다. 그런 견해는 지적으로나 정서적으로 흥미를 불러일으키는 것이기는 하나—그것은 나의 흥미를 자극시키기는 했다—나는 그에 대해 상당히 회의적이다. 인류의 진화는 어떤 공통적이고 보편적인 경험이 특징이라는 것은 알 수 있다. 어느 시대에든 인간에게는 탄생과 죽음, 어머니상(像), 혹은 일종의 신 같은 것이 있다. 그러나 이 경험들이 융이 제시한 것처럼 새로운 각 세대로 끊임없이 전해지는 것인가?

융은 자기와 환자들의 환상과 꿈 속에 공통된 주제와 상징이 있는 것을 알았다. 그는 그것이 서로 다른 문화와 시대에서도 공통된다는 것을 발견했다. 이런 사실들은 경험의 보편성을 증명하는 증거가 되긴 하지만 어떤 형식으로 유전된다는 결정적 증거는 되지 못한다. 인간은 여러 가지 이유에 의해 매시대마다 유사한 경험을 겪고 유사하게 반응한다는 것만을 지적할 뿐이다.

내가 의견을 같이하고 있는 융의 이론 중 한 가지는 중년기에 일어나는 성격의 변화를 의식한 점이다. 중년기의 남녀와 상담할 때 나도 융이 설명한 것과 같은 스트레스와 긴장감을 본다. 그 사람들은 삶이 진부하고 무의미하다고 불평하며 젊은 시절에 느꼈던 활력과 열정과 흥분을 갈망한다. 중년기의 추이에 대한 발달심리학 저서들을 살펴보면, 그 시기가 보편적이며 불가피한 성격 변화기라는 융의 견해를 뒷받침하고 있다. 중년기에는 자기의 주관적 · 본질적 내부를 향하게 되고 이제는 부적절해진 가치와 의미를 대신할 새로운 가치와 의미를 찾는 시기이다.

융의 건전한 성격의 본질에 관한 논의는 다른 이론가들만큼 분명하지는 않다. 따라서 융이 보는 건강한 사람은 어떠한지 정확하게 그려보기가 어렵다. 나는 그러한 사람들이 가지고 있는 특별한 성격 특징에 대해 좀더 알고 싶다. 그들이 자기 자신을 알고 받아들인다는 것, 타인 또한 받아들이고 그들에게 관대하다는 것, 자신과 성격 전체를 통합해 왔다는 것은 분명하다. 이런 일방적이고 다소 모호한 특성들 이상으로 우리들이 알지 못하는 것이 많다. 다른 이론가들은 이보다 자세하게 건강한 성격을 묘사해 제시했다.

융의 심리적 건강이라는 개념은 선택된 몇몇 사람에게만 적용되는 것이 분명하다. 자기의 인식이란 성공적으로 무의식과 충분히 대결할 여지가 있는 충분히 교육받은 영리한 사람을 위해 마련된 것이다(융의 환자들은 모두 이 범주의 사람들이었다). 그렇다면 대부분의 대중들은 발달의 최상 상태를 놓칠 운명에 있다.

융이 추구했던 궁극적 성격이 무엇이고 그 평가가 어떠하든 간에 그의 이론은 가장 선동적이고 도전적이었던 이론 중의 하나였음이 명백하다. 그의 저서들은 읽기가 어려운 반면, 넘치는 역사 의식과 인간 성격의 감추어진 측면에 깊은 경의를 가지고 있어 그는 놀라운 천재임에 틀림없다. 융의 통찰이 인간의 일반적 본질을 보여주는지 자기의 본질만을 보여주는지 앞으로 두고 볼 문제이다. 어쨌거나 그는 인간 성격이라는 수수께끼를 풀 수 있도록 하나의 흥미로운 형태와 모양들을 우리에게 남겨 놓았다.

## 참고 문헌


Bennet, E. A. *What Jung Really Said.* New York: Schocken Books, 1967.

Fordham, M., ed. *Contact with Jung.* Philadelphia: Lippincott, 1963.

Frey-Rohn, L. *From Freud to Jung.* New York: Putnam, 1974.

Jaffe, A. *The Myth of Meaning.* New York: Putnam, 1971.

Jung, C. G. *Modern Man in Search of a Soul.* New York: Harcourt, Brace, 1933.

____. *Two Essays on Analytical Psychology.* New York: Pantheon, 1953. (Bollingen series xx, Collected Works of C. G. Jung, Vol. 7.)

____. *The Development of Personality.* New York: Pantheon, 1954. (Collected Works, Vol. 17.)

____. *Memories, Dreams, Reflections.* New York: Vintage Books, 1961.

Jung, C. G., ed. *Man and His Symbols.* New York: Dell, 1968.

# 7 자아 초월의 사람

## 프랑클의 모형

빅터 프랑클(Victor Emil Frankl, 1905-1997)은 37세 때, 오로지 죽음만이 유일한 도피처처럼 느껴질 정도의 잔혹한 고문과 기아 · 핍박 등 악몽과 같은 3년간의 오디세이(Odyssey) 생활을 시작했다. 그의 지옥 같은 생활은 고향인 오스트리아의 비엔나에서 동북쪽으로 가는 기차에서부터 시작되었다. 1,500명의 승객들은 아무도 그들이 어디로 가고 있는지 알지 못했다. 프랑클이 탄 칸에는 80명의 승객이 있었다. 기차 안은 몹시 붐벼 짐꾸러미나 손에 들고 있던 소지품 위에서 잠을 자야만 했다.

기차는 며칠 밤낮을 계속 여러 도시와 광활한 들판을 지나갔다. 그러던 어느 날 이른 아침, 마침내 기차가 속도를 늦추며 역에 닿았다. 걱정스럽게 창문 밖을 내다보던 승객들은 그 곳이 어딘지를 알게 되었다. 그리고 곧 절망 속에 빠져들었다. 그 곳의 지명이 보였다. 어떤 사람들은 흐느껴 울었으나 대부분은 침울하게 입을 다물고 있었다. 그곳은 '아우슈비츠(Auschuwitz)' 였다.

날이 밝아오자 점차 악명 높은 나치의 죽음의 수용소 가시 철망과 감시탑이 눈에 들어왔다. 프랑클은 연이은 교수대에 시체가 매달린 모습을 상상했다. "나는 공포감에 사로잡혔다. 그러나 그것은 차라리 나았다. 왜냐 하면 우리는 차차 그 무시무시하고 끔찍한 공포에 익숙해져야 했기 때문이었다."[1]

그 해가 1942년, 빅터 프랑클은 동족 유대인 600만 명의 생명을 앗아간 극히 조직적이고 민완하게 행해진 살인마의 세계 속으로 끌려오게 되었다. 그는 살아남은 소수 중 한 사람인 것이다. 그러나 그의 심신은 이루 말로 다할 수 없는 고통, 즉 믿어 왔던 모든 것을 엄격히 시험해야 하는 가혹한 시련을 겪어야 했다. 아버지 · 어머니 · 형제 · 아내가—누이를 제외하고는 가족 전부가—그 대학살로 죽음을 당했다. 그러나 그는 살아남았다. 무엇보다도 프랑클은 저항할 수 없는 고통과 죽음의 문턱에서조차도 삶에 대한 의미와 목적을 찾을 수 있다는 신념을 굳건히 하며 시련을 견뎌낸 것이다.

프랑클의 저서 『인간의 의미에 대한 탐구*Man's Search for Meaning*』 서문에서 올포트(Gordon Allport)는 다음과 같이 쓰고 있다. "전 재산을 잃고, 가치는 모두 파괴당하고, 기아와 추위와 잔학성에 시달리며 언제 죽게 될지 모르는 상황 속에서, 삶이 영위해야 할 가치가 있는 것이라는 것을 어떻게 그는 발견할 수 있었을까? 그런 극한 상황에 직접 직면해 본 정신과의사라면 우리가 경청할 가치가 있는 사람임에 틀림없을 것이다."[2]

기차 문이 열리고 승객들은 플랫폼으로 나오라는 명령이 있었다. 곧이어 거칠고 상스럽게 남녀 각각 두 줄로 서라는 명령이 떨어졌다. 포로들의 긴 행렬이 서서히 움직이면서 훌륭하게 제복을 차려입은 어느 SS(비밀친위대—역자 주)대원 앞을 통과했다. 그 사람은, 포로들 하

---

1 V. Frankl, *Man's Search for Meaning* (New York: Simon and Schuster, 1962), p. 7.

2 Ibid., p. ix.

나하나를 힐끗 쳐다보고는 손가락으로 왼쪽 · 오른쪽을 아무렇지도 않게 지정했다. 처음엔 아무도 그것이 무엇을 의미하는지 몰랐으나 점차 줄이 짧아짐에 따라 대부분의 사람들이 왼쪽으로 보내진 것을 알 수 있었다.

프랑클의 차례가 되었을 때 SS대원은 제법 오래 그를 쳐다보았다. 그리고 다가와 프랑클의 어깨에 손을 얹고는 아주 천천히 그를 오른쪽으로 돌려세웠다. 그 날 저녁 프랑클은 수용소에 먼저 와 있던 한 사람에게 왼쪽으로 간 친구가 어디 있는지 아느냐고 물어보았다. 그는 "저쪽에서 그를 볼 수 있을 거요"라고 대답하면서 불꽃이 튀어오르고 시커먼 연기를 내뿜는 높다란 굴뚝을 가리켰다.

프랑클의 동료 중 90퍼센트인 1,300여 명이 정오가 되기 전에 이미 처형당했다. 남은 사람들은 소지품—의복 · 보석 · 공책 등—모두를 압수당했다. 프랑클은 첫 저서로 출간할 초고를 지니고 있었는데 결사적으로 그것만은 지키고 싶었다. 온 생애의 연구 결과가 그 원고뭉치 속에 들어 있었다. 당황한 프랑클은 작은 소리로 한 늙은 동료 수감자에게 그 연구의 중요성을 설명했다. 그 사람은 씩, 조롱조로 비웃는 듯한 모욕적인 웃음을 지으며 "제기랄" 하고 내뱉을 뿐이었다. "바로 그 순간 나는 평범한 진리를 보게 되었고, 내 심리적 반작용의 첫 단계로서 전환점이 온 것을 알았고, 이전의 나의 생활 전체가 충격을 받았다."[3,4]

그 원고는 프랑클에게는 영혼의 분신이었으므로 그것을 잃어버리는 비극 앞에서 삶이란 과연 의미가 있는가 하는 문제를 결정해야 했

---

3 Ibid, p. 12.

4 3년 간의 수용소 생활 동안 프랑클은 작은 종이에 저서의 기억을 더듬어 중요한 단어와 문구를 적어 두었는데, 이 책은 1955년 *The Doctor and the Soul: An Introduction to Logotherapy* (New York: Knopf)로 출간되었다.

다. 그 질문에 대해 한 시간 내에 답을 얻었다. 그에게 입으라고 배당된 한 죽은 수감자의 옷에서 헤브루 기도서의 찢어진 조각을 발견했던 것이다. 그것은 셰마 이스라엘(Shema Yisrael)의 다음과 같은 기도 내용이었다. "진심으로 네 영혼과 힘을 다해 너의 주를 사랑하라." 프랑클은 이를 정통적인 종교의 의미와는 달리 해석했다. 그에게 이것은 "고통이나 심지어 죽음 앞에서도, 무슨 일이 닥치더라도 삶을 긍정하라는 명령"[5] 과 같은 것이었다.

프랑클은 자기 삶의 가치와 의미가 오로지 원고가 출판되느냐 못 되느냐에만 달려 있다면 진정 그 삶은 살 만한 가치가 없는 것이라는 결론을 내렸다. 인생에는 좀더 큰 의미가 있을 것임에 틀림이 없었다. 그 시기에 거기서 발견한 종이 조각 하나가 프랑크에게는 잃어버린 원고보다도 귀중했다. 그 기도문은 단순히 종이 위에 쓰여진 문구가 아니라 그가 발전시킨 철학을 탄생시키고 강제 수용소라는 혹독한 실험실에서 검증하게 만든 일종의 '상징적 소명(召命)'이었다. 그의 이론의 주된 개념들은 아우슈비츠에 오기 전에 이미 형성되어 있었으나 그 곳에서의 경험을 통해 실증적으로 확인되었다. 사실 이것이 그를 살아남게 한 힘이었을 것이다.

신경학자이며 정신과의사, 비엔나 로스차일드병원의 전직 신경과 과장이던 의학박사 빅터 프랑클은 1942년부터 1945년까지는 아우슈비츠의 119번, 그리고 다카우(Dachau)의 104번이라는 번호에 불과했다. 그 시기 동안 대부분을 도랑과 굴을 파거나 철로를 놓는 데 보냈는데 종종 얇은 옷 한 벌만으로 땅 속까지 얼어붙게 하는 추위를 견디기도

---

**5** V. Frank이 보낸, "Address before the Third Annual Meeting of the Academy of Religion and Mental Health, 1962." F. T. Severin에서 *Discovering Man in Psychology*로 재출간됨(New York: McGraw-Hill, 1973), p. 134.

했다. 후에 그는 "어처구니없도록 헐벗은 생명 이외에는 잃을 것조차 없었던"[6] 가혹한 경험과 교훈을 감동적으로 서술했다.

프랑클은 어떠한 상황에서도 인간은 자기의 행위를 선택할 수 있다는 것을 자신의 경험으로부터 직접 알아내고 수용소에서 돌아왔다. 우리는 가장 음울한 시기에도 영적 자유의 조각, 독립성의 한 단편을 보존할 수가 있다. 그는 가장 기본적인 인간의 자유를 제외하고는 가치를 두고 있는 모든 것을 상실할 수 있다는 것을 알았다. 즉 그 자유란 어떤 태도나 운명에 대처하는 방법을 선택할 자유, 그리고 자기의 길을 선택할 수 있는 자유를 말한다. 우리는 존재의 결과를 결정할 수 있는 궁극적인 힘을 갖고 있다. 영적 자유의 이런 요소들은 우리에게서 박탈할 수 없는 것이며 삶의 의미와 목적을 갖게 하므로 그것 없이는 우리가 살아남아야 할 이유도 없다. 프랑클은 니체(Friedrich W. Nietzsche)를 인용해 이 견해를 피력했다. "**왜** 사는지 그 이유를 아는 사람은 거의 모두 **어떻게** 살아야 하는지를 알 수 있다."[7] 인간의 실존에 문제가 되는 것은 우리를 기다리고 있는 운명이 아니라 그 운명을 받아들이는 방법이다. 프랑클은 고통과 죽음을 포함해 모든 상황에서 의미를 찾을 수 있다고 믿는다. 살아 있다는 것은 고통이다. 그러나 고통 속에서 의미를 찾는 것이 곧 살아 있는 것이라고 그는 기록하고 있다.

전쟁이 끝나자, 그는 비엔나로 돌아와 폴리클리닉병원(Polikilnic Hospital)의 신경과 과장이 되었고, 비엔나의과대학의 신경정신과 교수로 임용되었다. 그는 인간 존재를 위해 의미에의 의지를 중요시하는 그의 연구, 즉 **의미치료**(logotherapy)라는 이론을 체계적으로 세웠다. 그

6 V. Frankl, *Man's Search for Meaning* (New York: Simon and Schuster, 1962), pp. x–xi.

7 Ibid., p. 76.

이후 여러 해 동안 프랑클은 소논문이나 강의, 그리고 17권의 저서를 통해서 열심히 인간 본성에 대한 자신의 이론을 수정 · 전파했고, 그의 이론은 다양한 언어로 번역되었다. 그는 30회 이상 미국을 방문했고 하버드와 서던 메서디스트(Southern Methodist)대학에서 강의를 하기도 했다. 1970년부터 1973년까지 미국 인터내셔널대학교(U.S. International University)의 샌디에이고 캠퍼스에서 교수로 재직했고, 지금도 거기서 매년 얼마간의 시간을 보내고 있다.

프랑클의 의미치료는 심리학자, 정신과 의사뿐 아니라 다른 여러 분야에서 폭넓은 지지를 얻고 있다. 그의 학설은 특히 우리 세대, 우리 문화에 만연한 문제에 적절하다고 느껴진다.

## 프랑클의 성격 연구 방법

프랑클은 심리적 건강을 위해 **의미에의 의지**(will to meaning)를 중요시해야 한다고 강조했다. 실제로 이것은 심리적 건강의 모든 것을 조직하는 골격이다. 우선 그 이름부터 살펴보자. 그리스 어원에서 나온 '로고스(Logos)'는 '의미(meaning)'란 뜻이다. 의미치료란 그러니까 삶의 의미를 찾기 위한 독특한 치료 기법일 뿐 아니라 실존의 의미와, 의미를 찾고자 하는 인간의 욕구를 다루는 이론인 것이다.[8]

그러므로 의미치료는 기본적으로 의미가 결여된 채 세상을 살아

---

8 1930년대에 프랑클은 자기 연구 방식을 Existenzanalyse(existential analysis:실존적 분석학)라 불렀다. 그러나 '실존적 분석학'은 그 이래로 프랑클을 포함해 몇몇 학자들에게 막연히 사용되고 있다. 이런 혼란을 피하기 위해 프랑클은 자기 연구를 서술하는 데 지금은 'logotherapy(의미치료)'라는 용어만 사용한다.

가는 사람을 다루는 심리치료 방법이다. 그러나 프랑클이 지적했듯이 인간의 본성 이론과 생활철학에 입각하지 않은 심리치료 형태는 있을 수가 없다. (다른 이론가들의 경우와 마찬가지로 여기서는 성격을 변화시키기 위한 치료 기법보다는 성격 이론에만 초점을 맞출 예정이다).

의미치료에서 추론한 인간 본성 이론은, 의지의 자유(freedom of will), 의미에의 의지(will to meaning), 삶의 의미(meaning of life)의 세 기둥 위에 세워져 있다. 프랑클은 인간의 상태가 생물학적 본능이나 아동기 때의 갈등, 혹은 다른 어떤 외부적 힘에 의해 결정된다는 심리학이나 정신의학의 입장에 반대되는 입장을 갖고 있다. 그는 삶이 외부 조건에 의해 영향을 받지 않는 것은 아니지만(그가 아우슈비츠에서 겪은 것처럼) 그럼에도 불구하고 그 조건에 대응할 수 있는 반응은 우리가 자유롭게 취한다고 주장한다. 우리는 외부 세력에 무감각하지 않지만—외부 세력에 의해 환경이 변화되기도 한다—그 힘을 다룰 입장을 정하는 것은 우리의 자유이다. 환경과 운명 위에 우리를 서게 만드는 것은 이 본원적 자유이다.

다른 두 개의 기둥—의미에의 의지와 삶의 의미—은 자아(self)를 구하는 게 아니라, 실존의 목적을 뒷받침해 줄 의미를 끊임없이 구하는 우리의 욕구와 관계된 것이다. 자신을 초월해 갈수록—대의(大義)나 다른 사람을 위해 자신을 내어 줄수록—우리는 좀더 완전히 인간다워진다. 자신을 초월하여 어떤 사람이나 일에 몰입하는 것은 건강한 성격 발달의 최종적 기준이 된다.

의미를 찾는 데에는 개인적 책임이 따른다. 개인적 책임 외에 어느 누구도 어떤 다른 것도—부모도, 배우자도, 국가도—우리에게 삶의 의미와 목표 의식을 채워 줄 수 없다. 자기의 길을 발견하고 일단 발견한 길을 지속하는 것은 우리 각자의 책임이다. 프랑클처럼 자유로우면서도 책임 있게 존재 상황과 대결하여 그 속에서 목적을 발견해야 한다. 삶이란 끊임없는 도전인데 그에 대해 취하는 반응이 생각 속에서가 아니라 행동에 나타나 삶에서 발견한 의미를 밖으로 표현할 수 있어야 한다.

프랑클은 삶에 의미가 결여되어 있는 상태를 일종의 신경증이라 보고 **노에제닉 신경증**(noögenic neurosis)이라 불렀다.[9] 이 상태는 무의미 · 무의도 · 무목적 · 공허감이 특징이다. 프랑클은 동료 포로에 대해 이렇게 썼다. "슬프게도 그에게는 삶에 대해 아무 감각이나 목표나 의지가 없으므로 추구해 나갈 궁극점이 없었다. 결국 곧 파멸해 버리고 말았다."[10] 그런 사람은, 삶의 설레는 충만감 대신 프랑클이 현대에 만연해 있다고 믿는 **실존적 진공**(existential vacuum) 상태 속에서 살아간다.

많은 이들이 노에제닉 신경증의 증세인 무료함과 무감각에 시달리고 있는 것은 다음 두 가지 상태의 결과이다. 첫째로, 인간이 하등 동물에서 진화하고 나서 그들을 자연과 연결시켜 주는 자연적 욕구와 본능을 잃은 결과이다. 이는 어떤 제재로부터 우리가 자유로워진 반면, 우리가 행동하는 데 본능적 지침이 없어졌다는 뜻이다. 즉 우리는 행동할 바를 능동적으로 결정해야 한다. 둘째로는 20세기 후반 우리의 행동을 규정해 줄 습속 · 전통 · 가치를 거의 갖지 못한 결과로 본다. 종교적 조직성과 사회 습속이 약화됨에 따라 결정을 내리고 책임을 지는 것이 우리 자신에게 달려 있게 된 것이다.

---

9 프랑클은 개인 내부의 심리적 갈등에서 생기는 통상적 신경증과 구분하고자 '노에제닉 신경증'이라는 용어를 창안했다. 'Noos'란 그리스어로 '마음(mind)'이라는 뜻이다. 그러므로 노에제닉 신경증은 성격의 종교적 의미에서가 아니라 인간 실존의 차원에서 영적(靈的) 핵심에 속한다. 특히 노에제닉 신경증은 도덕적 갈등에 관한 것이다.

10 V. Frankl, *Man's Search for Meaning* (New York: Simon and Schuster, 1962), p. 76.

프랑클은 자본주의 사회에서나 공산주의 사회에서나 문화 속에 광범위하게 실존적 진공 상태가 나타나는 증거를 발견했으며, 특히 미국에서 급속히 퍼져나가고 있다고 믿는다. 만연한 노에제닉 신경증을 해결하기 위해서 프랑클이 제시한 것은 삶의 의미와 목표감의 회복이다. 그렇게 하지 못하면 심리적으로는 병적 상태에 있을 수밖에 없다.

의미 치료는 삶에 의미를 주는 다음과 같은 방법 세 가지를 제시하고 있다. 즉 1) 창조적 작업에 의해서, 2) 세상살이에서 경험으로 얻은 것을 통해서, 3) 고통에 대해 취하는 태도에 의해서다.

## 건강한 인간 실존의 본질

프랑클은 인간 실존의 필수 조건이 세 가지 있다고 믿었다. 영혼성, 자유, 그리고 책임이 그것이다.

**영혼성**(spirituality)은 한마디로 정의하기 어렵다. 다른 형태로 바꾸어 말할 수도 없다. 유형적 용어로도 설명할 수 없다. 물질 세계의 영향을 받기는 하지만 기껏해야 영혼(spirit)이나 정신(soul)을 생각할 수 있을 따름이다.

프랑클의 이론에서는 **자유**(freedom)가 상당히 중요한 부분이란 것을 이미 알아본 바 있다. 우리는 비영혼적 요소, 즉 본능이라든가 타고난 독특한 유전 인자라든가 하는 환경적 요인에 의해 지배당하며 살지는 않는다. 심리적으로 건강하다면 어떻게 행동할 것인가를 스스로 결정할 수 있는 자유를 활용해야 한다. 이런 자유를 경험해 보지 않은 사람은 심한 편견을 갖고 결정론에 치우치거나 대단히 신경증(노에제닉이 아니라 전통적인 의미로)적이다. 이 신경증은 잠재력의 실행을 막고 인간의 충분한 발달을 방해한다.

선택의 자유를 가졌다는 것은 가진 것만으로 충분한 것이 아니고 그 선택에 대해 따르는 책임을 받아들여야 하는 것이다. 의미치료에서의 책임 의식은 다음과 같은 말을 연상하게 한다. "마치 두 번째 인생을 사는 것처럼 살면서 지금 행하려는 행동이 첫 번째 삶에서는 그릇되었었다는 사실을 깨달은 것처럼 인도하라."[11]

프랑클은 이런 상태로 우리 자신을 대하게 된다면 시시각각 부과되는 책임을 즉시 깨닫게 된다고 믿는다. 건강한 사람은 이런 책임 의식을 갖고 있으므로 삶의 본질이 덧없고 변하기 쉽다는 것을 알아도, 주어진 과업(즉 자기 삶)이 충분히 성장할 수 있도록 시간을 현명하게 보낼 것이다. 삶의 형상이라는 조각품이 완성되기 전에 죽더라도 이제껏 했던 것이 모두 물거품이 되는 것은 아니다. 삶의 의미는 질에 의해 판단되는 것이지 길이에 의해 판단되는 것은 아니다. 일을 끝내는 것보다는 일단 일을 시작해서 높은 수준까지 오를 수 있도록 계속하는 것이 중요하다. "때로는 그 미완성이 가장 아름다운 교향곡의 하나가 될 수 있는 법이다."[12]

영혼성, 자유, 책임—그것을 갖추고 활용하는 것이 우리들 손에 달렸다. 그것이 없으면 삶의 의미와 목적을 찾는 것이 불가능하다. 그 선택권은 문자 그대로 우리들만의 것이다.

---

**11** V. Frankl, *The Doctor and the Soul: From Psychotherapy to Logotherapy*, 2nd ed. (New York: Knopf, 1965), p. 64.

**12** Ibid., p. 66.

## 건강한 성격의 동기

프랑클의 가설에는 **의미에의 의지**라는, 인간의 다른 모든 동기를 지배할 수 있을 정도로 강력한 하나의 기본적인 동기가 있다. 이 동기는 심리적 건강을 위해서 지극히 필요한 것인 동시에 극한 상황에서(프랑클이 아우슈비츠에서 직면했던 것 같은) 목숨을 부지하기 위해서도 필수불가결의 것이다. 삶의 의미가 없다면 계속 살아야 할 이유가 없다.

삶의 의미는 당연히 사람마다 특이하고 독특하다. 사람마다 다를 뿐 아니라 시시각각으로 달라지기도 한다. 모든 이에게 보편적으로 적용될 수 있는 만인 공통의 의미에의 의지란 있을 수 없다. 삶의 과제가 실재하듯이 삶의 의미도 실재한다. 각자가 설정한 과제에 따라 운명이 형성되므로 다른 사람과 비교할 수 없는 것이다. 우리가 처한 상황—과제를 수행하는 환경—은 반복되지 않는다. 똑같은 상황이 두 번 온다 해도 두 상황 사이에 겪은 경험이 영향을 미치기 때문에 같은 상황일 수는 없다.

과제나 숙명은 사람마다 시기마다 독특한 것이므로 각자가 스스로 자기의 반응 방식을 찾아야 한다. 이와 마찬가지로 각자에게 적합한 삶의 의미도 찾아야 한다. 그리고 안정되고 존경받는 의사에서 아우슈비츠의 119번, 다카우의 104번으로 바뀌었을 때 프랑클이 한 것처럼, 다른 상황이 닥쳤을 때는 삶에 부여할 어떤 다른 의미를 발견해 내야 한다. 어떤 상황은 우리에게 스스로 운명을 만들어 가도록 요구하지만 어떤 상황은 운명을 받아들여 고난을 겪어 낼 것을 요구한다. 각 상황마다 독립된 새로운 반응을 하는 것이 필요하다.

프랑클은, 삶에 의미를 주는 상황은 다양해도 각각의 상황에는 하나의 해답밖에 있을 수 없다고 주장한다. 문제는 어떤 상황은 의미를 지니지 못한 데에 있는 게 아니라—모든 것에 의미가 있으므로—어떻게 그 의미를 발견할 것인가에 있다. 그렇다면 의미를 찾는다는 것이 당혹스럽고 도전적인 내부 긴장을 감소시키는 것이 아니고 오히려 증가시키는 것일 수가 있다. 사실상 프랑클은 이런 긴장의 증가를 심리적 건강을 위해 겪어야 하는 선행조건으로 보고 있다. 긴장감이 결여되어 있고 안전과 균형만을 추구하는 삶에서는 노에제닉 신경증에 걸릴 수밖에 없는데, 이는 곧 의미가 결여된 삶이다. 건강한 성격은 이미 성취하여 완성한 것과 앞으로 해야 할 것 사이의 간격으로 인해 생기는 어느 정도의 긴장감, 즉 현재의 자기 모습과 앞으로의 모습 사이의 간격으로 인한 긴장감을 가지고 있다.

이러한 간격 때문에 건강한 사람들은 삶에 의미를 느낄 수 있는 목표에 도달하려고 노력을 하게 된다. 이들은 실행할 새로운 목적을 가지려고 끊임없이 삶에 도전하게 된다. 그리고 이런 계속되는 도전이 삶에 정열과 희열을 가져다준다. 이와는 대조적으로 대안—탐구를 포기하는 것—을 따르게 되면 실존적 진공 상태에 빠져 우리는 지루하고 무감각하고 목적이 없는 듯이 느끼게 된다. 삶에 의미가 없고 살아야 할 이유도 없는 것이다.

우리는 이미 삶에 의미를 줄 수 있는 방법 세 가지를 알아본 바 있다. 창조적 작업으로, 세상을 경험하여, 그리고 고통에 대해 갖는 태도에 의해서가 그 세 가지였다. 프랑클은 이것을 **가치**라는 포괄적 제목으로 설명하고 있다. 가치는 그에 의해 도달하는 삶의 의미와 마찬가지로 각 개인이나 상황마다 독특하다. 우리가 처한 각양각색의 환경에 적응하기 위해 다양하고 융통성이 있는 가치가 형성되는 것이다. 일생 동안 우리는 가치 문제를 끊임없이 염두에 두고 상황마다 삶에 의미를 주는 어떤 것을 찾아야 한다.

가치에도 역시 삶에 주는 의미와 마찬가지로 세 가지 근본 가설이 있는데 창조적 가치, 경험적 가치, 태도적 가치가 그것이다.

**창조적 가치**는 창조적이고 생산적인 활동 속에서 인식되는 것이다. 이 창조적 가치는 생활 영역 전반에서 표현될 수 있지만 대체로 어떤 작업과 관계가 있다. 자기를 표현하는 실제적 작품이나 상상을 고안해 냄으로써, 혹은 다른 이에게 봉사함으로써 삶에 의미를 주는 것이다.

창조적 가치가 세상에 내어놓는 것인 반면 **경험적 가치**는 세상을 받아들이는 데서 생긴다. 수용성도 창조성만큼 의미를 지닐 수 있다. 경험적 가치는 자연이나 예술 세계에 몰입함으로써 느껴진다. 프랑클은 사람이 적극적으로 하는 행동과는 별개로 삶의 어떤 양상을 강도 있게 경험함으로써 삶의 의미를 이룰 수 있다고 주장한다.

프랑클은 훌륭한 교향곡 연주를 감상하고 있는 음악광을 예로 든다. 음악을 듣고 있는 순간에 그 사람은 순수미의 격정 속에 몰입되어 있다. 그 사람에게 직접 삶이 의미를 가졌는가 물어보았다고 가정해 보자. 프랑클은, 그 사람은 황홀한 그 순간만을 위해서라면 삶은 살 가치가 있다고 대답할 거라고 믿었다. 그런 짧은 순간만이라는 데 문제가 있지만—삶이 위대하다는 것은 한순간의 위대함으로도 평가받을 수 있다.[13]

그 예와 함께 프랑클은 삶의 의미가 가진 또 다른 국면을 삽입했는데, 의미는 특정할 때에만 존재한다는 것이다. 다시 말해 존재하고 있는 매순간에 항상 의미를 발견하는 것은 아니다. 그러나 의미가 산발적으로 생겨난다는 사실이 인생의 전반적 의미성을 손상시키지는 않는다. 산이 계곡의 깊이에 의해 묘사되는 것이 아니라 정상의 고도에 의

13 Ibid., pp. 43–44.

해 묘사되듯이 삶의 의미성도 계곡 아닌 정점에 의해 묘사된다고 프랑클은 썼다. 그는 경험적 가치를 지닌 단 한순간의 정점으로 생애 전체를 의미로 가득 채울 수 있다고 주장한다. 얼마나 여러 번 정점에 도달했는가, 혹은 그 수준에 얼마나 오래 머물렀느냐가 아니라 오히려 한 번 경험한 정점이 얼마나 강렬했느냐가 결정적 요소일 수 있음을 의미하는 것이다.

창조적 가치, 경험적 가치는 풍부하고 완전하고 긍정적인 인간의 경험, 즉 창조나 경험을 통한 인생의 풍요로움을 다룬다. 그러나 인생이 고상하고 풍요로운 경험만으로 이루어지지는 않는다. 질병, 죽음, 혹은 아우슈비츠에서 프랑클이 겪은 것 같은 극한 상황 등 여러 가지 외부적 힘이나 사건들이 삶을 위축시킨다. 경험할 아름다움도, 창조력을 발휘할 기회도 없는 부정적 상태 속에서 어떻게 의미를 발견할 것인가?

세 번째로 **태도적 가치**가 등장하게 된다. 객관적 운명보다는 운명에 대한 우리의 태도가 우리를 낙심시키고 파괴적이 되게 한다. 가장 음울하고 낙심천만이며 절망적인 상황을 통해서 우리는 의미를 발견할 많은 기회를 갖게 된다고 프랑클은 주장한다. 그리고 그런 때야말로 가장 열심히 의미를 찾아야 할 상황이기도 하다.

태도적 가치를 필요로 하는 상황은 우리가 변화시키거나 피할 수 없는, 우리의 힘으로 어떻게 할 수 없는—변화시킬 수 없는—운명적 상태이다. 그런 상태에서 할 수 있는 반응은 오로지 수용뿐이다. 운명을 받아들이는 방법, 고통을 감내하는 용기, 비극 앞에서 보이는 의연함 등이 인간의 완숙도를 측정하는 궁극적 시험대이며 척도이다. 프랑클은 삶에 의미를 주는 한 방식으로 태도적 가치를 포함시킴으로써 극한 상황에서조차도 인간의 실존은 의미와 목적을 가질 수 있다는 희망을 주었다. 삶의 마지막 순간까지도 우리는 삶의 의미를 지속시킬 수 있다. 우리가 의식을 갖고 있는 한 그 가치들을 인식해야 한다. 그것은 심리적 건강을 가지기 위해 피해서는 안 될 인간의 책임이다.

삶의 의미를 발견한 사람은 건강한 사람이 도달하는 최상의 상태, 즉 **자아 초월**(自我超越, self-transcendence)의 상태에 도달한 것이다.

## 자아 초월을 이룬 사람의 본질

프랑클의 견해에 따르면, 인간이 살아가는 주된 동기는 자아를 찾는 것이 아니라 의미를 찾는 것이다. 어떤 의미에서 이것은 자아를 '잊는 것'이다. 심리적으로 건강한 사람은 자신에게 초점을 맞추는 것으로부터 초월한다. 완전한 인간이란 자신을 뛰어넘어 다른 사람 혹은 일과 관계를 맺는 것이다. 프랑클은 자아 초월의 특징을 제 속에 들어 있는 것은 볼 수 없지만 직접 관련이 있는 바깥 세계는 볼 수 있는 인간의 눈에 비유했다. 실제로 눈이 제 속을 들여다보고 있을 때—예컨대 백내장으로 덮여 볼 수 있는 것이 그 뿐일 때—그 자체 외에는 다른 아무것도 볼 수 없다. 그렇다면 본다는 것은 자아 초월을 의미하는 것이다. 즉 '본다'는 것의 올바른 기능을 하기 위해 자신의 밖에 있는 것을 다루지 않으면 안 된다는 의미가 된다.

프랑클의 이런 견해는, 완전한 성숙에 대한 인간의 목표나 동기는 자아 수행이나 실현에 있다고 주장하는 학자들과 상반된 입장이다. 프랑클은 권력을 위해서든 쾌락을 위해서든 실현을 위해서든 인간이 자아 속에 어떤 상태나 조건을 세워서는 안 된다고 생각했다. 그런 견해는 현실 세계나 대인 관계가 아닌 자아에만 관심을 집중시키는 폐쇄적 이론 체계라고 주장했다. 오로지 목표를 자아 내부에 두고 추구해 가는 것은 자아 파괴적이라고 프랑클은 믿었다.

이제 자아를 향한 목표 두 가지, 즉 쾌락과 자아 실현에 대해 알아보자. 프랑클은 쾌락이란 추구할수록 발견하기가 점점 더 어려워지는 것으로 본다. 삶이 행복을 추구하는 데로 집중되면 그는 결코 행복을 발견할 수 없을 것이다. 행복이란 것을 목표로 삼을수록 행복을 알게 되는 이성은 점점 더 그 시야를 잃는다. 프랑클은 성적 쾌락에 탐닉하는 사람들을 예로 든다. 환자를 연구한 결과 성적 무능과 불감증을 호소한 남성 중 90퍼센트가 애써 능력을 과시하려 하기 때문이며, 여성은 오르가즘에 도달한 것처럼 보여주려 하기 때문이라고 추측했다. 그런 사람들은 삶의 의미를 추구하며 얻어진 부산물로서가 아니라 행복감 그 자체를 너무 적극적으로 추구하는 것이라고 보았다.

쾌락이나 행복은 삶에 즐거움을 더해주는 것이지 그 자체가 삶의 목표는 아니다. 행복은 추구해 감으로써 붙잡을 수 있는 것이 아니라 의미를 이행하며 자신의 외부에 있는 목표를 달성할 때 자연스럽게 자발적으로 따라오는 것이다. 자아 실현을 추구하는 것도 원칙적으로는 마찬가지이다. 직접 자아 실현을 하려고 애쓰면 애쓸수록 자아 실현은 점점 어려워진다. 자아 실현은 자아 초월과 정반대적인 것으로 삶의 의미를 발견하고 나서 생기는 이차적 효과이다. 그러므로 자아를 실현할 수 있는 유일한 방법은 자신을 초월해 의미를 수행하는 것이다.

프랑클은 자아 실현을 하는 최선의 방법이 자신을 초월해 있는 어떤 것 혹은 어떤 일을 실행하는 것이라는 머슬로의 견해와 같다고 믿는다.[14] 자아 실현에만 집중하면 의미에의 의지는 좌절감을 겪기 쉽다. 이를 설명하기 위해 프랑클은 부메랑(boomerang: 던지면 곡선을 그리며 다시

---

14 머슬로 역시 절정을 경험하는 동안 자아가 초월된다고 썼다.

돌아오는 오스트레일리아 원주민의 무기—역자주)의 예를 들었다. 부메랑의 목적은 그것을 던진 사람에게 되돌아오게 하는 것이 아니다. 부메랑은 표적을 놓쳤을 경우에만 되돌아오는 것이다.

이처럼 사람도 이 세상에서의 의미와 목적에 대한 시야를 잃었을 때 자기 속으로(자기에 초점을 맞추는 것) 되돌아가게 된다. 표적(과업과 의미)을 놓쳐 의미에의 의지가 좌절당했을 때에 오로지 자신에게 전념하게 된다. 심리적으로 건강하다는 것은 자신으로부터 초점을 옮겨 자신을 초월하고 의미와 목적을 찾는 데 몰두하는 것이다. 그러는 동안 자아 실현은 자발적으로 자연스럽게 수반된다.

프랑클은 건강한 성격이 갖는 일련의 특징을 제시하지는 않았지만 대개 다음과 같은 사람으로 그려볼 수 있다:

1. 자기 행동 과정을 자유롭게 선택한다.
2. 자기가 살아가며 행하는 행위와 운명을 보는 태도에 대해 개인적 책임 의식이 있다.
3. 자기 외부의 힘에 의해 제한받지 않는다.
4. 자기에게 적합한 삶의 의미를 갖고 있다.
5. 자기 생활에 의식적 통제력이 있다.
6. 창조적 · 경험적 · 태도적 가치를 표현할 수 있다.
7. 자신으로 향하는 관심을 초월한다.

건강한 성격의 특징은 또 있다. 미래의 목표와 임무를 추구하는 미래 성향이다. 건강한 사람에게는 정말로 그러한 목표가 필요하다. "미래를 보아야 살 수 있는 것이 인간의 특성이다"[15] 라고 프랑클은 쓴 바 있다. 프랑클은 아우슈비츠에서 미래가 있음을 인식하지 못하고 어떤 목표를 향해 노력하기를 포기해 버린 많은 동료 포로들이 며칠 안에 죽어가는 것을 보았다. 미래에의 신념이 없으면 영혼으로 삶을 붙들지 못해 심신이 급속히 부식해 버리는 운명이 된다. 계속 살아가는 이유, 성취하고자 하는 미래의 목표를 갖지 못하면 삶의 의미를 잃고 만다.

이 관점에서 프랑클은 자기의 개인적 경험을 다시 살펴보았다. 그가 극심한 고통과 추위와 허기와 공포 상태에 있을 때였다. 모든 것을 잃은 것 같았다. 그러나 그때 다른 생각을 하도록 스스로에게 강요를 했더니 어느 때 갑자기 자기가 따뜻하고 안락한 강의실에서 포로 수용소의 심리학에 대해 강의를 하고 있는 것이 상상되었다. 그는 자기 상황을 뛰어넘어 그 순간의 고통과 절망을 초월함으로써 억압된 영혼을 일으켜 세웠다.

프랑클이 다른 생각을 하도록 스스로를 **강요**했다고 말한 데 주목해 보자. 그는 우리가 환경에 어떻게 반응할까를 스스로 선택하는, 우리에게 결코 빼앗길 수 없는 자유가 있음을 강조하고 있음을 알 수 있다.

자아를 초월한 사람의 또 다른 특징은 일에 열중한다는 것이다. 의미를 체득하는 방법 중 한 가지가 창조적 가치—세상에 무엇인가를 주는—를 통해서이며 이러한 가치는 직업이나 직무를 통해서 가장 잘 표현될 수가 있다. 즉, 이것은 사회와의 관계 속에서 우리가 갖고 있는 독특한 단면인데 어느 누구와도 각각 다른 방법으로 일을 수행함으로써 사회에 기여할 수가 있다.

일에서 중요한 점은 일의 내용이 아니고 그 일을 수행하는 방식이

---

**15** V. Frankl, *Man's Search for Meaning* (New York: Simon and Schuster, 1962), p. 72.

다. 그것이 삶에 의미를 주는 것이다. 그러므로 중요한 것은 일(외부적 힘)이 아니고 인간이 각자의 성격으로써 발휘할 수 있는 독특함(내부적 힘)이 되는 것이다. 프랑클은 한 여성 간호원의 예를 들었다. 그 간호원은 매일 자기 의무로 부과된 일을 하는데 그 일(요구된 일)만으로는 그 자신이 의미를 갖기에 불충분하다. 그 간호원은 자기 의무 수행 이상의 어떤 일을 할 때에 비로소 일을 통해 의미를 알게 된다. 즉 공포에 사로잡힌 환자를 위로하느라 시간을 특별히 쓰고 죽음 앞에 선 사람에게 몇 마디 건네 줄  때 자기 일의 틀을 넘어 자신 이외의 타인에게 관심을 쏟게 된다.

의미는 **일**에서가 아니라 일을 **통해서** 찾는 것이므로 거의 어떤 일에서나 의미를 찾을 수 있다. 프랑클은 창조적 가치는 대부분의 직업에서 다 표현될 수 있는 것이라고(단체 훈련처럼 완전히 통제된 일을 제외하고는) 믿었다.

자아 초월을 이룬 사람의 또 다른 특징은 사랑을 주고받을 수 있다는 점이다. 인간의 궁극적 목표는 사랑이다. 우리의 구원은 사랑 속에 있으며 사랑을 통해서 온다. 우리가 유일무이한 독특함을 가졌다는 것은 일을 통해서도 알 수 있고 한편 사랑을 받음으로써도 깨닫는다. 사랑을 받고 있을 때는 타인을 통해서 우리가 이 세상에 하나뿐인 실존적 존재라는 것을 인식할 수 있다. 사랑하는 이에게 우리는 절대 필요하고 어느 누구도 대신할 수 없는 존재가 된다.

사랑이라는 관계에는 또 하나의 측면이 있다. 사랑을 주는 것이다. 타인에게 사랑을 줌으로써(사랑함으로써) 그의 특이한 경향성과 두드러진 특질을 아직 실현하지 못한 점까지 포함하여 보게 된다. 우리는 사랑하는 이의 앞으로의 가능성까지를 사랑으로써 일깨워 주어 아직 발휘되지 않은 잠재력을 발견하게 해준다. 상호보완적인 관계에 있는 사랑은 양측이 모두 좀더 완전한 인간으로 발전하기 위해 잠재력을 인식하고 실행한다는 이익을 얻게 된다.

## 개인적 논평

프랑클의 의미 치료 연구와 인간 본성에 대한 견해는 미국에서 상당한 호응과 주목을 받아 왔다. 내 생각에 프랑클이 연구한 것은 프로이트나 머슬로만큼은 몰라도 앞으로 계속 발전해 그 탁월함을 인정받게 될 것 같다.

나는 프랑클의 이론이 호소력을 지니는 것은 두 가지 이유 때문이라고 생각한다. 첫째, 프랑클은 심금을 울리면서도 명확하게 생각을 제시하고 있기 때문에 다른 학자들과 달리 그의 책은 즐겁게 읽을 수 있다. 표현이 명확하여 요점을 아주 쉽게 이해할 수 있고, 심금을 울리는 까닭에 독자는(적어도 나는) 프랑클이 자기의 심오한 경험을 통해서 감동적인 인간 전체의 공통된 경험들에 대해 이야기하고 있다고 느끼게 된다. 그는 과학적 증거를 제시하지 않았으나(이 점은 다른 성격이론가들도 마찬가지이다) 그가 묘사한 경험과 서술 방식 때문에 프랑클이 인간 실존의 정수를 냉철하고 분명하게 잘라 말하고 있다고 나는 느꼈다.

둘째, 프랑클의 견해는 (융처럼) 자기 경험으로 정련하고 검증됐다. 그는 가혹스러운 사건들을 뚫고서 살았으며 그것을 포착해서 소신대로 해결하는 데 성공했으므로 그의 논문들은 (융의 것처럼) 강력한 안면 타당도를 갖는다. 물론 프랑클이나 융의 경험이 필연적으로 일반화될 수 있는 것이 아니라는 점을 염두에 두어야 한다. 즉 그런 상황에 처했을 때 누구나 그와 같은 신념과 방식으로 대처하는 것은 아니라는 뜻이다. 그러나 프랑클과 융은 후에 많은 환자들을 통해 자신의 이론에 확신을 가질 수 있었다.

이제 프랑클의 연구가 어떤 특징이 있는가를 검토해 보자. 그는 이 시대, 이 세계의 풍토병적 문제, 즉 삶의 의미의 결여라는 문제를 제기했다. 정신과의사나 심리학자들은 이러한 이유로 환자들이 증가되고 있다고 보고 있다. '왜' 살아야 하는가 하는 삶의 이유를 잃은 사람들이 증가하고 있고 또 삶의 이유를 잃었다는 것은 살기가 아무리 편하고 풍요로워도 우리가 '어떻게' 살아가야 하는가를 어렵게 만든다.

프랑클의 연구가 유용한 것은 실험심리학자들이 고안할 수 있는 것보다 훨씬 극단적 조건인 나치 포로 수용소에서 적용되었던 사실에 의해 뒷받침을 받기 때문이다. 만약 프랑클이 그런 극한 상황에서 의미에의 의지를 가짐으로써 삶의 의미를 찾을 수 있었다면 현재 우리가 직면한 상태에서는 오히려 적용하기가 더 용이하다는 뜻이 된다. 다시 말해, 그의 연구가 그렇게 혹심한 상황에서 성공적으로 시험되었다면 그보다 덜한 상황 아래서는 더욱 쉽게 이용될 수가 있을 것 같다는 뜻이다. 이것이 바로 내가 지지하는 점이다.

프랑클은 인간의 본성에 대해 낙관적인 그림을 갖고 있다. 우리는 단지 훈련받은 대로만 반응하는 자동 인형이 아니다. 배변 훈련이나 어린 시절의 경험의 산물로서 변화 불가능한 존재가 아니다. 우리는 과거로부터 자유로우며 그에 의해 통제받거나 제지받지 않는다. 사회 · 문화적 영향력만으로 형성된 것도 아니며 신앙과 습속의 맹목적 추종으로 형성된 것도 아니다. 결국 우리는 물질적 환경이 아무리 지배적이어도 그에 의해 좌우되지 않으며 아무리 참기 힘든 고통이 닥쳐와도 육체에 좌우당하지 않는다.

우리는 환경을 변화시키기 위해 어떻게 행동하고 어떻게 반응할 것인가 하는 선택을 할 수 있는 자유로운 행위자이다. 우리의 삶에 의미와 목적의 차원을 첨가해야 한다는 강제력 외에는 모든 영향력과 조건에 대해 독립적이다. 우리들의 실존의 결말을 결정하는 힘이 궁극적으로 우리 내부에 있다는 것은 다행이다. 우리에게는 어떤 외부 세력도 부정할 수 없는 영적 자유가 있다. 이런 개인적 자유가 인간의 존재와 함께 태어나는 것이든 내재한다고 스스로를 설득하는 것이든 그 결과는—선택의 자유라는—마찬가지이다. 진정 어떠한 것을 믿는다면, 그 신조에 따라 행동하고 느끼고 생각하게 되는데 이것으로 우리는 자성예언(自成豫言)을 하게 되는 것이다. 그 기원이나 실태가 무엇이든 간에 프랑클이 말하는 영적 자유는 심리적 건강을 위해서뿐 아니라 단순히 생존하기 위해서도 필수적인 요소이다.

인간 실존의 한 차원으로 영적 자유와 관련된 것이 개인적 책임이다. 삶의 의미와 목적을 갖는 것은 전적으로 우리에게 달려 있으며 어느 누구도 대신해 줄 수 없다. 자기 행동, 삶이라는 행위에 책임이 없다고 보는 결정론적 철학과는 상당히 다르다. 우리가 영위하는 삶이 각자 자기의 책임하에 있다는 철학은 매우 도전적인 것이다(아마 공포증까지 생길지 모른다). 그러나 거시적 안목으로 보면—사람이 책임을 받아들일 수 있고 또 기꺼이 받아들인다는 가정하에—이러한 견해는 좀더 건강한 것이며 우리가 할 수 있고 될 수 있는 것에 대한 시야를 높여 주게 된다. 그러므로 개인적 책임이라는 차원은 인간의 잠재력을 최대한 발휘하게 하며(삶의 목표가 자아 실현이 아님을 인식해 가는 동안) 더 높은 차원의 자아 실현으로 이끌어 간다.

프랑클이 설명하는 의미에의 의지는 심리적 건강을 위해 분명히 중요한 것이지만 다소 모호하다. 그리고 원래 의미에의 의지란 개념이 개개인마다 독특한 것으로, 다시 말해 각자가 자기의 의미를 각각 발견해야 한다는 식으로 설명하고 있어, 특수 용어로서보다는 일반적으로 논의되어 있는 것이다. 삶의 의미를 발견할 수 있는 세 가지 방법, 즉 창조적 · 경험적 · 태도적 가치는 좀더 구체적이다. 일을 통해 적극적으로 의미를 찾을 수도 있고 아름다움을 경험함으로써 수동적으로 의미를 찾을 수도 있다. 그리고 고통과 죽음 같은 인생의 부정적 측면 속에서도 임의로 선택하는 태도를 통해서 의미를 찾을 수 있다.

프랑클은 시한부 생명을 가진 환자가 불운 속에서도 의미를 발견한 결과 대단한 용기와 위엄을 보여주는 것을 감동적으로 기술했다(이는 후에 고통을 경험하게 될 사람을 고무하기도 한다). "위엄 있게 죽음을 대함"이란 표현은 죽음이라는 상황 앞에서 의미를 발견한 사람들이 보여주는 특징을 말하는 것인 듯하다. 프랑클의 이론의 이런 면은 인간 존재에 희망을 안겨 준다. 사후 세계의 삶을 믿어 의미를 발견하는 사람은 거의 없으므로 죽음이라는 행위를 앞두고 죽음을 준비하며 의미를 발견하는 것이라고 믿으면 편안하다.

심리적 건강을 위해서는 자아를 찾는 것이 아니라 자아를 초월하여 의미를 찾아야 한다는 착상이 머슬로와 견해가 달라 흥미롭다(머슬로도 용어는 달랐으나 내용은 같은 것을 이야기하기는 했다. 예컨대 일의 중요성이라든가 자아를 초월하여 있는 것들의 중요성을 들었다). 프랑클의 의견은 지나치게 자아에 집중하면 결국은 심리적 건강을 해치게 된다는 것처럼 들린다. 우리는 세계와, 또 다른 사람들과 친근하고 생산적인 관계를 맺기 위해 자신을 초월하는 쪽으로 옮겨가야 한다.

융의 성격 연구 때와 마찬가지로 프랑클의 경우에도 건강한 성격을 가진 사람들의 구체적 특징에 대해 좀더 알고 싶고 좀더 완성적인 그림을 갖고 싶다. 그러나 프랑클이 말한 것에 만족해야 한다. 그러한 사람은 미래 지향적이며, 일을 통해서 그리고 사랑을 통해서 의미를 실행하고, 책임 있고 자유로운 선택을 하며 독립적이다. 우리는 모두 그런 특성을 원하고 그런 능력이 적어도 우리에게 있다고 믿는다.

프랑클의 견해에 대한 나의 전체적 소감은 머슬로의 견해에 대해서와 비슷하다. 그를 믿어 버리고 싶다. 일시적 상황은 어떠하든지 삶은 풍요하고 건강할 수 있는 것이라는 희망을 주는 것 같다. 프랑클의 심리적 건강을 위한 예방책은 새롭거나 놀라운 발표는 아니나, 그의 신념들이 적용되고 유용하다고 밝혀진 산 실험실이라는 점에서 설득력이 있다. 그의 이론이 분명 그 자신에게는 적중했다. 그것이 우리에게도 적용이 될 수 있는가는 차차 알아볼 문제이다. 그러나 프랑클의 이론이 진정 공헌한 점이라면 존재의 의미가 있다는 확신을 강조하고, 어떤 상황에서나 의미는 존재하고, 그 의미를 발견하는 데 우리는 자유로우며 충분한 책임이 있다고 강조한 데 있다.

## 참고 문헌


Frankl, V. *Man's Search for Meaning: An Introduction to Logotherapy*. Boston: Beacon Press, 1962.

_____. *The Doctor and Soul: From Psychotherapy to Logotherapy*, 2nd ed. New York: Knopf, 1965.

_____. *The Will to Meaning: Foundation and Applications of Logotherapy.* Cleveland: World, 1969.

_____. *The Unconscious God.* New York: Simon and Schuster, 1975.

Hall, M. H. A conversation with Viktor Frankl of Vienna, *Psychology Today*, 1968, 2, 57-63.

# 8 "여기 그리고 지금"의 사람

## 펄스의 모형

1936년 43세의 정신분석가 프리츠 펄스(Fritz Pearls, 1893-1970)는 오랫동안 기대해 오던 프로이트와의 만남을 위해서 남아프리카로부터 4,000마일이나 여행을 했다. 같은 해에 체코슬로바키아에서 개최되었던 정신분석학 연차 대회가 그 계기였다. 펄스는 이 여행과 그가 발표하려는 논문에 대해서 흥분하고 있었다. 그는 자기 논문이 정신분석학계에 공헌을 하는 것은 물론, 심지어는 정신분석학계를 발전시킬 수 있을 것이라고까지 믿었고, 그의 동료들이 이 논문을 어떻게 받아들일 것인가를 몹시 궁금해하고 있던 터였다.

그러나 펄스에게는 그 행사가 모욕적인 불행한 사건이 되어 버리고 말았다. 그의 논문은 시시하게 받아들여졌고, 그의 새로운 아이디어들은 정통파 정신분석학계에서 환영을 받지 못했다. 한때 펄스의 분석가이면서 도움을 많이 주었던 빌헬름 라이히(Wilhelm Reigh)는 펄스가 왔는지조차 알아보지 못했다. 그러나 가장 심각한 정신적인 타격은 바로 프로이트 그 사람 때문이었다. 펄스는 프로이트의 방문턱도 넘어서지 못했다. 그가 먼 남아프리카에서 프로이트 당신을 만나러 왔노라고 말하자 프로이트는 "그래, 당신은 언제 돌아갈 거요?"라고 되물었을 뿐이었다.

펄스는 상처받고 수치스러워진 얼굴로, 처절하고 힐책받은 느낌으로 돌아서고 말았다. 그러나 이러한 감정들은 곧 분노로 변했다. 그는 연차 대회를 떠나면서 한 가지 결심을 했다. "어디 두고 봅시다. 당신이 나에게 이렇게까지 할 수는 없소."[1]

프로이트와의 만남은 펄스에게 지워지지 않는 인상으로 남게 되었다.[2] 펄스의 딸은 펄스가 그 연차 대회에서 "아주 달라진 사람"이 되어서 돌아왔다고 기록하고 있다. 그것은 펄스에게는 그의 전문직에 대해서나 개인적인 생활에서 전적인 재교육이었던 것이다. 그는 "평범한 정신분석가(mediocre psychioanalyst: 그가 그 자신을 지칭한 표현)"에서 새로운 정신 치료법과 인간 본성에 대한 새로운 철학의 정열적인 발의자(發議者)로 변모했다. 그는 이러한 새로운 사상을 다른 사람들에게 권하는 일을 자기 스스로 실천하는 살아 있는 본보기가 되었던 것이다.

이전에는 억압되었던 정신분석학에 대한 의심과 불안이 모두 그를 압도할 정도로 명확하게 떠올랐다. 이제는 자각할 시기였다. 그는 이전의 신념을 버리고 나서야 과거에 자신을 지배해 오던 압박으로부터 갑자기 자유스러워진 것을 경험했다. 그는 자기 자신 이외의 외부 자원에 의존할 필요가 없다는 결심을 굳혔다. 더 이상은 예전에 자기가 사용하던 영적 · 도덕적 · 지적 체계에 의지하지 않기로 했다. 그리하여 게슈탈트 치료법(Gestalt Therapy)의 정수를 다음과 같이 인식해 표현했다. 즉 "나 자신의 실존에 대한 모든 책임은 내가 지겠다."

---

1 이 인용은 Frederick S. Perls의 자서전 *In and Out of the Garbage Pail* (Lafayette, CA: Real People Press, 1969)에서 발췌했음. 이 책은 페이지가 매겨져 있지 않다.

2 34년의 세월이 흐르고 나서 인생의 종말에 가까웠을 때, 펄스는 그의 "미완성의 상황"이 "프로이트와 개인적인 만남을 갖고 그가 저지른 잘못을 일깨워 주기 위해서" 쓰여졌다고 했다.

그 이후로 펄스는 진정으로 그렇게 이행했다. 그는 프로이트식의 정신분석가로서 자기 직업을 동일시했던 의식에서도, 또 가족과의 밀접한 관계에서도 벗어났다. 펄스와 그의 아내(역시 정신분석가)는 요하네스버그에서 하인들과 보모와 정구장, 수영장, 사설 스케이트장까지 갖춘 사치스러운 생활을 하고 있었다. 이것은 1935년 독일에서 네덜란드로 피신해 와서 자선금으로 겨우 살아오던, 무일푼이었던 그들의 생활과는 현격한 차이가 있는 것이었다. 남아프리카의 첫 정신분석가로서 펄스의 정신분석은 대단히 성공적이었고, 따라서 중류층의 물질적 성공이 가져야 하는 모든 조건을 충분히 구비하고 있었다.

체코슬로바키아 여행에서 온갖 수모를 겪고 돌아왔을 때 그는 다른 각도로 그의 성공을 보게 되었다. "나는 가족 · 집 · 하인들, 그리고 필요한 것보다 더 많이 돈을 벌어야 한다는 전형적인 틀 안에서 훌륭한 시민이 되어야 한다는 생각에 사로잡혀 있었다. 일과 오락 사이의 양분화 속에 얽매여 월요일부터 금요일 대(對) 주말이라는 식으로 한 주일을 양분해 왔다. 급기야 나는 심술과 반란으로부터 나 자신을 구출했다."[3]

펄스는 다시는 그러한 상태에 안주하지 않았다. 함께 살기는 했으나 펄스는 자신과 가족 사이의 정서적인 거리를 가지려고 했기 때문에 그와 그의 아내는 각자의 길을 가게 되었다. 그는 자녀 양육에 관한 일(그가 일생 동안 해야 하는 많은 일들 중의 하나)을 하고 아마추어로 영화와 연극에 참여하면서 동시에 그의 이론과 치료를 발달시키면서도 무뚝뚝하고 신경과민이 되었다. 그는 '게슈탈트 기도문(Gestalt prayer)'으로 자기의 인생과 이론의 기본 사상을 다음과 같이 요약해 놓았다.

---

3 이런 기분과 주제는 30년 후 미국 젊은 세대에 반향되었다.

나에게는 나의 일,
  당신에게는 당신의 일.
내가 당신의 기대에 맞추어
  이 세상을 살아가는 것이 아니고
당신이 나의 기대에 맞추어
  이 세상을 살아가는 것도 아닌 것.
당신은 당신, 나는 나,
  우연히 서로를 발견하는 기회가 생기면
  그것은 아름다운 일.
그렇지 못할 땐 어쩔 수 없는 일.[4]

펄스는 여생 동안—남아프리카에서 뉴욕까지 그리고 마이애미에서 캘리포니아의 에살렌연구소(Esalen Institute)까지—자신의 일을 했다. 그는 자신의 이론을 설파하는 것도 직접 실행했고, 그 과정에서 그를 아는 수백 명의 사람과 삶에 관한 그의 설법을 따르는 수천 명에게 영감과 지침을 주었으며 치료자가 되었다. 그는 추종자들에게 신과 같은 존재가 되었다. 그의 생활 양식과 가르침에 위배되는 사람들에게는 화를 내었고, 불쾌해했고, 노골적으로 윗사람이 하는 식으로 책망을 하게 되었다.[5]

그의 추종자나 비방자나 다 같이 동의했던 한 가지는 펄스가 색다르고 괴상한 사람이었다는 점이다. 게슈탈트 치료법의 연수회를 이끌

4 F. Perls, *Gestalt Therapy Verbatim* (Lafayette, CA: Real People Press, 1969), p. 4.

5 머슬로는 그의 연설 도중에 펄스가 마룻바닥 위를 뒹구는 것을 보고 "저 사람은 미쳤군"이라고 했다[M. Shepard, *Fritz: An Intimate Portrait of Fritz Perls and Gestalt Therapy* (New York: Dutton, 1975), p. 158].

어 가거나 자신의 손녀뻘이 됨직한 어린 여자에게 구애하거나 (그리고 대체로 성공했는데) 그는 열의와 열정 그리고 충만한 삶에 필요하다고 느껴지는 희열감을 가지곤 했다. 게슈탈트 치료법의 추종자이며 정신과의사인 마르틴 셰파드(Martin Shepard)가 1975년에 펄스의 전기를 썼다. 그는 이렇게 묘사하고 있다. "그는, 나에게는 완전한 동물이었다—하등한 면에서가 아니라 오히려 고차원적인 면에서이다. 그는 성질이 고약할 수도 있고 재미있을 수도 있고 무례하거나 친절할 수도 있고, 추잡하거나 사랑스러울 수도, 저속하거나 허풍쟁이로 보일 수도 있었다. 다만 그 중 어떤 것도 숨기려고 괴로워하지 않았다."[6]

그리고 70대의 펄스에 대해서 셰파드는 다음과 같이 썼다. "줄담배, 대머리에 긴 머리, 길게 흐르는 턱수염, 반짝이는 눈, 그리고 퉁명스러우나 허튼 말 하지 않는 목소리, 낙하산복 같은 옷에 러시아 기병 같은 셔츠를 걸치고, 구슬 목걸이를 하고 있는 그는 산타 클로스, 라스푸틴(Grigorii Efimovich Rasputin: 시베리아 농부 출신의 수도사—역자 주), 선머슴, 원시 시대 조상, 철인, 도사, 게다가 아마 여호와 자신까지 합쳐 놓은 것 같은 인상이었다. 자기 자신이 묘사한 대로 '집시' 로서 그리고 새로운 경험을 찾는 탐구자로서 그는 약물 사건과 선(禪)의 경지를 경험한 바 있고, 성생활에서도 노익장을 과시하였다."[7]

펄스의 생활 방식과 외모는 1960년대 말과 1970년대 초의 분위기와 일치하고 있었기 때문에 그가 호소력을 지녔던 점을 설명하는 데 도움이 될 것이다. 그러나 굉장한 인기는 그의 외모와 행동 방식에만 근거하고 있는 것은 아니었다. 그보다도 자기 자신이 되기 위해 "여기 그

---

6 Ibid., p. 220.
7 Ibid., p. 2.

리고 지금"에 살아야 한다는 그의 경고 때문이며, 예전의 핵심과 가치가 붕괴된 시기에 삶의 새로운 핵심을 발견하려고 노력하는 많은 사람들의 심금을 울려 주었기 때문이었다. 펄스가 1970년 시카고의 병원에 입원했을 때는 건물 주변에 열광적으로 모여드는 추종자들을 막기 위해 경찰 경호가 필요할 지경이었다. 군중은 거기서 펄스가 숨을 거둘 때까지 꼬박 6일간을 기다렸다. 펄스에 대해서 어떠한 말을 하든 간에 그의 추종자들의 헌신과 1970년대보다 오늘날에 더 강력한 지지를 받고 있는 그의 이론, 그 사람에 대한 집착을 부정할 수는 없다.

## 펄스의 성격 연구 방법: 게슈탈트 치료법

펄스의 성격에 대한 연구 방법은 인간 성격의 본질에 대한 이론이라기보다는 치료의 형식이라고 하겠다. 그러나 프랑클과 마찬가지로 그 기초는 인간의 성격이 어떻게 기능을 하는가에 대한 이론에 두고 있다.[8]

'게슈탈트(Gestalt)' 라는 말에서부터 그의 연구 방법을 설명하는 것이 가장 좋을 듯싶다. 이 말의 설명은 그의 치료법의 내용을 이해하기 쉽게 만들 것이다. '게슈탈트' 는 원래 독일말로 형태 · 모양 · 체제로 번역할 수 있다. 거기에는 전체 혹은 완전함의 의미가 내포되어 있다. 그 말은 20세기 초에 독일에서 싹튼 이론심리학 분야에서 사고하는 학파를 기술하는 데 사용되면서 널리 알려지게 되었다. 게슈탈트심리

---

8 관심 있는 독자는 F. Perls의 *Gestalt Therapy Verbatim* (Lafayette CA: Real People Press, 1969) 을 참고할 필요가 있다.

학은 일반적으로 우리가 주위의 세계를 지각하는 방법에 관심을 갖는다. 게슈탈트심리학자들은 우리들이 조직된 전체나 유형에 의하여 여러 가지 자극들을 지각한다고 믿는다.[9]

펄스의 게슈탈트 치료는 직접적으로 게슈탈트심리학에서 파생된 것은 아니다. 게슈탈트라는 용어를 다 같이 사용했다는 것 이외에는 이들 사이에 공통성은 거의 없다. 펄스는 몇몇 초기의 게슈탈트심리학자들의 업적에 감탄하기는 했으나 그들의 책을 모두 읽은 것은 없고 몇 편의 논문만을 읽었을 따름이라고 말했다. 그는 '순수 형태주의자(pure Gestaltist)'는 아니고 이론 게슈탈트심리학자들에 의해 받아들여지지도 않았다고 말했다.

단지 게슈탈트라는 용어는 그대로 사용했다. 펄스는 모든 유기체의 기능은 전체 또는 완성으로 되려고 하는 경향성이 있다는 항구적이고 보편적인 법칙을 의미하는 말로 게슈탈트라는 용어를 썼던 것이다. 이 게슈탈트(혹은 종결에로의 지향)를 막거나 방해하는 것은 모두 유기체에게 해롭고 따라서 펄스가 **미완성 상황**(unfinished situation)이라고 지칭한 상태로 되는 것이다. 물론 이것은 완성되어야 하는 상태로(전체 또는 완전성) 종결되지 않으면 안 된다.

한 인간의 모든 국면들이 게슈탈트를 형성하고 형태를 종결할 수 없을 때, 인간 성격의 전체성은 파괴되고, 하나하나의 부분들은 의미를 잃고 만다. 심리적 건강을 위해서 유기체 내의 균형은 유지되어야 한다. 그 균형이 흔들리면—게슈탈트의 형성을 막으면—부적응이라는 형태가 일어나게 된다. 그리고 불균형을 경험할 때는 그것을 수정하려는

---

9 게슈탈트심리학의 창시자 베르트하이머(Max Wertheimer)는 머슬로의 자아 실현 연구에 영향을 미친 두 사람 가운데 하나이다.

동기가 생길 것이다. 그래서 펄스는 프로이트가 지지했던 것과는 완전히 다른 동기 이론을 제시했다. 프로이트는 인간이 다양한 본능에 의해 움직인다고 믿었다. 펄스는 미완성된 상황이나 불완전한 게슈탈트(프로이트와 새롭게 대결하고자 하는 자신의 오랜 욕구와 같은 것)에 의해 움직인다고 주장했다. 우리들 각자는 여러 가지—아마도 수백 가지의—미완성 상태를 내부에 갖고 있으며 그로 인해 희망도 없이 혼란 상태에 있어야 하는 것처럼 보인다. 우리를 몰아대는 그렇게 많은 미완성 상태에서 한꺼번에 여러 방향으로 보는 것을 막아 주는 것은 무엇인가?

우리는 **중요성의 위계 질서**(hierarchy of importance)로 그 불완전한 형태들을 배열하기 때문에 중요성의 순서대로 주의를 기울이게 된다. 가장 긴박한 상태가 우선 그것이 만족될 때까지 행동과 사고의 지배적인 통제자이며 관리자가 된다. 그러고 나면 다음으로 중요한 것이 나타나고 그리고는 그 다음 그 다음—이러한 식으로 일어난다.

펄스는 예를 들어 자신의 강연 도중 불이 났다고 가정하였다. 그 불은 곧 강연 내용보다도 그 순간에는 더 긴박한 것이 될 것이다. 그 불은 미완성의 상황에서 가장 지배적인 혹은 가장 중요한 욕구(전통적인 용어를 사용한다면)가 되었다. 이제 불에서 재빨리 도망쳐 나왔을 때는 숨이 몹시 찬 것을 느낄 것이다. 이것은 새로운 미완성 상황이 일어났다는 것을 의미하는데, 즉 화재의 위험보다는 산소 공급이 더욱 다급하게 되었다는 것이다. 흥분을 가라앉히고 한숨 돌리고자 하는 욕구가 그 순간의 관리자가 되고 통제자가 되는 것이다.

미완성 상황을 처리하는 한 가지 중요한 양상이 **자아 조절** 대(對) **외부 조절**이다. 건강한 사람은 타인의 욕구나 요구, 사회 규범의 구속 같은 외부의 힘에 간섭받지 않고 스스로 조절할 수 있다. 자아 인식만이 건강한 성격의 발달과 성장으로 이끌 수 있다. 자아의 완전한 인식으로써 우리는 유기체(마음과 몸)를 이어받을 수 있고 행동을 통제할 수 있다. 어떤 의미에서 우리는 우리 유기체의 지혜에 의지하게 될 수 있다.

이것은 우리 자신의 충동과 욕망을 인식하고 받아들일 것을 요구한다. 펄스는 너무 많은 사람들이 부모와 사회로부터 충동을 억제해야 된다고 배워 왔고, 그 결과 자기를 표현하는 것을 두려워한다고 믿는다. 그러나 억제된 충동은 단순히 사라져 버리는 것이 아니고 다른 방법으로 표현이 되는 것이다. 실례로 좌절된 공격성은 틱(tic: 신경성 국부 경련) 증상으로, 경쟁심은 궤양 증세로, 성적 욕망은 적당한 예의로, 의존의 욕구는 단순한 혹은 몇 가지가 겹쳐진 공포증으로 나타나는 것과 같다.

자발적이고 자연스럽게 충동을 표현하는 대신에(그래서 게슈탈트를 완성하게), 우리는 다른 사람들에게 그것을 **투사**한다. 우리는 하고 싶고, 되고 싶은 것을 타인이 하면 그들을 비난한다. 소심한 사람은 타인을 공격적이라고 비난하고, 금욕적인 사람은 청년의 부도덕성을 힐난하고 약한 자를 못살게 구는 사람들은 젊은이의 장발에 대해 공격하며 동성연애를 하는 것 같다고 비난한다. 이와 같은 경우, 용납될 수 없는 충동들이 다른 이에게 투사되는 것이다.

펄스는 심리적 건강을 위해서는 이러한 투사가 우리의 내적 감정을 나타내는 것임을 자각해야 한다고 주장했다. 우리는 외부의 규제나 간섭 없이 자유롭게 욕구를 표현할 수 있어야 한다. "내가 바로 당신이다"라고 펄스가 말하는 뜻을 알아야 한다. 다시 말해서 "나는 당신에 대해 힐난하고 있는 욕구를 갖고 있다"는 것이다. 더욱 중요한 것은 우리는 이 원칙에 부합되게 살아야 한다는 것이다.

펄스는 인간 성격의 연구 방법의 다른 한 면은 현재를 유일한 현실로서 초점을 맞추는 것이다. 그는 우리에게 "여기 그리고 지금"을 제외하고는 아무것도 존재하지 않는다고 믿었다. 과거는 이미 존재하지 않고 미래는 아직 존재하지 않는다. 과거에 대한 기억과 미래에 대한 기대도 역시 현재의 시기에서 경험된다. 마치 아직도 과거 속에 있는 듯 살아가는 사람, 미래가 오늘 벌써 와 있는 듯이 살아가는 사람은 균형 잡히지 않은 성격을 갖게 된다는 것이다. 그들은 더 이상 실재하지 않거나 아직 실재하지도 않는 시간 속에 살며 그 존재하지도 않는 시간을 위해 현재를 희생하고 있다는 것이다. 지금 여기에 있는 우리를 적절하게 이해하지 못할 때 과거와 미래로 도피하려는 충동이 생긴다. 이 두 가지 움직임이 모두 완전한 인간 발달에 해가 된다.

우리가 과거에서 살고 있는 **회고적 성격**(retrospective character)이라면 일생의 어느 기간에 대하여 지나치게 감상적이 되거나 모든 것에서 부모를 원망하게 될 것이다. 이것은 펄스에 의하면, 비극적 실책이고 우리가 가장 빈번하게 지니는 미완성 상태이다. 우리는 일생 동안 부모를 비난하고 우리의 문제에 대한 책임을 그들에게 돌린다. 이 경우 우리는 자신을 스스로에 대해 책임을 지는 성인으로서 인식하는 것이 아니라 아직도 아동으로서 생각하고 있는 것이다. 게슈탈트를 완성하기 위해서 우리는 부모에 대한 의존을 몰아내고 실제로 "나는 이제 성인이고 나 자신의 인생에 대해서는 내게 책임이 있다"고 말해야 한다. 우리의 기억 속에 있는 것은 지금의 현실이 아님을 알아야 한다.

미래 속에서 사는 **전망적 성격**(prospective character)도 똑같이 완전한 인간 성장의 면에서 볼 때는 바람직하지 않다. 앞으로 다가올 것에 대한 환상이 과거의 기억보다 더 현실적일 리 없는 것이다. 우리는 과거를 재경험할 수 없는 것처럼 미래를 경험할 수도 없다. 단지 이 시기, 즉 현재의 영상만을 가질 수 있을 뿐이다. 미래에의 소망과 전망 등이 실현되지 않으면 낙담하고 불행감을 느끼며, 자기의 운명에 대해 타인이나 환경에 책임이 있는 듯 자신보다는 다른 사람, 다른 것에 전가하게 되는 것이다.

우리의 시야가 과거 쪽이나 미래 쪽을 향하고 있다면 현재라는 시간과 함께 그 순간에 누릴 수 있는 즐거움과 만족감을 희생시키게 된다. 여기 있는 현재가 우리가 갖고 있는 유일한 현실이므로 매순간 완전히 자신에게 몰두하고 그 경험에서 무엇인가 얻어내야 할 책임을 갖는다.

펄스는 우리는 완전한 현재에 살아야 한다고 주장하는 한편 기억 속의 것이나 미래의 이상들을 완전히 버리자고 주장하지는 않는다. 과거는 우리가 종결지어야 하는 미완성 상태와 회상하여 즐거운 경험들 또 현재 적응하는 데 도움이 되는 경험들을 지니고 있다. 과거를 인식하되 그 속에서 살아서는 안 된다. 미래에 대해서도 마찬가지이다. 미래의 계획을 세우되—그렇지 않으면 성장할 수 없으므로—현재의 대용으로 그 계획을 사용해서는 안 된다.

이것이 펄스의 인간 성격에 대한 연구의 본질이다. 내적 균형을 조정하려는 것이 인간 성격의 동기가 된다. 다시 말해서 미완성 상태를 완성하려는 것이 동기가 된다. 그렇게 하기 위해서 우리는 충동과 욕망을 받아들이고 그것들을 (인생의 다른 면과 마찬가지로) 지금 그리고 여기, 즉 현재에서 다루어야 한다는 것이다. 초점은 바로 자아에 있음을 주시하자. 우리 자신만이 인생을 조정할 책임을 갖고 있다. 우리는 그 책임을 회피하지 않아야 한다.

## 성격의 부가적 단면들

펄스는 우리가 두 가지의 수준에서 기능한다고 믿었는데 공적인 수준(눈에 보이는 행동)과 사적인 수준(사고와 환상)이 그것이다. 생각은 미래 행동에 대한 예행 연습의 수단이며, 우리 마음의 사적 수준에서 시도되는 일이다. 이러한 소리 없는 예행 연습은 미래의 계획을 세우기 위해서 필수적인 반면 '지금(now)' 과 '그 때(then)' 의 사이에 존재하는 긴장, 즉 불안으로 끌려갈 수 있다. 우리들 대부분은 이 긴장 상태를 거의 견딜 수 없어 오늘을 연장하는 방식으로 미래를 예견하려고 한다. 다시 말해서, 좀더 익숙한 것에 매달려 현상태를 유지하려 하므로 인간의 더 나은 성장은 방해를 받는다는 것이다.

건강한 성격은 그 순간 속에서, 그 순간의 삶을 사는 것이다. 미래에 대한 계획은 세울 수 있지만 내일 일어날 일에 대한 불안으로 괴로워하지 않는다.

**죄책감** 역시 펄스의 이론에서는 중요한 역할을 한다. 그것은 타인에게 투사된 분노라고 단정한다. 분노는 표현되지 않는 평범한 경험이기 때문에 심리적 건강을 결정하는 데 주요한 개념이 된다. 표현되어야 하는데 표현되지 못한 욕구는 무엇이든 우리를 불편하게 만든다. 분노는 우리가 갖고 있는 미완성 상태 가운데서 가장 고약한 종류 중의 하나이다. 화가 난 사람은 곤경에 처해 펄스가 말한 '고착' 상태가 된다. 그들은 앞으로 나아가 분노의 표적을 처리할 수도 없고 그렇다고 불쾌하게 만드는 것을 잊어버릴 수도 없다. 분명한 해결책은 분노를 표현하는 것, 즉 곤경을 초월하는 방향으로 움직여서 분노의 원인인 죄책감으로부터 해방되는 것만이 유일한 방법이다.

우리는 심리적 건강을 위해서는 인식이 중요하다는 사실을 주지

한 바 있다. 미완성 상태, 충동과 욕망, 여기 그리고 지금, 또 분노를 인식해야 한다. 인식에는 자아의 인식, **세계**의 인식 그리고 자아와 세계 사이의 **간섭 환상**(intervening fantasy)의 인식이라는 세 가지 단계가 있다. 펄스는 이 중간 단계를 DMZ(비무장지대)라고 불렀는데 완전히 자아와 세계가 접촉하지 못하도록 막는 기능을 한다. 이 DMZ는 편견과 속단을 포함하므로 그를 통해 세계와 타인을 보게 된다. 세상을 자기 선입관으로 보면 결코 있는 그대로 볼 수 없고 단지 자기에게 보이는 대로만 보게 된다.

건강한 사람은 자아에 대한 인식 및 세계에 대한 인식에 완전히 연결되어 있다. 그러나 병적인 상태의 사람은 이러한 인식 단계 양쪽에 모두 연결이 되지 않는다. DMZ, 즉 인식의 간섭 환상 단계는 그 환상에 너무 많은 기력을 소모해 버렸기 때문에 자아와 세계의 현실에 남아 있는 기력이 거의 없다. 인간 성격의 환상적이고 비이성적인 이러한 양상을 이해하고 나서 이 중간 지대를 비우고 현실 세계와 자아 사이의 장벽을 무너뜨려 현실을 있는 그대로 볼 수 있게 될 때 심리적 건강은 성취될 수 있다. 이것이 성취될 수 있을 때 놀라운 전환이 일어난다. "갑자기 세계가 **거기에** 있다. …… 치료의 목표, 성장의 목표는 점점 '마음'에서 사라지고 **감각**으로 서서히 오게 된다."[10] 우리는 환상 · 공포 · 편견 대신에 그 순간의 우리의 세계와 자아를 경험하게 된다.

이 목표를 달성하기 위해서 **인식의 연속성**(continuum of awareness)을 확보해 우리에게 가장 중요한 과업, 즉 삶의 미완성 상태를 계속 진척시켜 나가야 할 것이다. 이 인식의 연속성을 이루려면 주위에서

---

10 F. Pearls, *Gestalt Therapy Verbatim* (Lafayette, CA: Real People Press, 1969), p. 50.

진행되는 것에 주의를 기울여야 한다. 잠시라도 여기와 지금에 대한 인식을 잃지 않아야 한다는 것이다.

그러나 여기와 지금에 대한 우리의 인식은 불쾌하거나 위협이 될 수도 있다. 우리는 보고 싶지 않은 것도 보게 되는 경우가 있다. 그런 때에 우리는 미래나 과거로 도피함으로써, 지성화함으로써, 또는 실제로 전혀 경험하지 못한 의미도 없는 자유 연상의 혼잡에 자신을 몰두시킴으로써 현재에 대한 불쾌한 인식을 대치하거나 방해하려 할 수도 있다. 펄스는 현재 인식을 회피하는 수단을 **분열**(dissociation)이라 부르고 현실로부터의 회피나 도주로 정의했다. 분열은 **공포적 태도**(phobic attitude)를 대표한다. 우리들 대부분은 불쾌한 상태를 피하고 싶어하므로 각종 갑옷과 가면을 사용하나 그렇게 하면 곧 여기와 지금으로 집중된 주의는 물러나게 되어 인식의 연속에 방해를 받는다. 이 공포적 태도는 인간 발달의 적이다. 아무리 고통스러워도 다시 한번 현재에 초점이 맞추어져야 한다.

자, 이제 자아 조절 대(對) 외부 조절의 문제로 되돌아가자. 자아 조절이 건강한 성격의 발달에 얼마나 중요한 것인가는 살펴본 바 있다. 어린 시절, 우리는 부모에게서 일련의 규칙, 즉 어떤 것은 용납되는 행동 방식이고, 어떤 것은 용납이 안 될 뿐더러 때로는 벌까지 받게 되는 행동 방식임을 배운다. 이러한 일련의 규칙을 양심이라고 일컫는다. 프로이트는 이것을 초자아(superego)라 불렀다.

펄스는 행동이 외부의 통제나 조절을 받는다는 사상에 반대했다. 타인이나 우리 자신으로부터 이러이러한 방식으로 행동해야 한다는 말을 들어서는 안 된다. 우리가 이 규칙들을 내면화했더라도 역시 이 규칙들은 원래 우리의 외부에 있었기 때문에 외적 힘에 의해 이끌리고 있는 것이다. 펄스는 이들 내면화된 외적 통제력을 **승자**(topdog)라고 부르는데 그 이유는 그들이 우리가 지녀야 할 형상과 행동 방식을 명령하기 때문이다.

승자는 독재적이고 정당하며 항상 최선의 길을 안다. 펄스는 명령으로써 우리를 조정하고 만약 자기를 어기면 파국에 이른다고 위협하는 그것을 난폭자(bully: 약한 자를 못살게 구는 사람)라고 불렀다. 승자의 지시에 따라 행동하지 않으면 보복이 있다고 난폭자는 이야기하는 것이다. "사랑을 받지 못할 것이고 천국에 가지 못할 것이며, 언젠가 죽을 것이다"[11]라고 말이다.

펄스는 프로이트가 성격 형성에 초자아나 승자만을 강조하고 상대적인 힘, 즉 **눌려 있는 자**(underdog)를 무시했다고 비난했다. 눌려 있는 자도 역시 우리를 조정하는데 좀더 미묘하고 달래는 듯한 방법을 쓴다. 눌려 있는 자는 방어적이고 변명적이 되어 승자에게 이렇게 말한다. "나는 최선을 다하겠지만 …… 실패하면 어쩔 수가 없군. ……나의 의도는 그렇게도 좋았는데."[12]

이들 두 어릿광대 중에서 승자는 좀더 힘이 있으나 눌려 있는 자는 좀더 교활하므로 그 결과 대체로 승자를 이기게 된다. 우리들 대부분의 속에는 성격의 통제권을 위한 이러한 싸움이 계속되고 있으므로 결국 통제하는 자와 통제 받는 자로 나누어진다. 그 갈등은 끝나지 않고 자아 고문 게임(self-torture game)으로 된다고 펄스는 믿었다.

이 내적인 게임에서 우리는 승자가 항상 옳다고 믿고 그 요구에 따르게 된다. 만약 우리가 그렇게 할 수 없으면 불편하게 느낀다. 불행히도 승자의 많은 요구들은 완전함을 지향하고 있으므로 따르기가 불가

---

11 Ibid., p. 18.
12 Ibid.

능하다. 사실상 펄스는 정신이상 혹은 적어도 심한 신경증은 이들 완벽주의의 명령에 따르려고 애쓰다가 생긴 결과일 것이라고 했다.

우리는 우리의 성격에 눌려 있는 자와 승자의 불화를 깨닫고 그 차이점을 양립시켜야 한다. 일단 그것이 성취되면, 타인들이나 사회에 의해 제시된 기준에 동조하기 위해 억지로 본성을 변화시키는 것이 얼마나 불가능한 일인가를 인식하게 될 것이다. 너무나 많은 사람들이 자기들은 어떠해야 한다고 생각하는 심상을, 또 승자가 행동 방식으로 지정하는 심상을 이행하고 실현시키는 데 자신의 인생을 바친다.

우리가 실현해야 하는 것은 진정한 내부적 자아이다. 자아 실현과 자아 영상의 실현 사이에는 상당한 차이가 있다. 진정한 의미의 자아를 잃었기 때문에 너무 많은 사람들이 자기가 지닌 심상만을 위해서 산다고 펄스는 믿었다. 자아는 이상대로 살고자 하는 광적인 노력 때문에 가려져 있는 것이다. 우리는 진정한 자기 자신이 되어야 한다. 승자와 자아의 심상이 우리를 우리 자신이 아닌 어떤 사람으로 만들려고 한다. 이것이 바로 "이상이라는 저주"[13] 이다.

외적 통제의 형태는 어떤 것이든, 내면화된 것까지도, 그것이 자아의 실현을 방해하기 때문에 심리적 건강의 발달을 저해한다. 우리가 행동할 때 우리를 주도해야 하는 것은 우리에게 주어진 상황뿐이다. 인생의 복잡함에 대처할 수 있는 유일한 방법은 오직 현재 상태가 우리의 행동을 통제하도록 하는 것이다. 펄스는 자동차를 운전하는 것을 예로 들었다. 우리가 운전을 할 때 항상 같은 방식으로, 예를 들어 똑같은 고속으로 운전하지는 않는다. 대신에 속도는 상황에 따라 조절된다. 차가 거의 없는 고속도로에서는 빨리 달리고 복잡한 도시의 거리에서나 피

---

13 Ibid., p. 19.

곤할 때에는 천천히 달린다. 우리는 각각의 상황에 반응을 한다. 만약 진정으로 자아의 현실과 세계의 현실에 속해 있으면, 우리 자신의 자연스럽고 자발적인 반응은 우리를 이끌어 가는 데 충분하다. 그러나 우리가 외부의 힘에 조정받으면, 이미 결정되어 있는 똑같은 태도로 모든 상황에 반응하고, 진정한 자아보다 자아의 영상에 따라 행동한다.

펄스의 인간 성격에 대한 또 하나의 견해로 환경에 대해 유기체가 맺는 **자아 경계**(ego boundary)가 있다. 물체를 서로 분리시키는 것이 경계의 역할인 것처럼 그 역시 배타성이 있어 사물을 떼어놓는다. 마찬가지로 자아 경계는 세계를 자아와 나머지 다른 것으로 구별하거나 분리한다.

자아 경계의 두 가지 특성은 **동일시**(identification)와 **소외감**(alienation)이다. 우리는 자아(ego: 우리 자신[self])로 동일시되고 자아가 소속된 곳에 높은 가치를 둔다. 자기의 집 · 가족 · 차나 직업과 동일시되고 다른 사람의 집 · 가족 · 차 · 직업들과는 명확히 구분을 한다. 이 동일시는 대체로 강한데 특히 가족에 관해서는 매우 강하다. 예를 들어 자기 가족 중 어떤 사람이 모욕을 당했다면 자신이 모욕을 당한 듯이 느낄 것이다. 우리는 친구와도 역시 동일시할 수 있고 클럽이나 교회의 성원, 동업자 등등과도 동일시할 수 있다. 자아 경계 안에 사랑 · 결속감 · 단결감 등이 있다. 이러한 긍정적인 감정들은 경계의 다른 편에까지는 확장되지 않는다. 자기 친구가 아니거나 다른 정당에 소속되어 있는 사람은 친근감 없이 의심과 심지어는 적대감과 거부감까지도 갖고 대할 것이다. "당장 내 집에서 나가시오"라고 말할지도 모른다. "당신이 온 곳으로 돌아가시오. 우리는 당신의 친절을 우리 이웃에서 받아들이고 싶지 않소"라고 말이다.

자아 경계는 그래서 견인력과 반발력이라는 양극성이 있다. 경계의 내부에 있는 것은 친숙하고 좋지만 외부 것은 낯설고 나쁘다(당신의 신은 사이비이고 나의 신은 진짜이다). 우리는 이렇게 자아 경계 안에 있는 것과는 동일시하고 나머지 모든 것으로부터는 소외당하게 된다. 자아 경계는 삶의 영역 전체에 적용되고 좀더 건강한 사람에게는 항상 변화하는 것일 수 있다. 예를 들어 당신이 소수 집단의 구성원들과 일을 하여 그들에 대한 편견이 없어지면 그 때는 전에 그들을 배제하던 자아 경계가 그들까지 포함하게 되어 새로운 경계가 창조된다. 편견에 매달리고 새로운 경험에 대해서 배타적인 사람은 그 자아 경계를 그대로 보유할 수밖에 없다.

자아 경계는 자아 속에서도 역시 적용된다. 우리는 자아 경계 안에 있는 영역으로부터 자아의 일부를 배제시켜 버릴 수도 있다. 예를 들면 진정 자신에게 속한 사고, 가정 혹은 욕구의 일부분을 받아들일 수 없을 수도 있다. 우리는 그것들을 거부하고 부인한다. "그것은 내가 아니다. 나에게는 그러한 욕구가 없다." 그리고 이 용납될 수 없는 충돌을 다른 사람들에게로 투사할 것이다.

이런 문제의 충돌들을 거부하는 사실보다는 우리의 본질인 자아의 일부를 부인한다는 사실이 더 중요하다. 내부의 자아 경계는 더욱 작아진다. 우리 본질의 일부분에만 동일시하고 그 이외의 것으로부터는 소외된다. 그 결과 우리는 이미 진정한 자기 자신이 아니게 된다. 우리의 자질이나 특성의 일부분만 활용할 뿐이다.

펄스는, 내적 자아 경계의 이러한 축소가 우리들 대부분이 인간의 잠재력 가운데 그렇게 작은 부분밖에 활용하지 못하는 이유를 설명하는 것이라고 믿는다. 우리는 전체적으로 완전히 우리 자신이 되지 못한다. 자아 경계가 축소됨에 따라 우리의 기력과 활력(우리의 '삶의 원동력')도 감소된다. 결과적으로 우리는 감퇴된 능력으로 기능하는데 이것은 마치 8기통 자동차가 4기통만으로 달리려고 하는 것과 다를 바 없어 움직이기는 하지만 아주 잘 또는 빠르게 달리지는 못하는 것이다.

지극히 건강한 사람은 자기 잠재력의 어느 부분도 거부하거나 버리지 않는다. 모든 것이 활용될 수 있는 것들이다. 그러한 사람은 자아의 모든 부분과 접촉하여 그들 중 어떤 부분에서도 불쾌하거나 위협적인 것을 발견하지 못한다. 건강한 사람은 완전히 자기 자신이 되고 완전한 인식을 하며 완전히 활용된다. 우리가 완전히 자신을 경험할 때 오히려 우리 내부의 자아 경계는 붕괴된 것처럼 보인다. 그 때에는 존재하는 데에 완전히 몰두하고 있다. 객관과 주관이, 자아와 세계가 화합되어 확대된 인식과 고조된 감수성 속으로 용해되며 그 과정, 즉 여기나 지금 속에 완전히 몰입하는 것이다.

## 성격의 발달

펄스가 가지고 있는 인간 성격 발달의 원리는 환경에의 의존으로부터 자기 의존에로의 변화이다. 태어나기 전에 우리는 자궁이라는 환경에 완전히 의지한다. 태아는 아무것도 자급하지 못한다. 유아가 혼자 호흡해야 하는 바로 그 출생의 순간부터 이것은 변화된다. 태어날 때 잠깐 동안 우리는 중요한 게슈탈트 치료법의 개념인 **곤경**(impasse)의 첫 징후를 경험한다. 환경에 더 이상은 의지할 수 없는데 자기 자신에게도 역시 아직 의지할 수 없는 고비를 맞게 되는 곤경을 당한다. 이 때 갓난아이는 혼자 힘으로 숨 쉬는 것을 배우거나 아니면 죽게 된다.

유아가 자라날 때에도 환경적 보좌는 계속 요구된다. 그러나 아동이 그 스스로 하는 것을 더 많이 배우게 될수록 환경의 보좌는 점차 감소된다. 기어다니고 말하고 걷기를 배우며 자기의 내적 자원, 잠재력이 점차 발달하는 것이다. 아동은 타인들에게 덜 의존하게 되고 자아로부터의 원조가 점차 증가하게 된다. 신체적인 면에서 자연스럽게 환경에의 의존으로부터 자유로워지게 되며 그것은 또 그다지 어려운 일도 아니다. 그러나 심리적 · 사회적인 의미에서 환경에의 의존으로부터 자유로워지려면 많은 문제가 생기게 되어 인간 실존의 '근본적 갈등' 이 생기게 된다.

이 갈등은 우리의 실체로 타인이 원하는 우리들 사이에서 싹트는 것이다. 펄스는 모든 살아 있는 유기체—식물 · 동물 · 사람—는 본능적 목표가 있는데 그것은 자신의 본질에 일치하도록 자아를 실제의 모습으로 실현시키는 것이라고 했다. 펄스는 장미는 캥거루로서가 아니라 장미로서 그 자신을 실현하고, 코끼리는 새로서가 아닌 코끼리로서의 그 자신을 실현한다고 말한다. 우리는 독특한 잠재력을 완전히 누리며 살게 됨으로써 다른 어떤 것이 아닌 우리 자신이 됨으로써 인간으로서의 우리의 자아를 실현하는 것이다.

갈등은 우리가 우리 실체가 아닌 다른 어떤 것이 되기를 기대하는 사회에서 살기 때문에 일어난다. 사회는 그 대리자(부모, 교사, 그밖의 것들)의 형태로 펄스가 "진정한 성장(authentic growth)" 이라고 말한 본질적이고 자발적이며 완전한 자아의 실현을 방해할 수도 있다. 그들은 **집착**(stick)과 **최면**(hypnosis)이라는 강력한 두 가지 도구를 사용해 우리의 존재를 '위조(falsify)' 할 수도 있다. 집착은 사회가 원하는 것보다 자기가 원하는 대로 행동했을 때 우리에게 떨어질 재앙을 의미하는 **파멸적 기대**(catastrophic expectation)의 원칙을 통해 작용한다. 우리는 자기가 좋은 대로 행동하면("내가 그들에 대해서 어떻게 생각하고 있는지를 진짜로 말해 줄 거야") 그 결과는 불쾌한 것("그들은 나를 더 이상 사랑하지 않을 거야")임을 생각해 보게 된다.

최면은 교실에서나 설교 연단에서나 광고 같은 데서 볼 수 있는 선전이나 설득처럼 어떠한 것을 믿으라는 호소가 포함되어 있다. 펄스는 한 강연에서 그 과정을 다음과 같이 선명하게 묘사했다. "바로 지금 …… 내가 말하는 것을 믿으라고 당신에게 최면을 걸고 있다. 나는 당신이 내가 말한 것을 소화하고 동화하고 음미할 기회를 주지 않겠다. 당신에게 최면을 걸려고 나의 주문을 던지고 당신이 거기에 동화되거나, 토하거나 컴퓨터에 집어넣고 '흥미로운 개념이군요' 라고 말할 때까지 나의 지혜를 당신 속에 밀어넣을 것이다."[14]

집착을 통해서든 최면을 통해서든 우리는 우리 자신보다 환경에 더 의존하여 지지를 받기 때문에 잠재력의 완전한 표현은 억제된다.

아동이 자라면서 그들은 두 상황 중의 하나, 즉 응석받이가 되거나 좌절을 극복하는 것에 직면하게 된다. 아동들은 쉽게 응석받이가 될 수가 있다. 부모들은 아이들이 스스로 답을 찾게 하는 것보다 아이들의 모든 질문에 대답을 해주어 버린다. 또한 그들은 아동이 원하는 모든 것을 줄 수 있고 따라서 아동을 좌절시키는 데는 실패한다. 펄스는 좌절은 자라나는 아동을 위해 바람직하다고 생각했다. 좌절이 없으면 아동에게는 스스로 능력을 발달시켜 어떤 것을 할 수 있다는 전율적 쾌감을 찾아야 할 이유가 없어진다고 해석했기 때문이다.

펄스는 아동들이 응석받이가 되었거나 충분한 좌절 경험이 없을 때 '고착' 된다고 믿었다. 이런 아동들은 성장과 발달을 하는 데에 독특한 잠재력을 활용하는 대신 환경, 특히 부모를 조절하는 데에 사용한다. 그들은 그들의 추진력을 부모의 원조를 얻기 위해, 부모를 교묘히

14 Ibid., p. 32.

조종하는 데 사용한다. 다시 한번, 그들은 자기보다는 환경에 의존한다.

아동이 효과적인 조종의 수단을 배울 때 **특성**(character)을 획득하게 된다. 그리고 고정된 특성을 많이 가질수록 행동이 굳어지고 예측할 수 있게 되기 때문에 독특한 잠재력의 표현은 줄어든다.

아동이 발달시켜야 할 여러 가지 특성이 있다. 그들은 타인으로부터의 '지시적 원조'를 구하면서 결과적으로 이런 말을 하게 된다. "나는 어떻게 해야 할지 몰라요. 엄마, 아빠, 어떻게 할까요?" 라고 하면서 부모를 조정하기 위해 울기도 하고 성질을 부리기도 하며 부모의 자존감에 호소해 아양을 떨기도 한다. 그래서 그 대가로 부모가 무엇인가를 줄 것이라고 기대해 보는 것이다. 또 다른 특성은 자기가 무력하게 보이도록 하는 것인데 그 결과 다음과 같이 말한다. "엄마 아빠는 확실히 저를 도와줄 수 있을 거예요. 당신들은 매우 현명하니까요." 이러한 행동은 성인이 되어서도 벌이는 의존 게임(games of dependency)으로 연결된다.

우리가 끊임없이 칭찬 · 사랑, 혹은 타인의 격려를 필요로 할 때 그들이 우리의 지배자가 된다. 우리는 자아에게 의지하지도 않고 통제력을 갖고 있지도 않다. 우리는 다른 사람을 감동시키는 데만 계속 관심이 있다. 자신에 대한 다른 사람의 의견이 자신이 생각하는 것보다 더 중요하다. 우리는 더 이상 자발적으로 자연스럽게 행동할 수 없다. 가면을 쓰고 연기를 해야 한다. 다른 사람에게 주는 효과에 대해 민감하게 말하고 행동할 모든 것을 계획하고 연습해야 한다. 계속적인 반복을 통해서 이 역할들은 연관이 된다. 지지를 받기 위해 연기를 통해서 환경을 조정하는 것은 신경증과 미성숙의 한 증상이다. 이 조종에 투자되어야 했던 기력은 이미 자신의 발달에 적용할 여유가 없다. 우리는 자기가 자신에게 줄 수 없는 것을 타인에게서 받으려고 하는 노예가 된다.

환경에의 의지에 대신할 수 있는 다른 건강한 방법은 자기 스스로에게 의지하는 것이다. 이 과업은 인간 성격 발달의 궁극적 목표이다. 우리는 타인을 위해 벌이는 연기를 그만두어야 하고 우리의 내적인 본질을 진실되게 반영하는 방식으로 행동함으로써 우리가 가진 잠재력을 실현시켜야 한다. 우리가 그렇게 했을 때에는 펄스가 말하는 심리적 건강의 최고 상태에 이미 도달한 것이다. 펄스는 이 상태에 이름을 붙이지 않았으므로 나는 그것을 "여기 그리고 지금"의 사람이라고 부를 것이다.

## "여기 그리고 지금"의 사람의 본질

펄스는 심리적으로 건강한 사람의 특성 목록을 제시하지는 않았으나 인간의 성격에 관한 그의 견해에서 쉽게 추론할 수는 있다. 여기 그리고 지금의 사람은 **현실의 순간에 그 바탕을 안정되게 두고 있다.** 우리가 갖고 있는 유일한 현실은 그 순간뿐이라는 것을 인식하고 있으므로 그러한 사람은 인생의 의미와 목적을 발견하기 위해 앞이나 뒤를 바라볼 필요가 없다. 그들은 과거에 있었던 사건이나 미래에 대한 환상이나 상상의 포로가 되지 않는다. 그들의 초점인 인식과 만족은 현실 세계의 각 순간적인 실존에 의지한다.

심리적으로 건강한 사람은 **자기들은 누구이고 어떠한가에 대해 완전한 인식을 하고 받아들인다.** 그들은 자기의 강점과 약점을 이해하고 받아들이며 인간으로서의 자기의 잠재력을 깨닫는다. 그들은 할 수 있고 될 수 있는 어떤 능력을 갖고 있는지를 안다. 이와 똑같이 중요한 것으로, 그들은 할 수 없고 될 수 없는 것이 무엇인지를 알고 자기가 아닌 어떤 것이 되려고 노력하지 않는다. 그들은 자기들이 도달할 수 없다는 것을 아는 이상 목표만을 고집하지 않는다.

그들은 자신을 인식하고 수용할 뿐 아니라 **억제하거나 죄악감 없이 완전히 개방적으로 충동과 욕망을 표현할 수도 있다.** 건강하지 못한 사람은 존재의 어떤 부분은 표현할 수 없는 대신에 그것을 타인에게 투사한다. 심리적으로 건강한 사람은 그들이 어떤 순간에 느끼고 생각하고 원하는 것을 누구나가 다 알 수 있게 할 만큼 충분히 안정되어 있다.

건강한 사람은 **자신의 삶에 대해 책임을 질 수 있다.** 그런 의미에서 그들은 '그들 자신'에 근거하고 있고 부모나 배우자, 운명 혹은 외적 자원 어디에도 자신이 누구이며 어떠한가에 대한 책임을 전가시키지 않는다. 그들은 자기만이 자기 삶을 만드는 데에, 자기가 말하고 행하고 느끼거나 생각하는 데에 책임이 있다는 것을 인식한다.

이것과 관련해서 건강한 사람은 **다른 사람들에 대한 어떠한 책임에서도 탈피한다.** 자기 인생에 다른 누구의 책임도 있지 않은 것과 마찬가지로 다른 누구에 대해서도 자기의 책임은 없다. 펄스는 게슈탈트 기도문에 "나에게는 나의 일, 당신에게는 당신의 일"이라고 기록한 바 있다. 그는 우리가 타인에 대한 책임을 받아들인다면 전지전능한 척하고 남의 인생에 간섭을 하게 될 것이라고 주장했다. 우리는 그들을 보조해 주려고 할 것이므로 이것은 그들의 독립심과 스스로에 대한 책임 의식을 쇠퇴시킬 것이다. 우리는 있는 그대로의 우리가 되고 타인을 있는 그대로 둠으로써 자연스럽고 솔직하게 타인들과 상호관계를 가져야 할 것이다. '당신은 당신, 나는 나'이다.

건강한 사람은 **자아와도, 세계와도 완전하게 접촉하고 있다.** 그들은 감각과 감정, 그리고 주위에서 일어나고 있는 것들과 접촉한다. 인식이 DMZ를 구성하고 있는 환상에 의해서 흐려지지 않는다. 건강하지 못한 성격은 그러한 현실, 특히 자아와 접촉이 없으며 기력은 인식의 DMZ 지대의 환상에 소모된다. 건강한 성격은 이 중간적 정신 세계에 머무르기보다는 감각 기관을 통해서 전해지는 현실 세계에 더 오래 머무는 것이다. 펄스는 우리가 마음에서 벗어나 감각으로 다가와야 한다고 역설한다; 다시 말해서 현실과 맞닥뜨려야 한다는 것이다.

여기와 지금을 사는 사람은 **분노를 솔직하게 표현할 수 있다.** 건강하지 못한 사람에게 분노는 표현되지 않는 가장 보편적인 경험이다.[15]

심리적으로 건강한 사람은 그들 주위의 세계와 완전히 접촉하고 있는 반면, **외부의 규칙으로부터는 자유롭다.** 그들은 다른 사람들의 기준에 맞는 적절한 행동으로 간주되는 개념으로 지시받거나 지배받지 않는다. 건강하지 못한 사람은 양심이라는 형태로 존재하는 부모의 가치관에 따라 계속 명령을 받는다. 여기와 지금의 사람은 자아의 영상을 실행하려고 하기보다는 진정한 자아를 표현하고 실행한다. 그들은 자아 의존에 의해 환경에의 의존을 포기하고 외부적 기준이나 가치에 의지하지 않는다. 그들의 행동은 자발적이고 자연스러우며 자신이 누구이고 어떠한가를 그대로 반영하며 다른 사람이 그들에게 어떠해야 한다는 것에 영향받지 않는다.

여기와 지금의 사람은 **그 순간의 상황에 의해 지시받고 반응한다.** 그들은 현실과 완전히 접촉하고 있기 때문에 융통성 있고 현실감 있게 반응한다. 그들은 비이성적 환상이나 타인의 규정에 따라 상황을 보지

---

15 펄스는 자기의 심리적 건강에 대한 견해의 산 본보기가 자신이었으므로 분노를 잘 표현할 수가 있었다. 그는 대체로 무뚝뚝하고 무례했는데 누군가 그를 지루하게 했다면 "당신 같은 사람은 아예 소개를 받지 말았어야 했는데" 하며 나가 버렸을 것이다.

않기 때문에 그 상황의 모든 면을 객관적으로 감지한다.

심리적으로 건강한 사람은 **자아 경계의 위축이 없다**는 특성이 있다. 그들의 자아 경계는 융통성이 있어 확장과 확대가 가능하다. 이 개방성은 외적 자아 경계(환경)와 내적 자아 경계(자기)에 모두 적용된다. 어떠한 사고와 감정도 자아 경계에 의해서 배제되지 않는다. 자아의 어떤 면도 부정되거나 소외되지 않는다. 건강한 사람은 자기 본성의 어떠한 면도 모두 수용하고 있으므로 더욱 높은 성장과 발달을 위해 모든 잠재력을 사용할 수 있다.

여기와 지금의 사람은 **행복의 추구에 열중하지 않는다**. 펄스는 행복은 성취될 수 없는 것이므로 행복을 추구하는 것은 잘못이라고 주장한다. 행복을 목표로 설정하는 것은 우리의 유일한 현실인 현재로부터 정력과 주의를 돌리는 것이 된다. 행복은 심리적으로 건강한 사람의 목표가 될 수 없다. 행복은 순간적이고 산발적으로나마 우연히 떠오르는 것이다. 펄스는 행복은 단순히 일어난 것이므로 영원한 상태가 되는 것은 불가능하고 아마도 바람직한 것이 아닐지도 모른다고 주장한다. 행복 그 자체를 목표로 추구하는 것은 불운이며 "디즈니랜드의 조작되어 꾸며진 재미" 같은 **대용** 행복(pursue happiness)으로밖에 이끌 수 없다. 우리는 행복을 추구하지 말고 그 순간의 우리 모습 그대로 **있어야** 할 것이다.

## 개인적 논평

이 책에서 토의된 모든 이론가들 중에서 펄스는 가장 광범위하고 열정적인 대중이 따르는 이론가 중의 한 사람이다. 다른 이론가들—올포트 · 머슬로 · 로저스 · 융—이 학술적인 심리학으로 더 잘 받아들여지기는 했으나 그들 중 누구도 펄스만큼 대중적 영향력을 가진 것 같지는 않다. 펄스는 학술적 심리학에서 거의 인정받지 못했다 하더라도 그의 연구는 미국에서의 인간 잠재력 성장 운동에 대단한 영향을 주었다. 게슈탈트훈련센터가 전국 방방곡곡에 생겼고, 수십 수백 가지 세미나가 해마다 개최된다. 수천 명이 게슈탈트 치료법에 참가했고, 그 숫자는 분명 증가 추세에 있다. 펄스의 연구 방법(그리고 그 사람 자신도)이 현대적 가치와 우리들의 많은 충족되지 못한 욕구를 대표하는 듯하다.

이것은 지도자가 없는 게슈탈트 치료법의 미래에 대해 흥미 있는 질문을 던지게 한다. 펄스는 비범하게 능숙한 인간으로 그의 임상에서의 상호작용은 대단히 힘있고 역동적이며 민감하고 직관적이어서 그의 타계 후에 게슈탈트 운동에는 빈 자리가 생겼다. 한 게슈탈트 치료자는 다음과 같이 썼다. "펄스의 죽음을 본따서 게슈탈트 운동은 노출된 개미탑같이 보인다. 사람들은 어떻게 진행해야 할지를 확신하지 못하며 허둥거린다. 확실한 지도자가 없다."[16]

프로이트의 사후 정신분석학에서도 비슷한 상황이 일어났다. 프로이트와 펄스는 둘 다 살아 있는 동안 지도력에 영향을 끼치는 도전을 받지 않았던 의지가 강한 사람들이었다. 그들의 죽음은 이런 의미에서 선장도, 키잡이도 없이 배를 남겨둔 셈이다. 정신분석학에서는 그 주인이 죽었을 때 많은 혼란이 있었다. 몇십 년이 지난 후 젊은 정신분석가들이 점차 프로이트 가르침의 핵심은 보존했다. 그랬음에도 불구하고 프로이트의 위치에 두드러진 변화가 있었다. 어떤 흐름을 그 흐름의 주

---

16 W. Kempler, "Gestalt Theory," in R. Corsini, ed., *Current Psychotherapies* (Itasca, Ill: F. E. Peacock, 1973), p. 253.

도자로부터 분리하는 것은 느리게 진전되기는 하지만 필연적이다. 추측컨대 지금 게슈탈트 치료에서도 그와 비슷한 분리 작업이 일어나는 중이고 각 사람과 집단마다 자신들의 다양한 견해를 도입시킬 때 생기는 변화를 배우려고 나는 기대하고 있다.

어쨌든 펄스 시대의 게슈탈트 치료는 대단히 흥미롭다. 그것은 우리 시대와 장소에 보조를 맞추는 듯한 인간의 잠재력과 그 성취법과 행동하고 느끼는 방식—자아와 나머지 세계라는 데 대해—에 대해 말하는 것이다. 많은 사람이 심각하게 여기는 건강의 대책이 '자기 자신의 일'을 하는 것이고 그로 인해 과거의 세대들보다 자신이나 타인들에게 좀더 공정하고 자발적이며 개인적 자유를 더 많이 가진 세대가 탄생되는 것이다(이것이 궁극적으로 그들에게 이익이 되는가는 생각해 볼 문제이다).

이제 게슈탈트 이론의 중요한 논점을 몇 가지 검토해 보자. 첫째 자기의 충동과 욕망, 약점과 장점을 인식하고 받아들이라는 것은 다른 이론가들에 의해서도 제안되었던 개념이다. 자신에 대한 객관적인 심상을 가지고, 어떠했으면 하는 희망대로가 아니라 있는 그대로 자신의 모습을 보는 것이 더욱 건강한 것 같다. 이런 점에서 여기 그리고 지금의 사람은 자기 본성에 대한 명확하고 객관적인 심상을 가지고 현실적으로 산다. 그러나 충동을 인식하는 것만으로는 충분하지 않으며 충동들을 솔직하게 표현해야 한다는 펄스의 충고에 선뜻 동의할 수가 없다. 그대로 한다면 우리는 충동을 방해하거나 억제해서는 안 되고 분명히 타인들에게 끼칠 영향도 무시하고 요구되는 대로 행동해야 한다. 만약 충동이 자신만을 위한 것이고 충동대로 움직이는 것이 정직하고 자연스럽다고 믿는다면 극단적인 행동에 대해서도 자신의 권리를 핑계로 삼을 수 있을 것인가? 어쨌거나 사람은 누구나 자기 자신의 한계를 벗어날 수 없다. 펄스는 스스로 이런 방식으로 행동했고 그 과정에서 다른 사람에게 상처를 주었다.

우리는 다른 이의 감정을 상하게 하는 말이나 행동을 하지 않으려고 항상 주의할 수는 없으나 그렇게 하고 싶을 때에도 고의적으로 경솔하게 생각 없이 행동해서는 안 된다. 그런 경우 다른 사람을 불필요하게 해롭게 할 뿐만 아니라 그 보복이 우리에게 돌아오기 때문이다. 충동을 모두 표현하라는 이 규칙을 완전히 따를 수 있게 되기 위해서는 보복으로부터 대단히 자유롭고 나머지 세계로부터 독립해야 할 것 같다. 어느 누구도 자기를 해치지 않을 위치—즉 직장에서 해고당하고, 학점을 깎이고, 수선에 대해 지나치게 부당한 가격을 요구당하는 등의 해를 받지 않을 위치에 있어야 한다(많은 개인적 상호작용 속에서 자신이 얼마나 기분 좋은 사람인가에 따라서 남으로부터 대접받는 양상이 다르다). 나는 충동을 표현한다는 이 사상에 갈채를 보낼 수는 있으나 일상 생활에서 그렇게 행할 수 있는가 하는 실제성이 염려된다. 인생은 게슈탈트 연구회나 감수성 훈련이 아니다. 우리 주변의 사람들은 현실적으로 남의 행동에 대해 그렇게 관대하지 못할 수도 있다.

여기와 지금에 사는 것은 어떤가? 펄스는 "현재 이외의 다른 현실은 없다"고 썼는데 이것은 사실에 관한 간결한 진술인 것 같다. 실존의 현재 그 순간을 제외하고 다른 무엇을 우리가 경험—듣고 맛보고 냄새맡고 보고 느끼는 것—해야 하는가? 우리가 그 순간을 완전히 활용하지 못하면 또 다른 기회를 가질 수는 없을 것이다. 왜냐 하면 기회는 다시 오지 않을 것이기 때문이다. 그 순간의 경험을 인식하는 것은 심리적 건강을 위해 일차적인 필요조건으로 보인다. 이것은 과거를 애도하거나 미래의 가상적 세계에서 사는 것보다 얼마나 생산적인가? 그러나 펄스가 기록한 바와 같이 우리는 어제를 잊거나 내일을 무시하지 않아야 하지만 그 두 과정은 비현실적이다. 과거를 기억하고 미래를 계획하는 것은 과거와 미래에 사는 것이 아니다.

심리적으로 건강한 사람이 자기와 외부 세계의 현실에 완전히 접한다는 펄스의 주장에 동의하기는 쉽다. 여기와 지금의 사람은 그들을 있는 그대로 비추어 보며, 이 현실을 주관적으로 왜곡하지 않고 객관적으로 지각하는 사람이라는 그의 견해는 독특한 것이다. 확실히 심리적으로 건강한 사람이 그 순간의 상황과 그것에 대한 자발적인 반응에 의해서 이끌릴 수 있는 것은 객관적인 지각 때문이다. 자신을 아는 결과로 건강한 사람은 자신이 어떻게 되어야 한다는 이상이나 심상이 아닌 진실한 자신을 실현시킬 수 있다. 다른 사람들이 기대하는 대로 되는 것보다 자기 자신으로 되는 것이 분명 더 건강한 것으로 보인다. 타인에 의해 조절되는 것보다는 자아를 조절하는 사람이 되는 것이 더 만족스러울 것 같다.

책임에 대한 펄스의 의견은 어떠한가? 그의 견해의 일부는 바람직하게 보이나 다른 부분은 용납이 안 되는 것 같다. 자기 생활의 경과와 행위에 대해 책임을 져야 된다는 견해에는 반박의 여지가 없다. 확실히 우리는 외부의 힘에 지배될 수가 없고 우리 삶의 방식에 대해 타인들(보통 부모)을 탓하는 것도 건강하지 않다. 나는 펄스의 견해가 훌륭하다고 생각하며 다른 어느 누구도 우리의 현재 모습과 어떻게 행동해야 하는가에 대해 책임이 없다는 주장에 동의한다. 프로이트 이래 불행이나 실패를 잘못된 아동기의 탓으로 돌리는 것이 유행하게 되었다(거부적 어머니, 아버지가 없는 것, 형제간의 경쟁, 너무 지나친 대소변 훈련, 너무 관대한 대소변 훈련, 자전거가 없는 것 등등). 다른 사람이나 다른 어떤 것들로 탓을 돌리게 되면 궁극적으로 자아 파멸이 된다.

우리 인생의 개인적 책임에 대한 펄스의 주장은, 인간을 환경의 수동적 희생자로서 서술하던 과거의 이론에 대한 참신한 해독제이다. 모든 사람이 오늘의 (그리고 지금으로부터 20년 후의) 자신이 된 것은 개인적 책임의 문제라는 것을 굳게 믿는다면 그 결과로 좀더 건강한 사회가 올 것이다. 그러나 다른 사람에 대한 책임을 버려야 한다는 펄스의 주장대로 해서 더 나은 사회와 인간이 될 수 있는지에 대해서는 심각하게 의심된다. 사람은 자기만을 위해서 살며 동료 인간에 대해서는 아무런 의무도 없다는 펄스의 몰인정한 완전한 이기주의 이론 때문에 나는 충격을 받았다. 몇몇 게슈탈트 치료자들(그들 중에는 펄스의 부인도 있음)을 포함하여 많은 저술가들이 비슷한 비평을 했다. 유명한 에살렌 심리학자이며 한때 펄스와 협력한 바 있는 윌리엄 슈츠(William Schutz)는 게슈탈트 기도문과 타인에 대한 책임을 외면해야 한다는 주장에 대해서 다음과 같이 논평했다. "나는 그 주장이 그렇게 영향력 있다는 것에 낙심했다. 나는 그것이 긍정적 효과를 가진 만큼 부정적 효과도 가진—일종의 '제기랄'[17] 하는 것과도 같은 태도라고 믿는다." 이것이 게슈탈트 치료가 발달함에 따라 조절되었으면 하고 바라는 펄스 이론 중의 일면이다. 확실히 사람의 자아에 대한 책임은 절대로 필요한 것이지만 우리가 다른 사람들과 더불어 사는 한 그들에게 영향받고 의지하므로 타인에 대한 책임도 자아에 대한 책임 못지않게 필요하다.

펄스의 연구에 대한 나의 마지막 비평은 반지성적이라는 것이다. 이성과 논리는 심리적 건강에 대한 그의 처방전에서 크게 나타나지 않고, 생각이 아닌 느낌, 존재하는 것, 실존하는 것을 강조한다. "마음에

---

17 M. Shepard, *Fritz* (New York: Dutton, 1975), p. 4. 슈츠는 *Joy: Expanding Human Awareness* (New York: Grove Press, 1967)의 저자이다.

18 F. Perls, "Workshop vs. Individual Therapy," *Journal of Long Island Consaltution Center* (1967), 15(2), p. 15.

서 벗어나서 감각으로 다가온다"는 것이다. 그는 지적 능력(intellect)을 "지성(intelligence)의 매춘부 …… 경험과 감각의 선명한 근접성을 대신하는 빈약하고 창백한 대용물"[18]이라고 썼다. 우리는 이성적 사고보다 유기체(직관적이고 정서와 감정에 기초한 것)의 지혜에 더욱 의지해야 한다. 펄스가 느끼기에 지적 능력은 "왜 일이 일어나는가"의 원인을 규명하는 데 너무 관심을 쏟아서 "그 일이 어떻게 일어나는가" 하는 것을 완전히 경험할 수 있는 능력이 제한된다는 것이다. 그는 지성적으로 사물을 설명하는 것보다 직관적으로 이해하는 것이 더 가치가 있다고 주장했다. 그러나 많은 사람들은 논리와 이성의 힘에 대한 강조가 줄어드는 데 심각하게 의문을 가질 것이다.

이들 비평에도 불구하고 나는 펄스의 이론에 몹시 흥미를 느낀다. 건강한 성격에 대한 그의 규정에는 지성적이며 직관적인 호소력이 있다. "현재에 대해 완전히 인식하며 사는 것", '우리 자신과 주위의 세계에 직관적으로 접하는 것", "자기가 누구이고 어떠하든 그대로를 수용하는 것", "자신의 인생에 대해 책임을 지는 것", "외적인 힘보다 자신에 의해 지시받는 것" 등이 건강한 사람의 특성이라는 것을 부정하기는 어렵다.

나는 또한 인간 잠재력 운동의 몇몇 양상에 대항해서 발표한 펄스의 경고에 감명을 받았다. 그는 인생의 종말로 향하면서, 본질보다는 속임수를 써서 하룻밤 사이의 치료와 즉각적인 '효과'를 약속하며, 게슈탈트 치료를 실행하고 있는 돌팔이와 허풍쟁이에 대해서 관심을 갖게 되었다. 그는 그의 치료 방식이 일시적 유행이 되어 게슈탈트의 견해를 완전히 알지 못하는 사람에 의해 치료가 실시된다면 이롭기보다는 해를 줄지도 모른다고 경고했다. 그는 사람들이 게슈탈트 치료를 즉각적인 치료, 즉각적인 감각 인식의 보장, 완전한 쾌락 상태를 추구하는 헛된 가장, 재미 · 즐거움과 인생의 유일한 목표로서의 황홀경으로 여길까 봐 고심했다. 펄스는 게슈탈트 치료의 목표는 좀더 진지한 것으로 인간 잠재력의 안전한 성장과 발달을 증진하는 것이라고 주장했다. 그리고 그것은 약이나 지름길을 통해서 급격히 달성될 수 없으며 완전한 인간이 되는 과정은 시간과 노력과 훈련을 필요로 한다고 했다.

거듭 이야기하건대, 나는 펄스의 많은 저서에서 감명을 받았다. 그러나 게슈탈트 기도문이 그렇게 탁월한 척한 것은 불행이다. 그것이 인간 잠재력을 위한 펄스의 프로그램을 지나칠 만큼 단순화시켰다고도 볼 수 있고, 우리가 무엇이고 우리가 무엇이 될 수 있는가에 대한 그의 심각한 철학을 가려 버리는 경향이 있기 때문에 오류를 범할 수도 있는 것이다.

게슈탈트 기도문을 중화(中化)시키려고 나는 펄스의 자서전 『휴지통의 안과 밖 *In and Out of Garbage Pail*』에서 몇 줄 인용하여 소개하고자 한다. 나에게는 그것들이 훨씬 더 건설적인 충고를 표현하는 것으로 생각된다.

> 친구여, 완벽주의자가 되지 말아라. 완벽주의는 저주이며 긴장이다. 왜냐 하면 당신은 과녁 한복판을 못 맞출까 봐 덜덜 떨기 때문이다. 당신은 그대로 내버려 두면 완전할 것이다.
>
> 친구여, 실수를 두려워하지 말아라. 실수는 죄가 아니다. 실수는 어떤 일을 하는, 또 다른, 어쩌면 창조적인 새로운 방법일 것이다.
>
> 친구여, 실수를 유감스럽게 생각하지 말아라. 자랑스러워하라.
>
> 당신은 스스로 어떤 것을 줄 수 있는 용기를 가졌었다…….
>
> 양 극단, 완벽주의와 마찬가지로 일시적 치료, 일시적 즐거움, 일시적 감각 인식을 경계하라.

어떤 자든 도움 주는 자를 경계하라. 돕는 자는 아무것도 아닌 것을 위해 어떤 것을 약속하는 사기꾼이다. 그들은 당신을 망쳐 의존적이고 미성숙하게 한다.

## 참고 문헌

Perls, F. *Ego, Hunger, and Aggression: The Beginning of Gestalt Therapy.* New York: Random House, 1947.

____. *Gestalt Therapy Verbatim.* Lafayette, CA: Real People Press, 1969.

____. *In and Out of the Garbage Pail.* Lafayette, CA: Real People Press, 1969, New York: Bantam, 1972.

____. *The Gestalt Approach: Eyewitness to Therapy.* Ben Lomond, CA: Science and Behavior Book, 1973.

Shepard, M. *Fritz: An Intimate Portrait of Fritz Perls and Gestalt Therapy.* New York: Dutton, 1975.

# 9 심리적 건강의 본질

제1장에서 나는 "건강한 성격이란 무엇인가?"라는 질문을 했다. 아직 명확한 답변을 못했기 때문에 지금 다시 똑같은 질문을 하고 있다. 그리고 이 질문을 다시 시도할 수 있는 이유는 모든 심리학자나 성격심리 이론가가 동의하는 일관된 심리적 건강의 규정이나 묘사는 하나도 없기 때문이다.

우리는 건강한 성격에 관한 일곱 가지 의견을 토의했고, 그들 사이에는 공통점만큼의 차이점도 있음을 알았다. 어떤 이론가는 우리 자신에 대한 지각과 우리 주변의 세계는 객관적이어야 한다고 하고, 어떤 이론가는 건강한 사람은 행동의 기본으로서 현실에 대한 자신의 주관적 견해가 있어야 한다고 주장한다. 어떤 사람은 작업이라는 형태의 강력한 관련 없이는 심리적으로 건강할 수 없다고 주장하고 다른 사람들은 작업의 가치에 대한 언급이 없다. 그리고 완전한 인간이 되기 위한 근본 요소가 무엇인가에 대해서도 일치점이 없고 타인에 대한 책임의 문제에서도 일치점은 없다. 두 이론가는 이 점을 논하지 않았고 세 번째 사람은 타인에 대한 책임을 고의적으로 버릴 것을 주장했다. 이론가들은 인간 생활에서 주는 동기가 되는 힘에 대해서도 의견이 서로 다르다.

이들 이론가들 사이에서 차이점을 발견하는 것은 쉽지만 유사한

점을 발견하는 데는 약간의 노력이 필요하다. 아마도 그들이 완전히 동의하는 유일한 점은 심리적으로 건강한 사람은 그들의 인생을 의식적으로 통제한다는 점일 것이다. 건강한 사람들은 항상 이성적으로는 아니더라도 의식적으로 자기 행동을 지시하고 자신의 운명에 책임을 질 수 있다. 우리가 인식하지 못하고 통제할 수 없는 무의식적 힘에 의해 주로 동기가 생기는 것은 아니다. 이들 이론가들 중에서 유일하게 무의식의 중요성을 강조하는 융(Carl G. Jung)까지도 눈으로 볼 수 없는 힘들이 의식부를 지배하지는 않더라도 의식부의 인식으로 끌어들여야 한다고 말했다.

몇 가지 형태로 이들 이론가들은 심리적으로 건강한 사람은 누구이고 어떠한가를 안다는 것에 동의하는 것 같다. 이런 사람들은 그들의 강점과 약점, 덕과 악을 인식하고 일반적으로 관대하게 받아들인다. 그들은 자기가 아닌 어떤 것이 되려고 가정하지 않는다. 그들은 타인이나 상황이 (펄스를 제외하고) 요구하는 사회적 역할을 수행하는 것과 진정한 자아의 역할을 혼동하지 않는다.

일반적으로 일치하는 심리적 건강의 특성은 현재에 단단히 정착하고 있다는 점이다. 대부분의 이론가들이 우리는 과거(특히 아동기)의 영향에 면역되지 않는다고 믿는 동시에 아무도 우리가 초기 경험에 의해 불변하게 형성된다고 주장하지 않는다. 심리적으로 건강한 사람은 과거 속에서 살지 않는다. 그들은 5세 이전에 일어났던 진실의, 혹은 상상된, 거부나 갈등의 계속적인 희생자가 아니다.

여러 이론가들은 건강한 성격의 지극히 중요한 요소로서 미래에의 전망을 강조한다. 그러나 그들은 현재를 미래로 대치하도록 역설하지 않는다. 우리의 지향성은 미래의 목표와 사명을 향해야 하지만 우리의 현재에서 계속되는 실존을 인식하며 살아가야 한다. 이들보다는 덜 명확하지만 상당히 눈에 띄는 것은 이들 이론가들이 감각과 상상 자극의 다양한 형태와의 접촉이 증가됨으로써 긴장이 감소되기보다는 오히려 증가하며 이러한 긴장의 중요성을 강조한다는 점이다. 심리적으로 건강한 사람은 조용하고 안정된 것보다는 새로운 목표와 새로운 경험을 위한 인생의 도전과 흥분을 갈망한다

앞에서도 언급한 바와 같이 이들 유사성은 전원 일치된 것은 아니므로 여러 이론가들이 이 모든 면을 명확하게 한 것은 아니다. 이들 견해점을 쉽게 비교하도록 하기 위해 나는 다음과 같은 도표를 준비했다.

건강한 인성의 모형들—특성의 비교*

| 특 성 | 올포트 | 로저스 | 프롬 | 머슬로 | 융 | 프랑클 | 펄 스 |
|---|---|---|---|---|---|---|---|
| 동 기 | 미래에 대한 의도성 | 자아 실현 | 생산성 | 자아 실현 | 자아 인식 | 의미성 | 여기와 지금이 되는 것 |
| 의식이나 무의식의 초점 | 의식 | 의식 | 의식 | 의식 | 둘다 | 의식 | 의식 |
| 과거의 강조 | 아니오 | 아니오 | 예 | 아니오 | 예 | 아니오 | 아니오 |
| 현재의 강조 | 예 | 예 | 예 | 예 | 예 | 예 | 예 |
| 미래의 강조 | 예 | 아니오 | (?) | (?) | 예 | 예 | 아니오 |
| 긴장의 증가나 감소의 강조 | 증가 | 증가 | (?) | 증가 | (?) | 증가 | (?) |
| 일의 역할과 목표 | 중요 | 없음 | (?) | 중요 | (?) | 중요 | 없음 |
| 지각의 본질 | 객관적 | 주관적 | 객관적 | 객관적 | 객관적 | (?) | 객관적 |
| 타인에 대한 책임 | 예 | (?) | 예 | 예 | (?) | 예 | 아니오 |

* (?) 표시는 이 관점에 대해서 그 자신의 의견을 분명히 하지 않았거나 그의 저작에서 이 문제에 관한 토론이 발표되지 않은 이론가이다.

이것 역시 "건강한 성격이란 무엇인가?"의 질문에 대한 대답은 아니다. 그러나 그 질문이 잘못된 것일 수도 있다. 아마도 건강한 성격, 바로 그와 같은 것은 있지도 않을 것이다. 또한 모든 사람에게 똑같이 작용하는 심리적 건강에 관한 보편적인 규정이 없을지도 모른다. 신경증이나 좀더 정상적인 행동이 서로의 복사품이 아님을 우리는 안다. 그런데 왜 우리는 심리적 건강의 형태에서는 똑같게 되려고 생각하는가? 대부분의 심리학자들이 인간의 본질에 대해서 불변으로 동의하는 점이 있다면 그것은 특이성, 즉 우리들 각자는 독특하다는 점이다.

그러므로 모두에게 맞는 심리적 건강에 대한 유일한 의견이나 접근법은 있을 수 없다. 그것은 하나의 약을 같은 질병에 사용한다고 해도 모두에게서 같은 효과가 나타나지 않는 것과 마찬가지이다. 약은 어떤 사람에게는 효과가 있을 것이고 건강이 증진될 것이나 다른 사람들에게는 효과가 생기지 않을 것이고 여전히 유해한 것이 될 수 있다.

유사한 경우는 심리적 건강에 대한 새롭고 신기한 방법을 제공하는 T그룹과 감수성 훈련 등을 들 수 있다. 어떤 사람은 이들 성장을 향한 참만남을 통해 좀더 풍부하고 완성된 인생을 실제로 발견한다. 또 어떤 사람들은 갑작스러운 자기 통찰이나 자아 실현감을 얻지 못하고 떠난다. 어떤 사람들은 시작 때보다 오히려 못한 형태로 그 훈련 기간을 끝낸다. 확신컨대 심리적 건강에 대한 이들 일곱 사람의 규정에도 같은 말을 할 수가 있다.

성격에 대한 이 연구들의 결과는 다른 사람들에게뿐 아니라 같은 사람에게서도 연령 변화에 따라 다르다. 우리의 가치 · 소망 · 욕구 · 공포, 그리고 희망들은 발달의 한 단계에서부터 다음으로 진전될 때 대단히 많이 변화한다. 아동기로부터 청소년기 · 청장년기 · 중년기 · 노년기까지 우리의 성격은 계속 성장한다. 20세 때 우리가 자신에게 원하는 것이 40세에는 부적합할 수도 있다. 곧 내가 타인의 복사가 아닌 것처럼 20세 때의 나 자신의 복사도 아닌 것이다. 이것은 물론 한 시기에는 심리적으로 건강하기 위해서 최선을 다해 수용했던 규정이 인생의 후반기에는 음울한 실패로 될 수도 있음을 뜻하다. 예를 들면 그 순간의 즐거움과 경험에 관심을 갖고 내 일이나 다른 사람들에게는 거의 관심이 없는 펄스의 여기와 지금의 사람이 되는 것이 20세 때에는 건강한 것일 수도 있다. 그러나 40세에 이르러서는 무의식에 직면하고 인생의 의미를 발견하는 것에 의해서만 심리적 건강이 이루어질 수도 있다.

이상적으로 우리의 성장은 멈추지 않는다(이것은 심리적 건강의 다른 특성이 될 수도 있다—신경증은 정체된 성격을 갖는다). 우리가 진정으로 개방된 세계에 있다면 우리는 새로운 경험을 할 것이고, 그 결과 우리는 변화할 것이다. 17세 때의 복장 · 활동 · 가치들은 이미 35세 때에는 맞지 않는다. 그런데 왜 우리는 건강한 성격으로 가고 있는 10대들의 일상 생활이 성숙한 성인을 위한 인생의 행로와 같기를 기대해야 하는가?

그러면, 성장 단계에 따른 올바른 길을 어떻게 발견할 것인가? 나는 인생의 각 영역에서 우리에게 적합한 것을 모두 같은 방법으로 발견한다는 데에는 의심이 간다. 우리는 여러 가지 다른 생활 양식과 일련의 신념, 그리고 사회적 역할이 우리에게 얼마나 적합한가 알아보려고 시도하기도 한다. 심리적 건강을 성취할 수 있는 아주 좋은 기회를 가진 사람은 일상 생활이라는 실험실에서 여러 다른 규정의 타당성을 알아보기 위해 자유롭게 실험해 볼 수 있는 충분히 안정된 사람인 것 같다. 누구나 타인들이 추구해 나갈 길을 제안할 수는 있으나 그 길이 얼마나 효과가 있었는가는 자기 자신만이 실험해 볼 수 있는 것이다.

# 찾아보기

[ㅈ]

# 성장심리학
## 건강한 성격의 모형

펴낸날 | 1판 1쇄 1982년 6월 15일
2판 1쇄 2001년 8월 30일
3판 1쇄 2007년 1월 10일
4쇄 2016년 9월 12일
지은이 | 듀에인 슐츠
옮긴이 | 이혜성
펴낸이 | 권은미
펴낸곳 | 이화여자대학교출판문화원
주　소 | 서울특별시 서대문구 이화여대길 52 (우) 03760
등　록 | 1954년 7월 6일 제9-61호
전　화 | 02-3277-2965(편집)
02-362-6076(마케팅)
팩　스 | 312-4312
전자우편 | press@ewha.ac.kr
홈페이지 | www.ewhapress.com
찍은곳 | 이산 문화사


ISBN 978-89-7300-716-5 03180
값 10,000원